戰後英國文壇五十大作家
喬治・歐威爾反極權主義
寫作起點，繁體中文譯本
首度問市

向加泰隆尼亞致敬

喬治・歐威爾　著　　黎湛平　譯

好評推薦

二十世紀最偉大的作家。

——菲力普・法蘭屈（Philip French），《觀察家報》

若想深入了解二十世紀，不可不讀歐威爾。

——《紐約書評》

每一個時代都可以也必須重新認識的作家。

——《愛爾蘭時報》

他洞悉世事，因為他以同樣的方式審視自我。許多作家、記者意欲模仿歐威爾這種清晰警醒的特殊風格，本身卻不具備同樣的道德高標。

——彼得・阿克羅伊德（Peter Ackroyd），《泰晤士報》

在這個當代人深信歷史為謊言的時代，歐威爾仍視說真話為己任。他的文字依舊如剛寫下的一刻那般清晰明瞭、鏗鏘有力。

——《時代雜誌》

無可匹敵的犀利清新……，二十世紀最透徹、最有魅力的散文。

——約翰・卡瑞（John Carey），《星期日泰晤士報》

每一頁都散發歐威爾勇敢、正直的光輝。

——《每日電訊報》

導讀

在那之後，他成為影響整個世界的歐威爾

VERSE 創辦人暨總編輯 張鐵志

1.

喬治·歐威爾無疑是二十世紀最有影響力的作家：不只是在文學世界，更是在政治世界，甚至是日常生活——如今誰不知道「老大哥」這個字眼呢？「歐威爾式」（Orwellian）也成為一個描述可怕現實的現代語彙。有人說要理解二十世紀，不能不讀歐威爾——因為二十世紀的主軸是冷戰，而歐威爾的《動物農莊》和《一九八四》犀利地呈現共產主義極權體制下的壓迫。但到了二十一世紀，不論是新的科技監控體制，或者二〇一六年川普上台後對於事實的蔑視，

《一九八四》的故事依然讓人警醒，依然是一個照亮世界的明燈。有哪一個文學作家有這種影響力？

不可思議的是，他對蘇聯式獨裁體制的洞見不是因為他曾經生活在其中——除了緬甸，他一生住在英國；也不是因為他真的知曉共產主義極權體制下的恐怖——他於一九五〇年過世，而那時冷戰才剛剛開始。文學家的想像力確實比現實更現實。

2.

歐威爾對共產主義的批判當然不是憑空而來，而主要是他來自參加西班牙內戰的親身經驗。

他早年在緬甸擔任警察，認識到帝國主義的壓迫。五年後回到英國，想做一個報導現實的記者，也寫虛構小說，並有強烈的左翼情懷，關注社會不平等。一九三三年他以喬治·歐威爾為筆名發表第一部作品《倫敦巴黎落魄記》，而後去考察碼頭工人生活，寫下《通往維根碼頭之路》，中間還發表幾本小說。

一九三六年，西班牙內戰爆發，各地的理想主義者紛紛來到這個美麗的國家，對抗佛朗哥的法西斯主義，包括作家海明威。尚未真正成名的歐威爾在一九三六年底來到巴塞隆納，起初只是抱著「為報社寫文章」的念頭，但一到當地就立刻加入民兵組織，「因為在當時，以及在那種氛圍下，加入民兵似乎是我想得到的唯一合理之舉」。他在《向加泰隆尼雅致敬》這本書中如此寫道。他加入的組織屬於馬克思主義統一工人黨，這個組織偏向托洛斯基派，不屬於蘇聯共產黨的共產國際。

他一開始看到的巴塞隆納似乎是一個微型的社會主義烏托邦：「大夥兒相信革命、相信未來，處處瀰漫突然實現『自由平等』的感覺：大夥兒努力活得像個『人』，而非資本主義機器的小齒輪。」他寫道，「關於革命，有太多事我不明白，就某種程度而言我甚至不喜歡；但是在這裡，我立刻理解這是一種值得爭取並捍衛的狀態。」

然後他上前線幾個月，甚至被狙擊手一槍打穿他的喉嚨，幾乎喪命。五月回到巴塞隆納時，這裡已經不是幾個月前他以為的美好世界，而是蔓延著政治鬥爭。他目睹了共產黨如何以暴力和謊言摧毀他所屬的馬統工黨，逮捕他們的同志，抹黑他們屬於法西斯陣營，最後他和妻子被迫逃亡。

回到英國後，沒有左翼媒體願意刊登他關於真相的報導，且如同在巴塞隆納的共黨媒體，歐威爾發現英國的親共媒體也都在掩蓋事實，這對他打擊更大，並構成《一九八四》的核心：不論左翼或右翼媒體，事實都是可以被掌權者所改寫與重寫的。

他所見證的共產主義的恐怖、背叛與謊言是形成他後來政治態度的關鍵，也使得當彼時許多西方左翼知識份子還在對蘇共有幻想時，歐威爾就能洞察共產黨的極權本質。

3.

歐威爾的人生是一個難得的傳奇：少年時就讀菁英的伊頓中學，十八歲時去仍是英屬殖民地的緬甸擔任帝國警察，回到倫敦當過流浪漢，在巴黎當過洗碗工，參加西班牙內戰並中槍差點死亡，在BBC電台工作過，又離開倫敦孤單地住在蘇格蘭的偏僻農莊，就在他的作家生涯要走上巔峰時死於肺結核，年僅四十六歲，而冷戰剛剛開啟，《動物農莊》和《一九八四》成為冷戰時期最重要的文學武器。

歐威爾是從西班牙回來立即寫下《向加泰隆尼亞致敬》這本書。這是他結合文學和報導的非虛構寫作，一方面是寫他在西班牙內戰的所見所得，文筆生動鮮明，帶著幽默感，另方面也提供了對當時的政治分析。而全書結構從一開始描述巴塞隆納的美好，到他幾個月後從戰場再回來時所親歷的暴力與追捕，彷彿是一本精心架構的小說（他描寫在巴塞隆納逃亡那段宛如一本政治驚險小說），我們既與他一起經歷局勢的轉變，也看見他個人內心與世界觀的轉變。

在西班牙內戰後，他從原本支持左翼的知識份子，變成共產主義的受害者，這沒有讓他放棄社會主義，只是更深刻理解到，不論是面對帝國主義、法西斯主義或共產主義，他都要抵抗權力的濫用，並致力於追求真實與捍衛自由，而打字機就是他的武器。

「西班牙內戰和一九三六至三七年間的其他事件起了決定性作用。那以後我就知道自己到底想要什麼了。一九三六年後我所寫的每一行嚴肅的字，都在直接或間接地反對極權主義，並主張我所理解的民主社會主義。」歐威爾在後來的著名文章〈我為何寫作〉如此寫下。

幾年之後，他寫下《動物農莊》和《一九八四》，影響了整個世界，成為我們所熟知的喬治．歐威爾。

導讀

一本關於西班牙內戰與「內戰中的內戰」的紀實文本

清華大學歷史研究所副教授 李毓中

《向加泰隆尼亞致敬》（*Homage to Catalonia*）是本名艾力克・亞瑟・布萊爾（Eric Arthur Blair）的英國作家喬治・歐威爾參加西班牙內戰所寫的紀實作品。若不是他參與西班牙內戰，得以親身觀察在巴塞隆納上演的共和軍內部鬥爭，就不會有後來一九四五年《動物農莊》（*Animal Farm*）及一九四九年《一九八四》（*Nineteen Eighty-Four*）的書寫與出版，因此一九三八年的《向加泰隆尼亞致敬》一書，實為我們了解影響喬治・歐威爾日後創作心路歷程重大轉變的關鍵著作與線索，以及向世界預告俄國在史達林統治時期極權統治對人民監控的情況；但可笑的是，由於其左派思想，他也長期遭到英國情治單位的監控，直到一九五〇年一月二十一日因肺結核在倫敦的醫院裡過世。

歐威爾所參與的這場西班牙內戰，開始於一九三六年七月十八日佛朗哥（Francisco Franco）在廣播中發表政變宣言，至一九三九年四月一日最後一批共和軍投降，佛朗哥在廣播中宣布勝利為止。這場內戰的近因來自於西班牙社會內部階級的巨大差距、自由派與保守派之間的對立，以及加泰隆尼亞（Catalonia）、巴斯克（Basque）地區的地域主義興起等因素，但其醞釀過程則可以追溯到一八〇八年拿破崙（Napoléon Bonaparte）入侵西班牙，廢黜斐迪南七世（Fernando VII）另立其兄長約瑟夫．波拿巴（Joseph Bonaparte）為西班牙國王，所引發西班牙人民的不滿而爆發大規模的抗暴行動。此一事件也讓該國的自由派份子，得以在一八一〇年於南方的加地斯成立加地斯議會（Cortes of Cádiz）對抗法國，並頒布一部充滿自由主義精神的憲法。

之後，隨著法軍在西班牙以及整個歐洲戰場的失利，一八一四年拿破崙同意讓斐迪南七世復位，但重新獲得權力的他卻在保守派的支持下，對自由派份子展開大規模的鎮壓，自此開啟西班牙「內戰」不斷的時代。有自由派份子帶領軍隊叛變而取得的短暫執政；有斐迪南七世死後其女兒繼位成為伊莎貝拉二世（Isabella II），但遭到其叔叔卡洛斯親王（Infante Carlos María Isidro）挑戰而引發的內戰，自由主義份子選擇支持伊莎貝拉二世，叛亂的卡洛斯親王則與保守派份子站在一起。西班牙國內因此先後發生三次史稱「卡利斯特戰爭」（Carlist Wars）的內戰，直到一八七六年才結束此王位紛爭。

在此期間，昏庸的伊莎貝拉二世還於一八六八年遭到自由派的軍隊推翻，逃往法國，並在一八七〇年於巴黎宣布退位傳位給其子，即一八七四年保守派發動政變並於次年迎回的阿豐索十二世（Alfonso XII）；在一八七三年至一八七四年間還曾出現過史稱西班牙第一共和的短暫政權。在位十一年間的阿豐索十二世時期，算是十九世紀西班牙內政少有的平和時期，但先前的內鬥與內耗早已讓西班牙自大航海時代以來累積的國力消耗殆盡，於是在阿豐索十二世死後不久，一八九八年的美西戰爭，讓西班牙無力對抗而被迫放棄或出售其最後的殖民地古巴、波多黎各及菲律賓；此一鉅變讓西班牙人民感到極度失望，轉而要求政府進行更大的改革，進而開啟了西班牙君主制的漫長解體過程。

一九三一年為了要消弭國內隨時可能爆發的內戰，阿豐索十三世同意進行選舉來平息人民的不滿情緒，但最後結果是共和派獲得重大的勝利。見大勢已去的阿豐索十三世，只能於四月十四日離開馬德里流亡海外，西班牙第二共和隨後正式成立。新成立的第二共和國，除了要解除西班牙長期以來貴族、教會、地主、農民、軍人及工人階級之間的矛盾衝突外，還得面對地方地域主義高漲及要求自治訴求的壓力，例如已具備現代紡織產業的加泰隆尼亞地區，以及鋼鐵、造船產業重鎮的巴斯克地區要求自治的聲浪。

這些地區除了語言、文化與其他多數操卡提斯亞（Castile）語的地區，有所差異外，社會的主要組成份子與經濟能力的差距，也是造成西班牙內部各方勢力對立的問題所在。甚至即使同樣都是尋求更多自治權利的加泰隆尼亞與巴斯克地區，其各自主要民意的思想也是南轅北轍，前者偏向自由民主，傾向支持共和體制，後者人民大都是虔誠的天主教徒，較為保守。這些分歧導致一九三三年右派保守份子贏得國會改選，成為議會的多數掌握政權，並廢除前政府所有的改革，導致農民、勞工的強烈不滿，進而產生許多抗爭；直到一九三六年左翼各派組成「人民陣線」（Popular Front），方再度贏得大選重新掌權，並加速進行相關的改革。此舉也導致右翼人士的極度不安，再加上左、右翼皆有激進人士涉及恐嚇、縱火或暗殺等暴力攻擊事件，以致雙方都認為對方的勝利，就是己方的末日，沒有共存的可能，只能拚個你死我活。而最後的導火線則是七月十三日右翼政治領袖荷西．卡爾沃．索特洛（José Calvo Sotelo）遭到警察的暗殺，以作為右翼人士殺害警察的報復。

自此一場內戰已無可避免，雙方都希望用武力來解決彼此的歧見，且都錯誤地認為戰事只會持續幾天而非幾年，當七月十八日各地軍隊紛紛發起叛變後，西班牙內戰正式拉開序幕。執政的共和派政府所在地馬德里，因遭到納粹德國及法西斯義大利支持的法西斯軍隊長期圍城達兩年多的時間，此時加泰隆尼亞地區首府且與法國相鄰的巴塞隆納，便成了另一個對抗佛朗哥軍隊的領導重心，一部分來自世界各地的國際義勇軍，因此紛紛搭乘火車從法國抵達巴塞隆納，加入對抗佛朗哥軍隊的行列。

與此同時，歐威爾也帶著其妻子艾琳・莫德・布萊爾（Eileen Maud Blair），於一九三六年十二月二十三日左右從倫敦啟程，經巴黎前往西班牙的巴塞隆納。在那裡的列寧軍營度過一段稱為「軍事訓練」日子後的他，於一月初被派往由喬治・科普（Georges Kopp）所領導相對平靜的阿拉貢（Aragón）戰線，駐守在法西斯叛軍控制的薩拉戈薩（Saragossa）附近，處於海拔約五百公尺的高地阿爾庫維耶雷（Alcubierre）前線，直到四月二十三日獲准休假返回巴塞隆納，剛好遇上「人民陣線」內部的衝突事件。

緊張的氣氛早已在五月一日勞動節時，便在巴塞隆納城裡蔓延，直到五月三日因警察總長派出突擊衛隊，宣布政府要接管「巴塞隆納電信交換所」才衍生真正的衝突。屬於親俄派的突擊衛隊與親史達林的加泰隆尼亞統一社會黨（簡稱「加統社黨」，PSUC），正式展開與歐威爾所屬陣營，被視為「托派」的馬克斯主義統一工人黨（簡稱「馬統工黨」，POUM）以及全國勞工聯盟（Confederación Nacional del Trabajo）等組織的街頭戰鬥行動。這場小規模的

「內戰中的內戰」，直到八日方結束，但也埋下「人民陣線」日後一系列內鬥的種子。

收假後的歐威爾返回前線韋斯卡（Huesca），十天後，在六月中旬的某天早上五點，身高約有一百九十公分高的他，正在跟哨兵說話準備交接時，意外被敵方狙擊手開槍擊中喉嚨。當歐威爾獲知子彈擊中其喉嚨，加上鮮血不斷從嘴裡流出，以為其頸動脈被擊中時，已準備好迎接死神的召喚；由於前線缺乏醫師及醫療資源，只能將他放上擔架送往席塔莫（Siétamo）的野戰醫院，在簡單地包紮後，他又被後送至巴巴斯特羅（Barbastro）的軍醫院；然而該軍醫院也滿是傷患，於是隔日又繼續將他送往南方的萊里達（Lérida）醫院。五、六日後他再度被告知要後送至巴塞隆納，只是待火車出發時，他方知將被改送至塔拉戈納（Tarragona）軍醫院，直到那裡他才接受真正的專業醫療檢查。

滿是來自各前線傷患的塔拉戈納軍醫院，是個非常大且具備完善醫療設施的大醫院；經醫師的詳細檢查，發現子彈只差「一公釐」就打中歐威爾的頸部動脈，但由於子彈貫穿頸部時，剛好撕裂其後頸的一束神經，因此導致他的右手從受傷後一段期間內，一直處於半癱瘓狀態。據醫師的判斷，受傷的聲帶應該永遠無法恢復正常功能，沒想到兩個月後他便恢復了，且能以正常的音量與人交談；至於右手的食指，在其五個月後回到英國開始撰寫這本書時，則仍舊處於麻木的狀態。不久後，恢復體力的他再度被轉往巴塞隆納西北方近郊的蒂比達博山（Tibidabo），由馬統工黨經營的「墨林療養院」（Sanatorium Maurín）休養，並進行電療復健。

此時已感受到西班牙「內戰中的內戰」即將繼續在巴塞隆納上演的歐威爾，除了身體已不再適合回到戰場戰鬥外，面對共和軍內部彼此之間的政治猜忌與仇恨，甚至以「法西斯」來稱呼對方，這樣不斷升高的恐怖氣氛終讓他萌生去意。但想要離開西班牙並不是如此容易，必須要取得退役證明的歐威爾只得於六月十五日再次返回前線以便取得體檢不合格的證明，然後至位於席塔莫的馬統工黨民兵總部換取退役證明，幾經波折才在二十日返回巴塞隆納，而此時整個巴塞隆納的局勢，已是豬羊變色。

馬統工黨已經被當局宣布為非法組織遭到禁止，各所屬辦公室也被查封充公，與該組織有關的人士皆被逮捕關進牢裡；但由於逃過此劫的歐威爾，必須獲得英國領事館核發的護照，並蓋上當地警察總長、法國領事及加泰隆尼亞移民局的章戳，才能搭火車前往法國。因此，他決定讓其妻子艾琳待在旅館，自己則是在巴塞隆納展開「夜伏晝出」的躲藏生活。白天時他裝成是英國觀光客，前往上述的機構辦理相關文件，晚上則是尋找陰暗的隱密角落歇息，以逃避警方的追捕。幾經波折，他們終於取得護照，於六月二十三日搭上火車離開巴塞隆納，平安抵達法國邊境上的小鎮班努斯（Banyuls）。

本是懷著滿腔熱血與理想，前往西班牙對抗法西斯份子的歐威爾，雖然挨了一槍讓其身體受到重傷，但真正讓他受傷的，可能是他目睹一九三七年五月至六月間巴塞隆納城裡，共和軍內部之間的內鬥過程，也因此他在書中指出「這場戰爭也留給我最恐怖邪惡的記憶」，或許這就是他親身經歷此一「內戰中的內戰」後的深刻感觸吧！這場戰爭及「內戰中的內戰」，改變了歐威爾對於共產主義及左派份子原有的美好想像，讓他得以成為寫出《動物農莊》、《一九八四》這兩本至今仍發人省思經典著作的「喬治．歐威爾」，而這應該也是這本書之所以被他命名為「向加泰隆尼亞致敬」的原因吧?!

一九三六年之後，西班牙內戰繼續發展，由希特勒、墨索里尼所支持的佛朗哥叛軍贏得內戰；而後納粹德國於一九三九年九月一日入侵波蘭，開啟了一場更殘酷慘烈的第二次世界大戰戰火。今日時值二〇二二年俄國入侵烏克蘭，雙方除戰場上的交戰外，同時也在網路展開「假新聞」攻防戰，讓現在的我們很難當下就看清楚真相；以往的世界是苦於資訊的不足，如今的我們卻受難於每日資訊爆炸、難辨真相之苦。我們還能再期待出現一個「喬治·歐威爾」，為歷史寫下真相嗎？即便如歐威爾所言，可能因「只看見事件一角、故而犯下無可避免的錯誤或扭曲陳述」的真相；還是我們只能默默祈禱，願生活靜好，沒有戰爭，世間再也不需要「喬治·歐威爾」?!

譯者說明

1. 本書描述西班牙內戰時期的共和政府陣營內鬥。由於名稱繁多、背景複雜，故將主要團體勢力整理如下：

(1) 法西斯陣營：佛朗哥／國民軍（德、義勢力）、天主教會、中產階級。

(2) 共和政府陣營：約在內戰發生翌年（一九三七）分裂為親俄派和無政府主義兩派，後來以親俄勢力為主。中央政府於內戰發生後遷至瓦倫西亞，受控於西班牙共產黨；加泰隆尼亞政府受親共產黨的加泰隆尼亞統一社會黨控制。

A. 親俄派：西班牙共產黨（蘇共）、加泰隆尼亞統一社會黨、勞動者總聯盟、擁護共和派、警察單位（邊防警察、突擊衛隊、民防警衛隊……）。

B. 無政府主義派：非正式無政府主義聯盟、馬克思主義統一工人黨、全國勞工聯盟。

2. 本書兩大主角：馬克思主義統一工人黨和加泰隆尼亞統一社會黨。前者簡稱「馬統工黨」（POUM），為極左翼共產主義政黨，由托派政黨西班牙共產主義左翼和工農集團合併而成，至今仍未正式宣布解散。加泰隆尼亞統一社會黨簡稱「加統社黨」（PSUC），加泰隆尼亞地區的共產主義政黨，共產國際成員。後併入其他政黨。

3. 本書中以標楷體呈現者，原文為西班牙文。

向加泰隆尼亞致敬

目次

HOMAGE TO CATALONIA

GEORGE ORWELL

歐威爾的西班牙內戰地圖

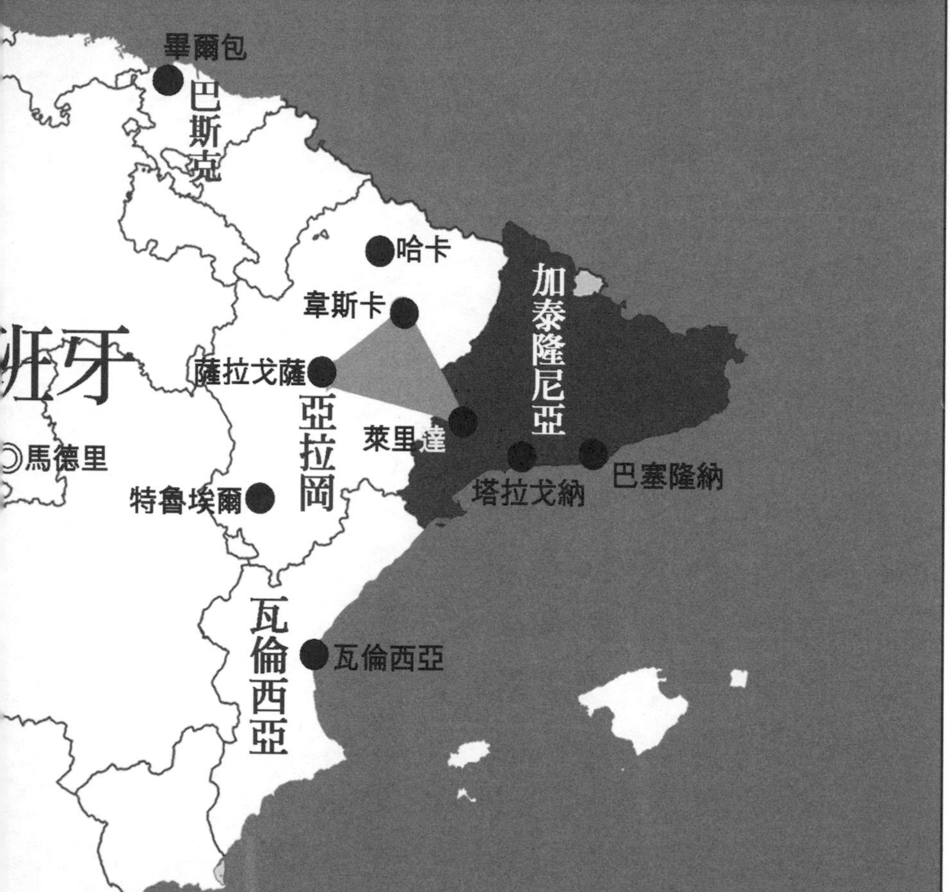

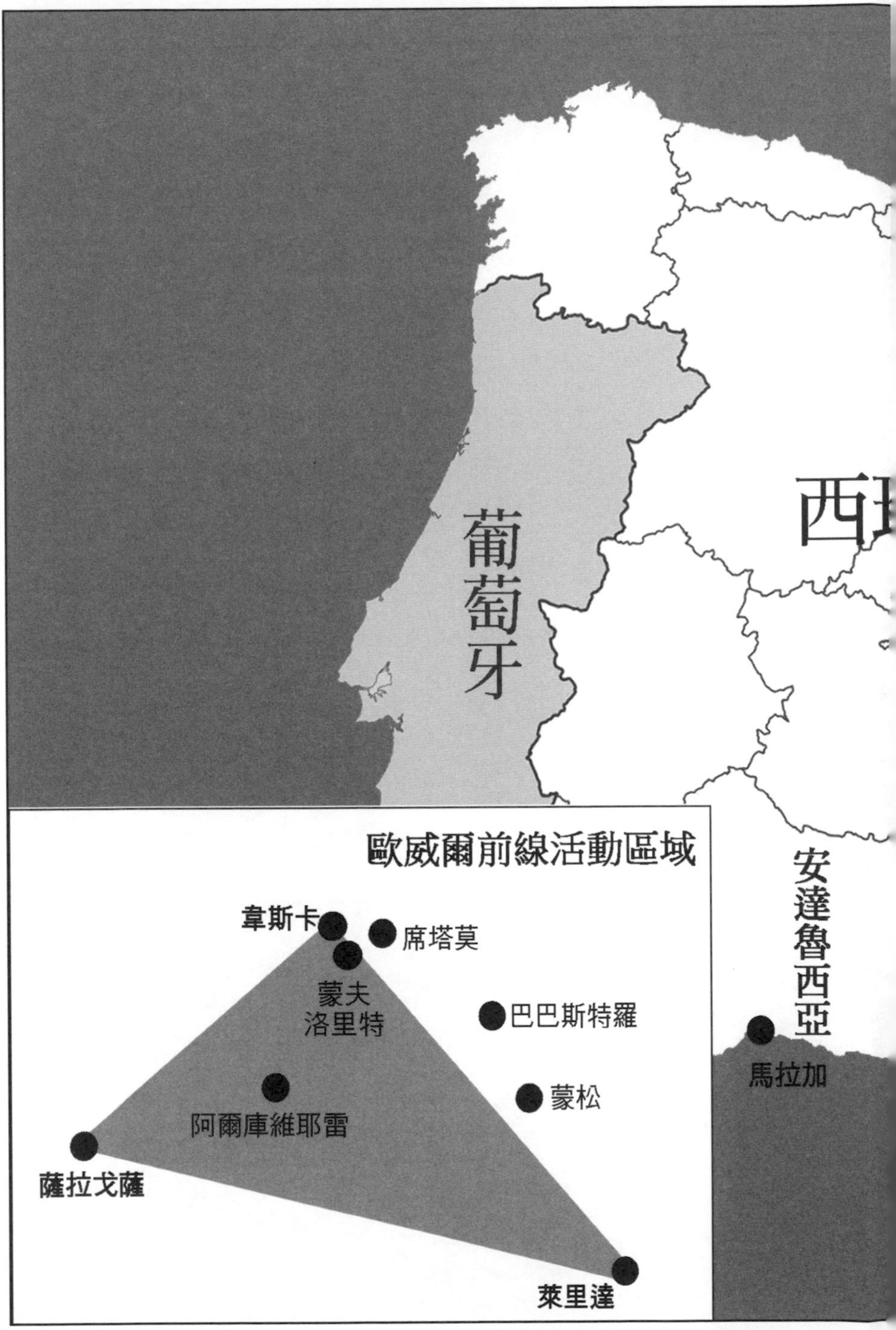
葡萄牙
西
安達魯西亞
馬拉加
歐威爾前線活動區域
韋斯卡
席塔莫
蒙夫
洛里特
巴巴斯特羅
阿爾庫維耶雷
蒙松
薩拉戈薩
萊里達

不要照愚昧人的愚妄語回答他，恐怕你與他一樣。
要照愚昧人的愚妄語回答他，免得他自以為有智慧。

——箴言 26:4-5（和合本）

第一章

那是我加入民兵團的前一天。我在巴塞隆納「列寧兵營」，看見一名義大利籍民兵立於公務桌前。

他是個面容剛毅，年約二十五六的年輕人，肩膀健壯厚實，髮色紅中帶黃，一隻眼睛幾乎完全被皮軍帽遮住。他側對著我，低頭蹙眉凝視某軍官攤開在桌上的地圖。男子的神情深深震撼了我：這是一張願意為朋友取人性命，或豁出性命的臉——一張你期望「無政府主義者」會擁有的臉，雖然此人極有可能是個共產黨。他神情坦率卻也兇猛，此外還有一種教育程度不高的人對「長官」自然流露的崇敬情感。顯然他完全看不懂這份地圖。顯然他將「地圖判讀」視為某種相當了不起、需要高度智能的技藝。雖然我自己也不曉得為什麼，但我極少像見到他一樣，一見某人（我指的是男人）就立刻喜歡上對方。一群民兵圍著桌子說話，有人提起我是外國人；這名義大利人立刻抬頭飛快問我：「義大利？」

我用蹩腳的西班牙語回答：「不，英國。你呢？」

「義大利。」

臨去前，他大步越過辦公室握住我的手，力道強勁。怪怪，我們竟然會對陌生人產生這種情感！彷彿我倆的精神與心靈暫時跨越語言和傳統的隔閡，親密相通。我希望他也喜歡我這個人，就像我喜歡他一樣；但我也知道，若要維持我對此人良好的第一印象，我必不能再見到他。不用說，我確實也未再見到他。這種短暫相遇在西班牙頗為常見。

我之所以提起這名義大利民兵，理由是他鮮明的形象深埋在我記憶裡：因著那身破制服和充滿感情的臉，他成為那段時期、那種特殊氛圍在我心中烙下的經典象徵。他的身影和我在內戰期間的所有記憶——巴塞隆納飄揚的紅旗，緩慢移行、滿載軍裝襤褸的士兵上前線的破舊列車，緊鄰戰線、受戰事摧殘的陰鬱城鎮，還有冰冷且泥濘難行的山中戰壕——緊密交織在一起。

那只不過是一九三六年十二月下旬的往事，離我動筆記述的此刻還不滿七個月，卻已成為一段極度遙遠的時光；不僅如此，後續事件徹底抹去或掩蓋了這段時期，程度更甚一九三五年或一九〇五年記憶遭覆蓋的程度。起初我只是抱著「為報社寫文章」的念頭來到西班牙，但我人一到，幾乎立刻加入當地民兵組織，因為在當時，以及在那種氛圍下，加入民兵似乎是我想得到的唯一合理之舉：那時候，加泰隆尼亞實際上仍掌握在無政府主義者手中，革命也如火如荼進行著。看在任何打從一開始就已經在加泰隆尼亞的人眼裡，這場混亂極有可能在同年十二月或翌年一月結束；不過，若你從英國直奔巴塞隆納，那麼這兒的一切無不令你目不暇給，激動震撼。那是我這輩子首度置身由勞動階級掌權的城鎮，城裡的每一幢建築，不分大小，幾乎全遭工人奪取或占領，掛上紅旗或象徵無政府主義的紅黑旗；每一面牆都畫了鐮刀與槌子塗鴉*，以及各革命政黨的縮寫；幾乎每一座教堂都逃不過掠奪毀損，聖像亦遭焚毀。工人結黨成群恣意破壞各處

---

*譯注：紅旗、鐮刀、槌子皆為共產主義標誌。

教堂，每一家店鋪及咖啡館亦貼出告示，言明已實現公有共享的「集體化」；就連擦鞋匠也加入集體制度，將鞋箱漆成紅色與黑色。侍者與店員會直視你的雙眼，不分貴賤，一視同仁。卑躬屈膝或甚至禮貌客套的說話方式也暫時看不見了：沒有人說「先生」，連「您」也很少聽到，每個人皆互稱「同志」或「你」，打招呼時也只說「你好」而不用「日安」。我在這方面的初體驗幾乎全來自飯店經理：理由是我想給電梯男孩小費，經理卻為此唸了我一頓。城裡不再有私家車（已全數徵用），街車、計程車與大部分運輸工具皆漆上標誌性的紅黑色。革命宣傳海報貼得到處都是，鮮紅與鮮藍使牆上僅存的幾張商業海報猶如隨意塗抹的泥巴。在寬闊的主幹道「蘭布拉大道」上，人潮川流不息，擴音喇叭鎮日播放革命歌曲，隆隆刺耳，直至夜晚方休。然其中最詭異的非「人」莫屬。從外表來看，城裡的權貴階級幾已不存在：除了少數婦女和外國人，巴塞隆納壓根看不到「衣冠楚楚」穿著講究的人，幾乎人人都穿著勞動階級的粗布衣、藍色工作服或各式各樣的民兵制服。這一切無不教人感覺奇異又感動。關於革命，有太多事我不明白，就某種程度而言我甚至不喜歡；但是在這裡，我立刻理解這是一種值得爭取並捍衛的狀態。而我也相信，這裡的一切皆如其所顯現，是個真真正正屬於勞動者的國度；整個中產階級要不出逃，要不遭殺害，再不就是自願換邊加入工人這一方。只是當時我並未意識到，許多富有的布爾喬亞們只是暫時低調行事，佯裝成無產階級罷了。

此外，城裡隱約散發某種戰爭才有的不祥氣氛：市容荒涼凌亂，道路建築甚少維修，夜晚街上處處昏暗（唯恐遭敵人空襲），商家店鋪近乎半空且破破爛爛；肉類愈來愈難買到，牛奶幾乎無法取得，煤炭、汽油和糖已出現短缺，麵包更是嚴重不足，這段期間排隊買麵包的人龍動輒綿延數百碼。即使如此，你依然能感覺到這裡的人是快樂且充滿希望的：人人有工作，生活開銷低，除了流浪的吉普賽人，街上無人乞討，一貧如洗之人亦不常見。最重要的是，大夥兒相信革命，相信未來，處處瀰漫突然實現「自由平等」的感覺：大夥兒努力活得像個「人」，而非資本主義機器的小齒輪。每一家理髮店幾乎都貼出無政府主義公告（理髮師十之八九都是無政府主義者），嚴正聲明理髮師不再是奴隸；街上亦張貼五彩繽紛的海報，呼籲妓女別再出賣肉體。看在任何心腸冷硬、性喜譏諷的英語民族眼裡，這群懷抱理想主義的西班牙人充其量只是在抒發革命的陳腔濫調，部分文意甚至相當可悲。當時，街上處處有人販售描述「無產階級手足情誼」或「墨索里尼是邪惡敵人」這類天真的革命歌謠，只消幾分錢就能買到。我常看見目不識丁的民兵花錢買下一份，吃力拼音唸出歌詞，待其理解整首歌的意思之後，再有模有樣地依旋律哼唱起來。

我這段時間都待在列寧兵營，表面上是為了受訓上前線。剛進民兵團時，我被告知隔天就要出發去前線，但其實我得等到人數湊足一支連隊才能出發。戰爭初期，這群由工會工人組成的民兵倉卒成軍，尚未依普通軍隊整編的方式完成編制。這兒的調度基本單位是「小隊」，約三十人，再上去是「連」，人數一百左右，而所有規模大於百人的一律都叫「縱隊」。列寧兵營是一幢雄偉的石造建築，裡頭有馬術學校和幾座巨大的卵石中庭；此處原是騎兵營，七月對戰*時被民兵拿下。我這一連睡在其中一座馬廄裡，鋪位全在石飼槽底下，飼槽還刻了馬匹的名字。雖然戰馬已全數受俘、運至前線，但整座馬廄仍充滿馬尿和腐燕麥的氣味。我在兵營待了大概一週，印象最深的除了各種馬騷味，還有巍顫的號角聲

（咱們的號角手全是業餘人士。我首次學聽西班牙號角是在法西斯陣線外頭）、釘靴踩踏兵營中庭的腳步聲、冬陽下冗長的早點名，以及在馬術學校卵石地上進行的瘋狂足球賽（一邊五十人）。當時營裡約有一千名男性、二十多名女性和幾位負責烹煮伙食的民兵妻子，另外還有幾位女民兵，但人數不多。戰爭剛開打的時候，女民兵理所當然必須和男性同袍並肩作戰，這在革命時期似乎是非常自然的事；但此際觀念已大不相同。現在，若有女民兵駐紮馬術學校，男兵就必須另覓他處落腳，因為他們總會取笑或為難她們；然而在數月之前，任誰見著女子手握步槍壓根不會覺得滑稽可笑。

整座兵營髒亂無序，民兵每進占一棟建築便令其更加惡化，這似乎已成為革命的副產品之一：各處角落無不見成堆搗爛的家具、斷裂鞍具、騎兵銅盔、空刀鞘和餿腐的食物。他們極度浪費食物，尤其是麵包；光是我住的那個營房，每餐至少會扔掉一籃麵包——想到平民百姓食物短缺，如此浪費著實可恥。我們就著

＊譯注：西班牙內戰始於一九三六年七月。

長板桌用餐，錫杯永遠油膩膩，還使用一種叫波隆酒壺的恐怖玩意兒喝酒：這種玻璃酒器有一根長壺嘴，只要稍稍傾斜壺身，酒液就會從壺嘴噴注出來；你無須以口就瓶，隔空就能喝到酒，而且也方便大夥兒傳遞飲用。我頭一回看見眾人使用波隆酒壺的當下，立刻斷然拒絕，要求他們給我杯子。因為在我看來，這玩意兒實在太像尿壺，若裝了白酒就更不用說了。

新入營的民兵陸續拿到制服。由於這裡是西班牙，他們不管發什麼東西都是有一搭沒一搭地瑣碎進行，以致永遠無法確認誰拿到了哪些東西，而幾種最迫切需要的裝備（譬如腰帶和彈藥包）則要到最後一刻——火車已等著要送我們上前線了——才終於拿到手。方才我提及民兵「制服」，但這個詞或許會讓諸位留下錯誤印象：因為它不完全是「制服」（uniform），說它是「變服」（multiform）搞不好更貼切。儘管每個人拿到的制服都是按相同設計縫製出來的，但你在民兵團裡絕對找不到衣著完全相同的兩個人：譬如大夥兒基本上都穿燈芯絨及膝馬褲，但彼此一致的部分到此為止——因為有人打皮綁腿，有人上布綁腿，有人繫腿套，還有人蹬長靴；大家都穿拉鍊夾克，偏偏有人是皮夾克，有人是毛夾克，而顏色則是你想得到的幾乎都看得到。帽子種類和戴帽子的人一樣多。通常大家會在帽簷正面別上黨章裝飾，而且幾乎每個人都會在頸間繫上紅色或紅黑帕巾。在當時，一整個縱隊的民兵看起來簡直像一群樣貌奇特的烏合之眾。這些制服從各處工廠趕製出來後便立刻發放。就當時的條件來說，質料也不算太差；襯衫和襪子是粗棉做的，但幾乎無法禦寒。說起兵務還沒上軌道的最初幾個月民兵們是怎麼熬過來的，我簡直一肚子火：記得不到兩個月前，我不經意在報上讀到某「馬克思主義統一工人黨」（簡稱「馬統工黨」，POUM）領袖在巡視前線後表示，他會設法「讓每一位民兵都配到一條毯子」。若你睡過塹壕，這句話肯定令你打哆嗦。

入營第二天即展開訓練。要說「訓練」也挺可笑的，因為一開始簡直混亂得令人害怕。入營新兵幾乎都是十六七歲，來自巴塞隆納街上的窮孩子，雖有滿腔革命熱情，對於何謂戰爭打仗卻天真得一無所知。紀律壓根不存在，要他們排排站好更是不可能的任務：某人若不喜歡某個命令，他會直接跨出行伍，和長官激烈爭辯。領兵的中尉是一名體格結實、容光煥發、親切和氣的年輕人，他曾任共和部隊軍官，現在看起來也依舊像個軍官——儀態完美，制服漿挺；然而希奇的是，他竟是個真誠狂熱的社會主義者，比連上其他人更堅持完全、徹底的階級平等。我還記得他被某個不知情的新兵稱呼為「長官」時，他的表情既痛苦又訝異：「什麼？長官?!誰喊我長官？我們不都是同志嗎？」但我懷疑這份堅持可能會讓他做起事來不大輕鬆。此外，這群菜鳥接受的並非軍事訓練，故營中所學幾乎完全派不上用場。營方告知外國人不強制接受「訓練」（我發現，西班牙人可悲地相信所有外國人都比他們更懂軍務），不過我還是很自然地跟其他人一起參加了。我急著想學會使用機關槍，唯至今還沒有機會接觸這種武器；但令我驚愕的是，竟然沒有人教我們如何使用或操作武器。所謂的「訓練」不過就是站在校閱場上，操練一些過時、愚蠢的動作：向右轉、向左轉、向後轉、三排齊步走，以及我十五歲時學過的所有無意義、無用的把戲。對游擊兵來說，這種訓練根本徒具形式、虛有其表。如果你只有幾天的時間訓練士兵上線，顯然必須教會他最需要知道的幾件事，譬如如何找掩護、如何在開闊的空地上突進、如何掩護隊友、如何建造護牆——還有最重要的：如何操作武器。然而，這群血氣方剛的孩子再過幾天就要上前線了，他們卻連怎麼開槍、怎麼拔插銷丟手榴彈都不知道。只是當時我還沒會意過來，原來這一切純粹是因為沒有武器可供訓練罷了。馬統工黨民兵團武器短缺的情況十分嚴重，以致初抵前線的連隊必須直接從他們接替的對象手中接收槍枝武器。我在想，除了哨兵手上的幾把步槍以外，整個列寧兵營上下大概沒半枝槍。

幾天後，儘管從一般標準來看，我們仍是一群亂糟糟的烏合之眾，兵團倒認為我們可以出來見人了。於是接連幾天早上，我們都從兵營行軍至西班牙廣場後方山丘上的公眾公園。這座公園是各黨民兵團的公共訓練場，邊防警察及新成立的人民共和軍*首批分隊也常在此出現。放眼望去，公眾公園景象奇特，教人熱血沸騰：每一條小徑通道、每一方精心設計的花床之間都有小隊小隊的男子抬頭挺胸、動作筆挺地來回踏步，拼命想讓自己看起來像個軍人。他們手上都沒有武

* 譯注：一九三六年內戰爆發以後，原本由民兵組成的西班牙共和軍解散，重組並更名為人民共和軍。

器，也不見得都穿制服；不過，多數人身上的民兵制服仍舊像補丁一樣，在各自所屬的集群裡這兒一塊、那兒一方地冒出來。大夥兒的操練程序都差不多：先是來回踏步三小時（西班牙人的行進步伐短而急促），然後稍事休息，口渴的眾人立刻齊聚半山腰小雜貨鋪，牛飲商家熱賣的廉價紅酒。大家對我都非常友善。身為英國人，我某種程度成為眾人好奇的對象，邊防警察甚至特別關照我，常請我喝酒。不過，每次我逮到機會堵上中尉，必定吵著要他教我用機關槍。我每每從口袋撈出雨果小字典，用一句句破西語對他說：「我會用步槍，不會用機關槍，我想學機關槍。我們什麼時候學用機關槍？」

中尉總是報以疲憊的微笑，保證「明天」應該就會有機關槍訓練了。不用說，這個明天始終不曾到來。經過數日訓練，新兵終於學會行軍踏步，也幾乎都能在聽聞「立正」或「注意」時迅速反應；如果他們還曉得子彈會從槍管哪一頭射出來，這大概就是他們對「武器」的全部知識了。某日操練休息時，一名持槍的邊境警察漫步登上山坡，允許我們研究他的步槍；於是我才知道，整個小隊除了我以外，沒人曉得怎麼上膛，更別提如何瞄準了。

此外，我不時得應付不諳西語造成的困擾。除了我，整座兵營只有一個英國人，而營裡的軍官就連一個法文單字也不會說。雖然同袍們大多時候都以加泰隆尼亞語交談，不過這並未使我更容易與他們溝通，因此我唯一的辦法就是隨身攜帶小字典，以便在危急時刻解囊相救。話說回來，跟其他國家相比，我更樂於在西班牙當個外國人：西班牙人實在太好交遊了！我入營不過一兩天，就有一票民兵夥伴直接喊我名字、指點我各種門路，他們的熱情友好幾乎教我難以招架。我這本書並非為馬統工黨民兵擦脂抹粉而寫，畢竟整個民兵組織沉痾已深，人員良莠不齊，理由是此時志願加入兵團的人已愈來愈少，而許多優秀人才不是已上前線，就是已經陣亡。民兵團內始終存在一定比例的無用之徒。十五歲的男孩被父母帶來兵團從軍，父母坦承是為了每日十比塞塔的津貼，還有兵團配給的麵包而來（麵包配給量頗大，故常有人偷渡回家）。不過，若有誰像我一樣突然置身西班牙勞動階級（或許該說「加泰隆尼亞」勞動階級，因為我身邊僅有幾位來自安達魯西亞和亞拉岡，其他全是加泰隆尼亞人），卻未被他們發自內心的正直——最主要是率直和慷慨——所震懾感動，我肯定要他給個說法。從普世常理來看，大多時候，西班牙人的慷慨簡直到了令人困窘的程度：你問西班牙人要一根菸，他會強塞你一整包。西班牙人的慷慨擴及更深層次，那是一種真正寬大的精神，我常在各種希望渺茫的情況下一次又一次親身體會。內戰期間，有些來西班牙遊歷的記者或外國人曾經表示，西人私底下其實頗嫉妒外籍援兵；但我只能說，我從來不曾觀察到這種情形。猶記離營前數日，一群民兵從前線回來休假，他們口沫橫飛、興致勃勃地說起同在韋斯卡駐紮的法國軍團。「這群法國人非常勇敢，」他們熱情補充，「比我們還勇敢！」我理所當然出言抗議，於是他們繼續說明，表示法國人比他們更懂得戰爭的技藝，更擅長使用炸彈、操作機關槍等等。然而這類評論仍有其意義，若是英國人，他們寧可剁掉自己的手，也不願讚美他人半句。

每一位加入民兵團的外國人，最初幾週都在學習如何喜歡上這群西班牙佬，同時又不斷被他們的某些特質激怒。在前線時，我偶爾會被他們刺激到怒火中燒的地步。西班牙人的拿手本領不少，但絕不包括打仗這一項：幾乎所有外籍民兵都被他們的沒有效率嚇到目瞪口呆，其中又以不守時最令人抓狂。所有外籍人士無可避免都一定會學到的西語單字是「明天」（就字面來說是「早上」之意）：他們想盡辦法能拖就拖，所有能在今日完成的事務非得拖到明天不可。西人不守時的毛病實在太過惡名昭彰，搞到他們也常拿自己開玩笑。在西班牙，從吃飯到打仗沒有一件事會準時開始。這裡的通則是嚴重誤時，不過偶爾也可能出現提前甚至過早發生的狀況，因此就連「注定延遲」亦不可信賴。早上八點出發的火車通常會在九點至十點之間出發；不過呢，每個禮拜通常會有一次，火車司機一時興起，七點半就把火車開走了。這類事件實在教人難以忍受。西班牙人的時間感跟我們北方人不同，他們鮮少緊張兮兮，理論上我還滿欣賞的；然而不幸的是，我自己偏偏就是緊張大師呀。

經過無數次明天與無盡地拖延之後，某天，兵團突然通知我們兩小時後整裝出發——但大部分裝備都還未發放。於是，軍需品店陷入混亂，最後仍有不少人只能帶著不齊全的裝備出發。兵營裡突然冒出大批女性，似乎是來協助男人整理背包和裝備的。我被迫看著一名西班牙女子（另一位英籍民兵威廉的妻子）示範如何配裝剛到手的皮製彈藥包，感覺挺丟人的。她是個深眸、文靜，極具女性魅力的女子，生得一副彷彿天生就該在家相夫教子的模樣；但實際上她曾參與七月巷戰，奮勇作戰。這會兒她揹著內戰爆發後十個月出生的孩子，這孩子說不定還是在某路障後就地分娩生下來的。

火車表定晚上八點出發，不過一直要到八點十分左右，氣急敗壞、滿頭大汗的軍官才好不容易讓大夥兒在兵營廣場集合完畢。我還記得當時火炬照亮的場景，印象極為鮮明：眾人喧囂嘈雜，興奮激昂；紅旗在火光中飄揚翻飛；大批民兵揹著小背包，捲起的軍毯像繃帶一樣斜掛肩上；眾人怒吼咆哮，軍靴錫杯卡嗒作響，接著才是好不容易以噓聲換來的驚人肅靜。終於，某政委站在一塊巨大紅幅下，以加泰隆尼亞語發表演講，然後我們繞了一條最遠的路（約莫五六公里，或許是想讓我們看看全城風景吧），行軍來抵車站。在蘭布拉大道上，有人命令我們暫停行進，聆聽一支臨時湊成的樂團演奏幾首革命歌曲。街上再度充斥著英雄凱旋的氣氛——熱血沸騰，激動喧囂，紅旗與紅黑旗四處飄揚，人行道上擠滿友善、想好好瞧我們一眼的友善民眾，女人們亦探出窗外揮手歡送。這一幕在當時看起來是多麼自然，此刻竟如此遙遠，甚至不大可能發生！那天，車廂裡滿滿都是人，不僅座位全滿，就連走道也快站滿了。威廉的妻子趕在最後一刻奔過月台，塞給我們一瓶紅酒和三十公分長的鮮紅香腸（只可惜味同嚼蠟，後來我們還拉肚子）。列車以時速不到二十公里的戰時正常速度緩緩駛出加泰隆尼亞，吃力爬向亞拉岡高地。

第二章

巴巴斯特羅離前線還有好長一段距離，但仍是一片蕭瑟破敗。制服襤褸的民兵成群在街上來回走動，試著讓身子暖和起來。我在一堵殘牆上看見去年的競技場海報，宣布哪幾日將有六頭「英俊公牛」華麗陣亡。褪色的海報看起來好生絕望！那些英俊公牛和俊美的鬥牛士們如今安在？這年頭幾乎看不到鬥牛了，即使在巴塞隆納亦然；不知為何，所有最頂尖的鬥牛士似乎全是法西斯那一掛的。

民兵團以卡車將我們這個中隊送至席塔莫，再西行直抵阿爾庫維耶雷。阿爾庫維耶雷緊鄰前線，與薩拉戈薩相對。無政府主義民兵攻打席塔莫不下三次，終於在十月成功奪城，唯城內部分遭戰火夷平，多數房舍亦覆上痲子般的點點彈痕。此刻我們在海拔四百五十公尺的高地，冷得要命，常有濃霧忽然席捲而來。

司機在席塔莫至阿爾庫維耶雷途中迷了路（這又是一項戰爭常態），於是眾人在濃霧中瞎繞好幾小時，直至深夜才抵達目的地。我們一個跟著一個穿過爛泥區來到騾廄，鑽進禾穀堆立刻睡死。禾穀堆睡起來不如乾草堆舒適，若是乾淨倒還差強人意，再怎麼也好過麥稈堆；不過一直要到隔天早上，我才看清禾穀上散布著碎麵包、碎報紙、碎骨、死老鼠和切口參差不齊的錫牛奶罐。

現在我們離前線很近，近得足以聞到戰爭特有的氣味（就我個人經驗而言，其實就是排泄物混合腐敗食物的氣味）。阿爾庫維耶雷不曾遭受砲火攻擊，與其他緊鄰前線的城鎮相比，市容尚佳；但我相信，即使在承平時期來到西班牙這一帶遊歷，各位也絕不可能不震懾於亞拉岡村鎮獨特的貧苦悲情：這些城鎮造得有如要塞堡壘，大批單調的泥石小屋以教堂為中心，雜亂分布，即使到了春天也難見花朵——這裡的房子沒有花園，只有後院，瘦巴巴的家禽則在後院騾糞堆上跑來跑去。此地天氣極差，不時起霧下雨，將狹窄的泥土路攪成一片泥海（有些地方的泥濘甚至深達六十公分）；卡車的越野輪胎奮力駛過，農民牽著騾子（有時一列多達六頭，頭尾串聯），騾子拖著笨重拖車掙扎前進。軍隊與兵團不斷來來去去，將村鎮摧殘至某種難以言喻的敗壞程度。這裡沒有、也不曾有過所謂廁間或排水渠一類的設施，也沒有任何能任人自在行走、無須留意腳下安全的廣場闊地。教堂早已淪為公廁，所有方圓半公里內的空地亦然。每回憶起上戰場頭兩個月的時光，我沒有一次不想起那殘梗寥寥、邊緣淨是糞便硬塊的越冬田野。

兩日已過，槍枝仍未發放。若你造訪過「戰爭委員會」，見識過牆上的成排彈孔（步槍掃射的結果，過去曾有不少法西斯黨員於此槍決），那麼阿爾庫維耶雷的景點就算全走過一遍了。前線顯然十分平靜，極少送傷兵進來；城裡最主要的騷動來自法西斯逃兵，大都從前線押解過來。在這段戰線與我方對峙的部隊士兵，其實有很多都不是法西斯，充其量只是在戰事初期受召入伍、極度焦慮卻逃不過兵役的新兵。他們偶爾會小批小批、冒險溜過來投靠我方陣營，若不是因為家人還在法西斯控制的領土範圍內，無疑會有更多人逃跑投誠。我這輩子首次見到「貨真價實」的法西斯就是這些逃兵，然而令我深感震撼的是，除了他們身上的卡其連身服以外，這群人看起來和我們幾無差別。他們進城後的清一色表現都是——餓壞了。是說，在無人地帶躲藏數日，飢餓實屬正常；不過我方總會得意洋洋地指稱此為「法西斯軍團經常處於飢餓狀態」的明證。我見過一名逃兵在民宅進食的場景，畫面堪稱可憐，教人同情：高高瘦瘦的二十歲男孩，皮膚被風吹得又紅又腫，衣服破得像抹布；他蹲伏在火爐前，拼命將錫杯裡的麥片粥鏟進嘴裡，眼神不安地在圍著他站成一圈的民兵身上溜來轉去。我想，他依然懷疑我們是殘忍嗜血的「紅軍」，認為我們一等他吃完就會殺掉他；負責戒護的警衛只好不時搓揉他肩膀，輕聲安撫。某日（那天其實頗令人難忘），一批共十五名逃兵同時來到城裡。他們跟在一名騎白馬、得意洋洋的男子身後，穿繞全城。我好不容易拍到一張模糊照片，可惜後來被偷了。

抵達阿爾庫維耶雷的第三天早上，步槍終於到了。一名態度粗野、臉色蠟黃的中士在騾廄負責分發。我一見他們發給我的玩意兒，頓時震驚又沮喪：那是一把一八九六年德製毛瑟槍，整整四十年前的老東西！槍身生鏽，槍機卡死，木槍托也裂了；從槍口往裡頭瞄一眼，槍管內嚴重腐蝕，根本沒救。這批步槍絕大多數都一樣爛，有些狀況更糟，而兵團也沒想過要把最好的武器分派給知道怎麼用的人；譬如隊上最好的一把槍，槍齡僅十年，卻交在一個年約十五、出了名的娘娘腔的小驢蛋手裡。中士花了五分鐘進行「教育訓練」，內容包括如何上膛和拆解槍機。許多民兵一輩子沒拿過槍，所以我猜大概也沒幾個人知道準星是幹麼用的。發完槍之後就發子彈，一人五十枚。最後我們整隊、上裝備，出發前往五公里外的前線。

由八十人和幾隻狗組成的連隊歪歪扭扭、循路蜿蜒。民兵團每縱隊至少都有一隻狗充作鎮隊之寶。跟隨我們這連的討厭傢伙被烙上「POUM」（馬統工黨）四個字母，總是獨自前行，似乎也意識到自己身上有哪兒不大對勁。縱隊最前方除了工黨紅旗之外，還有騎著黑馬、身材粗壯結實的比利時籍指揮官喬治·柯普；隔著一小段路，有位來自民兵騎兵隊、感覺像土匪的年輕人更在前方來回奔馳，在每一處坡頂擺姿勢拍照。革命份子從西班牙騎兵手中奪下大批駿馬移交民兵，後者想當然耳忙著駕馭騎騁，馬死方休。

道路蜿蜒穿過荒廢的雜黃田野。去年收成後，田地便無人耕種。橫於阿爾庫維耶雷與薩拉戈薩的低矮山脈就在前方。我們愈來愈靠近前線，步步邁向炸彈、爛泥與機關槍。其實我心裡很害怕。我知道前線此際無戰事，但我跟其他多數人不一樣：我的年紀雖未老到投身第一次世界大戰，卻年長得足以記住戰爭情景。對我來說，戰爭不僅意味著砲彈發射時的震耳欲聾、爆炸後蹦跳亂彈的碎片，更重要的是它還象徵爛泥巴、蝨子與挨餓受凍。雖說奇妙，但我怕冷的程度更甚於害怕敵人；後來回到巴塞隆納，這個記憶也常困擾著我。我甚至會在半夜驚醒，就只因為想起戰壕的刺骨冰寒，想起酷寒破曉的備戰時刻，想起手握結霜步槍站哨的漫漫長夜或溢入靴內的冰冷泥濘。但我也承認，看著左右並肩前行的同伴，我同樣會興起某種恐懼。各位大概無法想像，我們看起來到底是怎麼樣的一群烏合之眾：行進隊伍鬆散凌亂，比羊群還不如；出發不到三公里，隊伍的尾巴就已經拖得看不見了。還有，陣中半數以上的「男人」其實都只是孩子——真的就是「孩子」，年紀最大的頂多十六歲；他們一想到自己即將上前線，個個無不開心興奮。隨著我們愈來愈接近前線，在大隊前方掌旗的男孩們開始大呼「馬統萬歲法西斯娘娘腔」等等之類的口號。照理說，這類口號應該充滿叫戰挑釁、來勢洶洶的氣魄；但出自這群男孩口中，聽起來活像小貓哭號，可憐可悲。保衛西班牙共和國的竟然是這群穿著破衣、扛著破槍（而且還不會用）的孩子，光看都覺得恐怖。猶記我曾經揣想，假如當時有架法西斯戰機飛過——不論飛行員是否願意屈就俯衝、送我們一陣機槍掃射——不知會發生什麼事？居高臨下的他肯定會發現我們壓根不是軍人吧？

來到山腳，我們選擇右方岔路，順著狹窄的環山驛道上行。西班牙此區山勢奇險，馬蹄形的山頂單調平坦，唯坡面陡峭，直下巨大深谷；斜坡高處貧瘠不毛，僅生了些石楠和發育不良的灌木，處處可見白骨般的石灰岩突出地面。這裡的前線及戰壕並不連貫，橫豎在這種山村亦不可能；所謂「前線」不過是一串高踞於馬蹄冠山頂的軍事陣地或據點，從遠方就能看見破沙包圍成的護牆、飄揚的紅旗和掩體內飄出的白煙。若再靠近一點，各位應該能聞到某種噁心的甜臭味（那氣味留在我鼻腔內數週之久）——緊鄰護牆的縫隙內堆滿胡亂傾倒、累積數月的各種垃圾，形成由碎麵包、排泄物與鏽錫罐共組的腐爛溫床。

我們即將接替的連隊正在整理裝備，準備放假。他們戍守前線已經三個月了。制服上的泥巴乾硬成塊，軍靴崩裂，幾乎每個人都成了大鬍子。這裡的上尉指揮官勒文斯基（大家都喊他班傑明）是波蘭猶太人，母語卻是法語。流彈在頭上飛來飛去，班傑明爬出掩體招呼我們：他個子不高，年約二十五，有著一頭硬梆梆的黑髮和蒼白熱切的白皙臉龐（不過，在前線熬了這麼久，大夥兒的臉都髒兮兮的）。這處陣地呈封閉半圓形，寬約五十碼，掩體前方的護牆部分由沙包組成，部分是石灰岩塊。掩體約莫有三四十個，像老鼠洞一般深入地下，於是威廉、我，還有威廉的西班牙籍連襟立刻鑽進一個離我們最近、無人占據且看起來還算能住的掩體。前線偶爾會沒來由地傳出槍聲，繼而在石山壁間形成詭異回響。我們才拋下裝備、爬出掩體，耳邊立刻爆出槍響；隊上的一個孩子衝出護牆，滿臉是血：他不慎擊發子彈，但槍枝炸膛，半邊頭皮被彈殼碎片削得像緞帶一樣。那是我們隊上的首名傷兵，而且還是自己誤擊造成的。

那天下午我們首度上哨，班傑明帶我們巡視整座陣地。護牆外有一條沿著岩塊鑿出來的狹窄戰壕，石灰岩塊堆成的槍眼原始粗糙。全區共十二個哨點，分布於戰壕或內護牆後方。戰壕前方有鐵絲網，鐵絲網外就是彷彿深不見底的山谷邊坡；山坡對面是光禿禿的丘陵斜坡，偶有奇石嶙峋點綴，整片的灰與冰冷且不見半點生物，連隻鳥兒也沒有。我從槍眼小心窺看，試著找出法西斯戰壕的位置。

「敵軍呢？」

班傑明大手一揮、爽朗地說：「在**拉**裡。」（班傑明能操英語，但說得很糟。）

「**哪**裡？」

據我對塹壕戰的理解，法西斯陣營應該就在五十或一百碼外，眼前卻啥也沒瞧見，看來他們把戰壕隱藏得非常好；但接下來，我細看班傑明手指的方向，頓時一陣驚愕：深谷對面、離我們少說七百碼的山頂上，隱約可見細小的護牆輪廓和一方紅黃相間旗幟——法西斯前線陣地。我無法描述我有多失望：這種距離怎麼可能近身對戰！就射程而言，我們的步槍完全派不上用場。然而就在這時候，不知何處傳來一聲激動呼喊——兩名法西斯士兵（從遠處望去不過只是兩團灰色身影）正爬上對面光禿禿的山坡。班傑明迅速抓過近處一人的步槍，瞄準、扣扳機。咔！啞彈一枚。我心想這是個壞預兆。

剛上哨的哨兵才進入壕內哨點，立刻展開一串未針對特定目標的瘋狂掃射。我看見小如蟻點的法西斯敵軍急忙閃躲、伏入護牆後方，有時還能看到象徵人頭的小黑點停頓片刻、冒失暴露位置。此舉擺明了是浪費子彈，但我左方的哨兵悄悄摸近我身邊——以西班牙人典型的方式擅離崗哨——催促我放槍開火。我試著向他解釋，這種槍、這種射程，除非意外，否則你不可能打中任何人。但他只是個孩子。他不斷用槍比著其中一枚黑點，像狗一樣激動地齜牙咧嘴，期待有人扔出石頭。最後我只好立起準星，瞄準七百公尺外某處，開槍。黑點消失。我希望子彈飛得夠近、逼他閃躲。那是我此生頭一次對人開槍。

現在我已見識到前線的狀態，內心只剩滿滿的厭惡。這哪叫作戰！我們幾乎碰不到敵軍！我根本無意壓低身體、讓腦袋低於戰壕高度。沒過多久，一發子彈淒厲地飛掠耳際擊中我身後的背牆。哎呀！我屈身躲避。我這輩子曾多次發誓，絕不會在子彈飛過時低身閃躲，但這個動作顯然出於本能，而且幾乎每個人至少都閃過一次。

第三章

所謂「塹壕戰」有五大重點：柴火、食物、菸草、蠟燭及敵人。在冬季的薩拉戈薩前線，這五件事的重要性亦依此順序排列——敵人敬陪末座。除非是夜晚（突襲幾乎都在夜間發生），否則任誰都懶得理會敵軍；他們只是偶爾望見在遠方蹦來跳去的黑色昆蟲。敵我兩軍真正在意的是如何保暖。

在此先簡短聲明：駐留西班牙期間，我鮮少目睹戰鬥事件。我於一九三七年一月來到亞拉岡前線，五月離開；從一月至三月底，前線除了特魯埃爾之外幾無戰事，若有也只是零星衝突。雖然韋斯卡附近於三月間曾爆發激烈戰鬥，但我個人在那場戰役中的角色不值一提；六月時，韋斯卡遭遇慘烈攻擊，僅一天內就有數千人陣亡，然而我在攻擊發生前便因傷退役了。一般人對戰爭的恐怖聯想鮮少發生在我身上：既沒有飛機在我附近扔炸彈，印象中也沒有任何砲彈在我周圍五十碼內爆開，而我個人僅有過一次徒手搏鬥經驗（若要我說，就算一次也嫌頻繁）。當然，我確實經常在猛烈的機關槍火線下移動，不過射程大都很遠；即使在韋斯卡，只要保持謹慎、小心注意，一般來說倒也安全無虞。

不過，在這裡，在薩拉戈薩的群山之間，戰事呈現靜滯狀態，日子既難受又無聊；每一天都過得像政府公務員那般平靜無波，就連規律程度也差不多。上哨、巡邏、挖壕，挖壕、巡邏、上哨。在每一處山頂上都有一小群衣著破爛、渾身髒兮兮的法西斯或擁護共和派士兵瑟縮地裹著旗幟，試圖保暖。每日每夜，無意義發射的子彈在空蕩蕩的山谷間一來一往，僅在極希罕的機率下抵達目標、落在某人身上。

我經常凝望這片冷冽大地，驚歎戰事徒勞。如此戰爭怎麼可能有結果！稍早，約莫在去年十月，這些山頭都曾爆發激烈衝突，後因人員不足、武器短缺（尤其是砲兵部隊），無法進行大規模作戰，致使各軍只能在各自攻下的陣地挖壕掩蔽，就地落腳。我們右方有一處較小的前哨基地，同樣隸屬馬統工黨；我們左側七點鐘方向尖坡上的據點屬於「加泰隆尼亞統一社會黨」，簡稱「加統社黨」；至於加統社黨對面、地勢較高的支脈，則有好些法西斯陣地分布在幾座小山頭上。戰地前線呈之字形來回曲折，若非各陣營都插了旗幟，否則實在難以辨別敵我。馬統工黨和加統社黨都是紅旗，無政府主義是紅黑旗，至於法西斯通常都是「紅黃紅」王國旗幟，但他們偶爾也會插上共和國的紅黃紫三色旗*。這幅景象著實壯觀，但前提是你得忘掉那每一座山頭都有部隊駐紮，故而堆積大量錫罐與結塊乾糞。我們右側的山脈彎向東南方，將空間讓給寬闊的脈狀山谷，一路朝韋斯卡蔓延鋪展。平原中央散布不少像骰子一樣的小方塊，那是擁護共和派的據地「羅布雷斯」。早晨時分，山谷經常藏在雲海之下，扁平的藍色山丘屹立其間，眼前大地宛若一幀奇特的負片影像。韋斯卡遠處還有許多結構與我方相類的山丘，覆著日日消長變幻的白色雪線。遠方的巍峨山巔即是庇里牛斯山，山頂積

＊歐威爾曾在勘誤表中表示：「寫作當下，我已無法確定當時是否見過法西斯插上共和國旗幟。不過，我**認為**他們偶爾會插共和國旗、旁邊再加上一面小小的卐字旗。」

雪終年不消，彷彿飄浮於縹緲無物間；然下方的山谷平原仍是一片死寂不毛。我營對面的山丘沉鬱灰幽，皺摺如象皮，天空總是不見半隻鳥；印象中，我不曾見過野鳥如此稀少的鄉野，唯一能隨時見到的是某種喜鵲。夜裡，山鶉會忽地成群飛起，教人心驚；更難得一見的是低空滑翔的老鷹，雖常有槍響尾隨，牠們壓根不屑一顧。

每到夜間或起霧時，都會派人去我軍和法西斯陣營之間的山谷巡邏。這算是一份討人厭的苦差事，不只因為冷，容易迷路也是理由之一，因此沒多久我就發現，只要我願意，我可以經常出營巡邏。這片巨大嶙峋的深谷沒有任何道路小徑，你只能一次又一次記住新地標，靠自己摸索、累積經驗。我方射出的子彈只要飛七百公尺就能抵達最近一處法西斯陣營，但我實際的巡邏路線卻得走個兩公里半。頂著咻咻飛掠、聲音頗似紅腳鷸叫聲的流彈在漆黑山谷中漫遊，其實挺好玩的，而濃霧又更勝黑夜一籌：因為濃霧通常整天不散，並且總是攀附或圍繞山頭，故使得下方山谷一片清朗，豁然開闊。不過你一旦來到法西斯前線，必得以蝸牛速度緩慢爬行；由於坡面上淨是易裂易響的荊棘與石灰岩塊，要想安安靜靜爬上山坡簡直比登天還難。我大概試了三四次才找到通往法西斯陣地的小路。當時霧氣濃重，我躡手躡腳越過鐵絲網，側耳傾聽，先是聽見法西斯士兵在裡頭說話、唱歌，接著我猛然警覺，意識到其中幾人正朝我的方向下山走來。我蜷縮在一株灌木後面（這灌木看起來突然變得好瘦小），設法不出聲地拉起扳機，但他們旋即岔成兩路，沒有一人走進我的視野範圍內。我在藏身的灌木底下發現前人作戰遺留的各種痕跡——一堆空彈殼、一頂被射穿的皮帽和一面顯然屬於我方的紅旗。我把旗子帶回駐紮地，不帶感情地將它撕開做抹布使用。

連隊一抵達前線，我旋即被任命為下士，負責指揮一支十二人組成的哨兵隊。這不是什麼閒差，至少剛開始不是。我們這一連全是一群未經訓練、毫無紀律的十來歲少年。你在民兵團裡隨時都能碰上年僅十一二歲的男孩：這些人大都是來自法西斯陣營的難民，而登記加入民兵則是照料這群孩子最簡便的方式。一般來說，他們大都在後方負責一些簡單工作，不過這些孩子偶爾也會設法獲取信任、進入前線，化身為前線的大威脅。我還記得有個小兔崽子竟然把手榴彈扔進掩體火堆，宣稱只是「開玩笑」。在波賽羅山營區，我認為應該沒有年紀不滿十五歲的孩子，不過平均年齡應該不到二十歲。這個年紀的孩子在前線根本派不上用場，因為他們無法應付塹壕戰必然會碰上的「睡眠不足」問題。剛開始，我們幾乎沒辦法好好守夜哨：你得親自走進掩體把隊上這些小鬼拽起來，而他們頂多只能自行移動個幾公尺；待你一轉身，他們立刻離開哨點，溜回壕裡睡覺。又或者，儘管野外酷寒難耐，他們依然有辦法直接靠在壕溝外牆上熟睡。好在敵軍毫無企圖心。在我看來，有些晚上，對方似乎只要出動二十名持空氣槍的童軍或拿板羽球拍的女童軍，就能攻下這地方了。

在這段期間，甚至直到好一段時間以後，加泰隆尼亞民兵的基本結構依舊和內戰爆發時差不多：佛朗哥叛變初期，各工會與政治團體倉卒組成各自的民兵團，這些民兵團基本上都屬於政治組織，他們效忠中央政府，也就效忠自己的黨派團體。一九三七年初，強調「無黨無派」、或多或少以正規部隊成立的「人民共和軍」則由西班牙共和政府重整建軍，各政黨民兵團理論上也在此時順勢併入。但是有好長一段時間，這種改變僅限「紙上作業」，因為直到同年六月以前，沒有一支新成立的人民軍連隊開進亞拉岡前線，整個民兵體制亦絲毫未變。

民兵體制的本質是官兵平等：從將軍到二等兵，大家都領一樣的薪餉，吃同樣的食物，穿同樣的衣服，使用平等的詞彙往來。若你想拍拍師團指揮官、向將軍討一根菸，儘管大方去討，沒有人會覺得這舉動怪異。理論上，每一位民兵不管從哪方面來說都是平民百姓，而非統治階級。每個人都知道要服從命令，不過大家也都知道，命令不是上級對下級，而是同志對同志。民兵團裡有軍官，有士官，不過沒有一般所知的那種軍階制度；兵團裡沒有頭銜，沒有肩章，不需要併攏腳跟敬禮。這群人試圖在民兵團裡建立某種暫時、可運作的無階級社會模式。當然，世上沒有完全的平等，不過我在民兵團所感受到的，比我在戰時親眼見過或我能想像得到的任何地方都還要接近這種狀態。

但我也得承認，乍見前線運作狀態，我確實驚恐萬分：如此「軍隊」怎麼可能打勝仗？當時人人都說「我們會贏得戰爭」，也認為注定成真，這個想法同樣匪夷所思。因為在當時的情況下，民兵團是共和政府僅有的最佳選擇：機械化現代軍隊不可能突然蹦出來，而共和政府若想等到手握訓練有素的軍隊任其調派指揮，屆時佛朗哥早就所向披靡、無人對抗了。然而到後來，事事歸咎民兵卻變成普遍的藉口，而實際肇因於缺乏訓練和武器裝備的種種錯誤，亦託藉為平等主義制度的必然結果。事實上，民兵團招募的新兵之所以成為毫無紀律的烏合之眾，並非軍官與二等兵互稱同志所致，而是未經訓練的部隊**本就如此**。實際上，這種民主化的「革命式」紀律比一般預期的還要穩固可靠：在工人組成的民兵團中，「紀律」理論上皆出於自願，以「階級忠誠」為基礎；但中產階級透過徵兵組成的軍隊，最後都把紀律建立在「恐懼」之上，取代民兵團的人民軍則介於二者之間。霸凌和虐待在一般軍隊頗為常見，民兵團卻連片刻都無法容忍。民兵組織不是沒有懲處罰則，但僅限於極嚴重的違規或攻擊事件。民兵若不服從命令，部隊不會立刻開罰，而是動之以情嘗試說服解決。憤世嫉俗且沒有處事經驗的人可能劈頭就說這法子「沒用」，但事實上，從長遠來看，這方法確實有效，即使是最菜最糟的民兵連隊，紀律也會愈來愈好，這是有目共睹的。那年一月，光是叫一群新兵做好分內工作，我差點連頭髮都白了；五月時，我暫代中尉，帶領約三十位民兵，其中有英國人也有西班牙人。我們已連續作戰好幾個月，然若要他們服從命令或徵求自願者執行危險任務時，我不曾感覺到一絲困難。這種「革命紀律」取決於行政意識——理解命令**何以**必須服從；傳播這種意識需要時間，在練兵場上教人操作自動武器也需要時間。那些蔑視民兵組織的新聞記者似乎都忘了，當人民軍在後方訓練養成時，守住前線的可是民兵哪！而民兵之所以願意守住戰場，完全得歸功於革命紀律的力量。直到一九三七年六月以前，除了階級忠誠，坦白說沒有任何理由足以約束他們繼續留在戰場上。你可以一個個射殺逃兵（確實偶爾有逃兵遭射殺），但若是上千民兵決定同時離開前線，任誰也無法阻攔。在同樣狀況下，如果沒有憲兵，徵兵組成的軍隊肯定即刻瓦解，民兵團卻依然堅守前線；天知道他們打贏的次數屈指可數，然而就連逃兵也不常見。我加入馬統工黨民兵團的四五個月裡，只聽過四人逃跑，而且其中兩人還非常確定是來竊取情報的敵方間諜。剛開始，民兵團明顯混亂、普遍缺乏訓練、通常得吵上五分鐘才能讓同志服從命令等種種現實，的確令我惱怒又驚恐。我的思維傾向英國陸軍，而西班牙民兵無疑與英國陸軍非常不同；但考量當時的情況，他們在實質上確實是優於一般期待的軍事部隊。

此外還有柴火，柴火永遠都是問題。整段服役期間，我的日記大概沒有一天不提柴火——更確切來說是缺乏柴火。我們所在的位置介於海拔六百至九百公尺之間，時值隆冬，那種冷簡直無以言喻：氣溫並非特別低，有些夜晚甚至不會結冰，冬陽也會在中午短暫露臉一小時；即使天氣並非真的非常冷，我依然可以向各位保證，感覺就是冷得要命。有時寒風呼嘯、掀掉帽子，頭髮也被吹得亂七八糟；有時濃霧像液體一樣灌進戰壕，彷彿能滲進骨子裡似的。這裡經常下雨，即使只下十五分鐘也足以把環境搞得難以忍受：覆在石灰岩塊上的薄土瞬間變得滑膩泥濘，由於你無時無刻都走在斜坡上，滿地泥濘讓你連站都站不好。我在漆黑夜晚經常走不到二十碼就能摔個六次。這種環境非常危險，因為這表示槍機會被泥巴卡住。幾天下來，衣服、靴子、毯子、步槍或多或少都覆上一層泥。出發上前線之際，我已盡可能多帶幾件厚衣服，但隊上有太多人實在穿得不夠。我們這個要塞大約有一百人，卻只有十二件厚大衣（讓哨兵站哨時輪流穿），大多數的人只分配到一條薄毯。猶記某個冰冷夜晚，我在日記上列出自己到底穿了幾件衣服；計算人體能穿戴的衣物數量，說實話還挺有意思的。那晚我穿了內衣衛生褲、法蘭絨衫、兩件套頭針織衫、一件羊毛夾克、一件豬皮夾克、燈芯絨褲、綁腿、厚襪子、靴子、厚戰壕風衣、圍巾、有襯皮手套和一頂毛帽，但我依然抖得像塊果凍。不過我也承認，我本來就挺怕冷的。

薪柴是唯一真正重要的東西，理由是這地方幾乎找不到能燒的材料。這片悲慘山區本就植被稀疏，再加上連月以來無數凍僵民兵的徘徊撿拾，其結果是所有比指頭粗的植物都燒光了。除了吃飯、睡覺、站哨或雜役勞動的時間以外，我們都在駐紮地後方的山谷尋找燃料。我對那段時間的記憶全是在幾乎垂直的陡峭山坡爬上爬下，踩在能把軍靴割成碎片的鋸齒石灰岩塊上，急切地撲向一段段小木枝。三人搜尋一兩個鐘頭的成果，大概只夠讓掩體內的火堆燃燒一小時。這份尋找薪柴的熱切把大夥兒全都變成了植物學家。我們會依「燃燒品質」，將山坡上的植物分門別類：譬如石楠和雜草適合生火，但幾分鐘就燒完了；野生迷迭香和小荊豆叢可在火勢較旺時充作補充燃料；至於發育不良、生得比鵝莓叢還要矮小的橡樹苗則完全燒不起來。有一種風乾的蘆葦稈非常好生火，但這種植物只長在營區左側的山頂上，你得穿越火線才能拿到手；若摘取時不慎被法西斯機槍手發現，他們會像擊鼓一樣送上一大堆子彈。通常他們都往高處瞄準，故子彈會像小鳥一樣咻咻飛過頭頂，不過偶爾還是會有幾發擦過或打在石灰岩上，距離近得令人不舒服，你只得飛撲找掩護，待槍雨過後再起身繼續蒐集蘆葦桿。眼前沒有一件事比柴火更重要。

與寒冷相比，其餘種種不舒服彷彿全是小事一樁。不用說，我們自始至終都髒得不得了。營裡的水和食物一樣，都是靠騾子從阿爾庫維耶雷一路揹上來的，因此每人每天約莫只能分到一夸特的水；這水極其髒汙，濁度說不定勝過牛奶。理論上這水僅供飲用，但我總會偷舀一杯留待早上梳洗用。我習慣一天擦洗，一天修鬍，這一點點水不足以一次完成兩件事。營區裡臭得要命，小而封閉的護牆外側處處是排泄物；有些民兵經常直接在戰壕裡方便，同袍於幽暗通道內走動時還得設法繞道避開，實在噁心。不過，我從不在意骯髒這回事，大家對「髒」太大驚小怪了：你會很訝異自己竟然沒多久就習慣不用手帕，或是用同一只錫杯吃飯和梳洗。值勤一兩天後倒頭就睡，和衣而眠，對我同樣不成問題。由於我們必須隨時備戰反擊，因此晚上不大可能脫衣脫鞋睡覺（鞋子尤其脫不得）。待在前線的八十個夜晚中，我只脫過三次衣服，但我倒是不時會在白天脫掉制服。天氣太冷，蝨子沒辦法活，老鼠卻多得不得了。我常聽人說，大鼠小鼠不會在同一處地方出沒；但如果食物充足，你還是會見到牠們相偕現身。

營區的其他條件不算太差。食物好得可以，另外還供應大量葡萄酒。香菸仍以一天一包的頻率發放，火柴兩天一次，有時甚至還發蠟燭。配給的蠟燭極細，像耶誕蛋糕上的蠟燭，料想大都是從教堂搶來的。每座掩體每天會分到八公分長的蠟燭，每根大概能燒二十分鐘。那時，蠟燭仍屬於可購物資，我遂買了幾磅備用。後來蠟燭與火柴雙雙短缺，生活也因此異常悲慘；平時我們不明白這些小東西的意義，直到缺了、少了才知道它們有多重要。比如，當夜間警報大響，大夥兒在掩體內摸索找槍，互相踩在彼此臉上，這時若能劃亮一道光，生死之別立刻見真章。每個民兵都配有一只點火匣和數碼長的導線，這兩樣東西是僅次於步槍的重要裝備：點火匣的優點是能在風中點火，缺點是只能悶燒，故無法用於生火。火柴短缺最嚴重的那段期間，我們僅剩的辦法是把子彈彈頭抽掉，再用點火匣觸發、引燃火藥。

那段日子真不是普通地妙，是一種十分奇特的參戰方式（如果那樣還稱得上戰爭）。整個民兵團因無所事事而心情煩躁，成天吵鬧抗議，想知道為何不准攻擊；然而當時的情勢十分明顯，那就是除非敵人先動手，否則會有好長一段時間不會發生任何戰役。喬治．柯普在定期視察時每每坦白告訴我們：「這不是戰爭，」他說，「而是一場偶有傷亡的喜劇。」事實上，亞拉岡前線之所以戰事膠著，還有其他我當時並不曉得的政治因素；不過，除了備員不足，民兵團本身還遭遇多種難題，這些大夥兒倒是看得清清楚楚。

首先是天然環境。不論是我方或法西斯陣營，雙方前線皆位於自然條件極險要之處，故多半只能從一側接近；若守軍已先挖通多條戰壕，除非派出壓倒性的人數進攻，這類據點多半不可能靠步兵拿下。以我們所在，或我們周圍大多數的據點來說，大概只要十幾個人，再加兩挺機關槍就能拖住一個營的兵力。駐紮在這類山頭高處，照理說應該能用砲彈炸出幾個漂亮記號；無奈我們既沒有砲，也無砲兵。有時候，我會深深凝望這片大地，迫切渴望身邊有一兩座砲——噢，我真是滿腔熱血！有了砲，我們就能像槌子敲堅果一樣，一個一個摧毀敵軍陣地。可是我方偏偏不存在「砲」這種東西。法西斯那邊偶爾會設法從薩拉戈薩拖一兩挺砲上來，寥寥發射幾回，次數少到他們從未抓準射程，每每令砲彈落入空蕩蕩的山谷，不曾造成傷害。面對敵人的機關槍，自己手邊又沒砲，眼下你只有三種選擇：隔著安全距離（好比說四百碼）挖戰壕窩身，或突入空曠地帶等著被殺，或發動改變不了整體現狀的小規模夜襲——總之，選擇方案幾乎就只有停滯不前或自尋死路兩種。

除此之外，我方嚴重缺乏各種戰略物資。各位可能得費一番工夫才能理解，民兵團在這段時期的武器配備有多麼貧乏。任何一所英國公立預官學校都比我們更像一支現代化軍隊。民兵團武器的破爛程度令人驚愕，值得仔細記述一番。

在民兵戍守的這塊防禦區內，整個砲兵隊只有四門迫擊砲，每一門砲配**十五發**砲彈——不用說，砲彈太珍貴，不能隨意使用，故這四門砲全部安放在阿爾庫維耶雷。機關槍的分配比例約是五十人一挺槍，型式老舊，不過倒還能精準擊中三四百碼內的目標；超過這個射程，咱們就只剩步槍可應付，但我們的步槍大都是廢鐵。民兵使用的步槍有三款型制。第一款是長毛瑟槍，隊上長毛瑟槍的槍齡鮮少短於二十年；準星作用堪比壞掉的車速表，膛線大都鏽得一塌糊塗，不過就總數來看，至少還有十分之一的槍況不算太差。再來是短毛瑟，又名「卡賓槍」，原本是給騎兵用的。這款毛瑟槍輕便好攜帶，在狹窄的戰壕內操作順手，看起來也比較新、效能更好，因此比其他款步槍更受青睞。但我們的短毛瑟幾乎毫無用處：它們全是重新組裝的槍枝，卡榫與槍管對不上，而且有四分之三大概五發之後就卡彈。另外我們還有一些溫徹斯特步槍，操作容易，但極難瞄準；而且這種槍沒有彈匣，一次只能射出一顆子彈。由於我方彈藥嚴重不足，每一位上陣的民兵只能配給十五發子彈，且絕大多數的子彈都劣質到誇張的地步：西班牙製的都是自填式子彈，槍況再好也會卡彈；墨西哥製的品質較佳，因此都留給機關槍使用。子彈品質最佳的要屬德國製，但只能透過囚犯或逃兵取得，數量不多。我總會在口袋裡放一支德國或墨西哥彈匣，以備不時之需；但事實上，我在狀況緊急時鮮少開槍——我太害怕這鬼東西卡彈，同時又過於焦慮，所以少開一槍是一槍，子彈則多留一顆是一顆。

我們沒鋼盔，沒刺刀，幾乎也沒有單膛或左輪手槍，每五至十人分配不到一枚炸彈或手榴彈。這時期使用的手榴彈主要是一種名為「ＦＡＩ炸彈」的嚇人東西，是無政府主義聯盟在戰爭初期製作的產品。這種炸彈基本上是「米爾斯炸彈」的一種，唯撞針桿並非以插銷固定，而是膠帶。投彈時，你得撕開膠帶，再盡可能以最快的速度扔出去。大夥兒都說這炸彈「不分敵我，一視同仁」，因為它不僅能炸死投彈對象，也能炸死投彈者本人。隊上還有其他種類的炸彈，設計甚至比FAI更原始，不過大概也比較不危險吧（我是指對扔炸彈的人而言）。我個人則是到三月底才首次見到第一顆值得扔出去的手榴彈。

除了武器裝備，各種次要軍需品也同樣不足，譬如我們沒有半張地圖或地形圖。當時，西班牙國土仍未徹底測勘，而這一帶較詳細的地圖多是古老的軍事地圖，且幾乎都在法西斯陣營手裡。我們也沒有測距器，沒有望遠鏡，沒有潛望鏡*，沒有雙筒望遠鏡（只有幾個人自備了幾副），沒有照明彈或閃光信號彈，沒有鐵絲網剪鉗，沒有軍械工具，甚至就連清理武器的工具也付之闕如。這群西班牙佬似乎一輩子沒聽過「刷繩」是何玩意兒，因此在我手工做出一根刷繩時訝

---

*譯注：潛望鏡可用於塹壕戰，從壕溝觀察敵軍動態。

異得目瞪口呆。在民兵團裡，若想清槍，你得去找中士——中士那兒有根黃銅通條，並且一定是彎的，因此注定把槍管內壁刮得亂七八糟。這兒甚至連擦槍油也沒有，只能用橄欖油代替（前提是你得設法弄到橄欖油）；我個人試過凡士林、冷霜，甚至還用過培根油擦槍。此外，營裡沒有提燈也沒有手電筒——至少，我認為我們這整個防禦區在這段期間內並沒有手電筒一類的東西。買手電筒最近的地點在巴塞隆納，況且去到哪裡也不一定能買到。

隨著時間進展，聽著山丘之間零星散亂的槍響，我開始懷疑並好奇這場荒謬的戰爭究竟會不會有一點點**起色**，或說帶來一點點傷亡。我們對抗的不是人，而是肺炎；雙方塹壕相距至少五百碼，若非意外，否則不可能有人中彈。當然，戰場上總有死傷，但絕大多數是自己造成的。如果我記得沒錯，我在西班牙見到的前五名傷兵都是被自家人擊中的；我不是說他們故意開槍，但都是意外或不小心所致。我們的老舊步槍本身也是個危險，有些只是槍托著地即意外走火，相當恐怖；我就見過一個人因此射穿自己的手掌。還有，在黑暗中，新兵經常朝彼此開火。有天傍晚，甚至還不到黃昏時刻，一名哨兵竟然朝二十碼外的我開槍；幸好子彈偏了一碼，沒打中——天知道西班牙人的射擊水準到底救過我多少次。還有一回，我必須在霧中出營巡邏，也謹慎地事先通報衛兵司令；結果在回營時，我不慎絆倒並跌在一株灌木上，受驚的哨兵立刻大喊法西斯偷襲，我甚至還十分榮幸地聽見衛兵司令下令全員迅速朝我所在的方向開火。我只得壓低身子讓子彈飛過。天底下沒有一件事能讓西班牙人明白——至少是年輕的西班牙人——步槍很危險。有一回，大概是衛兵司令事件過去很久以後，我替幾位機槍手拍攝他們持槍的英姿——但他們竟然一致把槍口對準我。

「別開槍。」我一邊對焦一邊半開玩笑地說。

「喔，不會啦，我們不會開槍。」

話才說完，眼前旋即響起恐怖轟鳴，接著是一連數發子彈貼著我的臉頰飛過，距離近到我能感覺火藥粉末引燃的刺痛。雖然不是故意的，但這群機槍手竟然覺得這種情況很好笑；不過幾天前，他們才親眼目睹一名趕騾人遭人意外擊中——那是某位政委幹的蠢事。他把玩自動手槍，不慎將五顆子彈送進趕騾人的胸膛。

這段時期，軍隊或民兵團使用的通關密語也是某種危險來源。這種惱人的通關密語常以兩組詞或兩句話組成，一方先說前段、另一方必須回答後一段。這些詞組多半帶有鼓舞士氣的革命精神（譬如文化對應進步，或是我們終將—贏得勝利），然若要教育程度不高且目不識丁的哨兵記住這些浮誇詞彙，幾乎比登天還難。記得有天晚上——那晚的密語是「加泰隆尼亞英勇無法擋」——有位名喚哈米．多梅尼克的圓臉農民走向我，滿臉困惑地請我解釋給他聽。

「英勇無法擋……，這句『英勇無法擋』是什麼意思？」

我告訴他，這句話就是非常勇敢的意思。於是稍晚，他在黑暗中摸索穿過壍壕時，哨兵上前質問：

「不准動！加泰隆尼亞！」

「非常勇敢！」哈米大喊，萬分篤定自己答對了。

砰！

哨兵又沒打中。

參與這場戰爭的人總是力求打不中別人。

第四章

我上前線約三週之後，一支英國獨立工黨派來的小隊抵達阿爾庫維耶雷，大概二三十人。為了讓駐紮在這段前線的英國人能集體行動，威廉和我遂加入他們。我們的新駐點是特拉佐山*，雖在薩拉戈薩西側數公里外，仍然一眼就能望見薩拉戈薩。

這個陣地踞於某種外形像剃刀的石灰岩塊上，掩體水平鑿入峭壁，宛如沙燕巢。由於深度極深，內部漆黑無光；再加上頂部頗低，故連跪著都難，更遑論站立。我們左方的山頭上還有兩處馬統工黨據點，其中一個是前線男性心中的夢幻

＊編注：歐威爾將 Monte Irazo 記錄成 Monte Trazo（特拉佐山）。

之鄉——因為那兒有三位負責烹飪的女民兵。這幾名女子算不上漂亮，不過民兵團發現確實有必要將這處據點與其他分隊的男性隔開來。我們右方五百碼則是加統社黨據點，駐紮在阿爾庫維耶雷路邊彎道上。這段路正好是兩軍交會點：你會在晚上看見載滿我方補給品的卡車車燈忽明忽滅、蜿蜒駛出阿爾庫維耶雷，同時看見法西斯陣營的補給車隊從薩拉戈薩開出來；你還能看見薩拉戈薩的點點燈火猶如舷窗，在西南方二十公里處靜謐閃耀。共和政府軍自一九三六年八月起就隔著這段距離遠望薩拉戈薩，此刻依然只能凝望。

我們這個小隊大概有三十人，包括西班牙籍的哈蒙（威廉連襟），還有十多名西班牙機槍手。除了一兩位麻煩人物——大家都知道這點無法避免，戰爭總會引來一些聲名狼藉的傢伙——這群英國人的身體及心理素質皆好得不得了。其中最傑出的或許要屬鮑勃・史邁利，他是著名礦工領袖的孫子，後來卻不幸且毫無意義地死在瓦倫西亞。儘管西班牙人與英國人語言不通，不過大家都認為西班牙人的個性與英國人相當合拍，因此雙方總是相處愉快。我們發現，有兩句英文是所有西班牙人都會也都懂的，其一是「好的，寶貝」，另一是巴塞隆納妓女和英國水手**交易**時常用的單字，但我想這個字應該過不了撿字員那一關吧。

整個前線再度呈現無戰事狀態，僅間或傳來子彈爆裂或極稀有的法西斯迫擊砲炸開的聲響；若是後者，大夥兒總會衝上掩體最頂處，瞧瞧是哪個山頭被炸了。在這段前線，敵軍和我方距離較近，大概僅隔三四百碼；對方離我們最近的一處陣地就在特拉佐山正對面，而他們的機槍堡總是誘引我方浪費子彈。法西斯鮮少白費力氣，他們不用步槍，而是以機關槍精準地朝任何膽敢暴露位置的傢伙連發射擊。儘管如此，我們大概還是等了十天半個月後才出現第一名傷兵。和我們對峙的部隊全是西班牙人，但根據逃兵的說詞，對方陣中有幾名德國士官。過去某段時間，法西斯陣營還有北非摩爾人（可憐的傢伙，他們肯定凍壞了！），因為無人地帶曾出現過一具摩爾人屍體，而摩爾人在這一帶還挺常見的。在我們左方兩三公里處，陣線中斷，取而代之的是一片遼闊但低矮濃密的樹林；這片樹林既不屬於我方、也不屬於法西斯，但雙方都會在白天派員巡邏。這種童子軍式的行徑毫無刺激感可言，不過，我倒是不曾見過任何法西斯巡邏兵走進我方陣地數百碼內。若選擇匍匐前進，那麼在爬過好一大段距離後，你或多或少能穿越法西斯前線，甚至還能看見懸掛王國旗幟的農舍，也就是法西斯在當地的總部。有時候，我們會多管齊發，然後在遭對方機槍鎖定之前趕緊就地掩護。我總希望我們好歹能打中幾扇窗戶，不過由於射程都在八百公尺外，再配上我們的爛槍，這種距離你連能不能打中房舍都很難講。

天氣大都晴朗寒冷，午間偶爾出太陽，但總是冷。邊坡處處可見狀似鳥喙的報春和鳶尾綠芽從土裡冒出來，顯然春天的腳步近了，但來得很慢很慢。夜晚更是前所未有地冷。凌晨下哨之後，我們常把伙房餘火耙整湊成一堆，然後踏進這堆火紅餘燼中；這麼做雖然很傷靴底，腳丫子卻暖得不得了。但偶爾，清晨破曉的山巔景象壯闊，值得你爬下床，感受這天地我獨有的無神時刻。我討厭山，就算山景再怎麼浩瀚遼闊我仍不喜歡。不過，有時候，即使徹夜未眠，即使膝蓋以下全凍得麻木無感，即使因為未來三小時內放飯無望而悶悶不樂，穿過後方山頂的第一道曙光——細細的金色光束像把劍，劃破黑暗，是以天色漸亮，洋紅色雲海逐漸散退至看不見的遙遠彼方——仍值得你屏息讚歎。我在這段時期曾多次欣賞黎明拂曉，比我整個人生（或往後人生）加起來的次數還要頻繁。

這裡人員嚴重不足，換言之，每個人站哨的時間更長，也更疲憊。即使身處這場最平靜的戰爭，我也不免因缺乏睡眠而漸漸吃不消。除了站哨和巡邏，夜間警報和做戰鬥準備也算頻繁，再就是窩在條件糟透了的地洞裡雙腳冷得發痛，你再怎麼睡也睡不好。我在前線的前三到四個月裡，連續二十四小時醒著的次數大概不超過十次；話說回來，整晚熟睡的次數同樣僅有十幾回。每週只睡二十或三十個鐘頭算是家常便飯。然而，睡眠不足的影響似乎不若預期嚴重：雖然腦子愈來愈遲鈍，上山下山愈來愈吃力而不是愈來愈輕鬆，但你仍自我感覺良好且經常肚子餓——老天，簡直餓死了！不論什麼都好吃，即使是在西班牙久待之後常常一看就反胃、味道一成不變的白腰豆，這會兒看來同樣美味可口。這裡的水都是騾子或受虐小驢子從數公里外載來的，肯定談不上充沛。不知為何，亞拉岡農民很照顧騾子，對驢子卻相當惡劣；若驢子不願前進，農民經常一腳就往牠卵蛋上踹。蠟燭已停止配給，火柴開始不夠用，於是西班牙人教我們怎麼用煉乳罐、彈匣和一小塊破布製作橄欖油燈，手邊若有剩餘的橄欖油（機率不高）就拿來用。這玩意兒煙很多，亮度頂多四分之一燭光，頂多讓你找到槍。

此際應該不大可能發生任何實質戰鬥。離開波賽羅山的時候，我數過子彈，發現整整三週我只對敵人開過三槍。有人說，你得用掉一千顆子彈才可能殺死一個人，照這個比例計算，我豈不得花二十年才可能首次取下法西斯敵軍的性命？特拉佐山離敵營較近，我們也較常開槍，但我依然明白且確信我不可能擊中任何人。事實上，在這個守區、在戰爭的這段時期，真正的作戰武器不是槍，而是擴音器——既然殺不死敵人，那就對他們咆哮大吼吧。這種作戰方法實屬一絕，必須詳細解釋。

每當雙方戰線來到可彼此呼喊的距離範圍內，你總會聽見兩軍頻繁向對方戰壕喊話。譬如我方大喊：「法西斯！娘娘腔！」法西斯則回道：「西班牙萬歲！佛朗哥萬歲！」又或者，當他們發現敵營內有英國人時，他們會說：「滾回去！英國佬！這裡不要外國人！」在政府軍這邊，各政黨民兵則是將「擴音宣傳」發展為削弱敵軍士氣的慣用手法。只要據點合適，執勤的人（通常是機槍手）就會被賦予「喊話任務」，並發給一具大聲公。宣傳內容一般都是精心設計過、充滿革命精神的詞句，旨在向法西斯士兵說明他們只是國際資本主義的走狗，說他們對抗的是自己的同胞、自己的階級等等云云，然後敦促他們加入我方陣營。大夥兒輪番接替、持續不斷地喊話，有時幾乎整晚不間斷。我想大概沒什麼人會懷疑喊話的宣傳效果：大夥兒似乎都同意，稀稀落落但持續投誠的法西斯逃兵或許有一部分就是這麼來的。各位認真想想，假使有個快凍僵的可憐哨兵——他極可能是社會主義者或隸屬某工會的無政府主義者，卻在違背其意願下被徵召入伍——站在哨所裡，聽見「不要與你的勞工同胞為敵」持續不斷從黑暗中傳來，這句話肯定會在他心裡留下痕跡，最後差別只在逃與不逃而已。不用說，這種手法完全不符合英國人的戰爭概念。我承認，初次見識這種作戰手法時，我既驚歎又不敢苟同：竟然只是說服敵人變節，而不是一槍打死他！現在，我認為無論從哪方面來看，這都是非常正當的軍事手段：一般進行塹壕戰時，若陣中無砲，又想造成敵軍重大傷亡，我方通常也得做出相同程度的犧牲才辦得到；假如一方能使計動搖相當人數的敵軍，促其叛逃，如此豈不更好？因為逃兵能提供資訊，比屍體更派得上用場。然而這種方法最初確實令我們英國人不敢領教，認為西班牙人對這場「他們自己的戰爭」不夠認真。在我們右方的加統社黨陣內，負責執行喊話任務的傢伙已臻化境：有時候，他不會呼喊革命警句，而是告訴法西斯陣營我方過得多好、吃得多香。他描述共和政府補給品的方式讓人輕易就能想像出畫面：「抹了奶油的吐司唷！」任誰都能聽見他的聲音在寂寥山谷內迴盪，「我們才剛坐下來，準備大口享受奶油吐司喔！瞧這一片片吐司，切得多漂亮啊！」我壓根不用懷疑，這傢伙肯定和我們其他人一樣，已經好幾個星期甚至好幾個月不曾見過奶油；然而在這個冰冷夜晚，「奶油吐司」幾個字大概會讓不少法西斯嘴裡直淌口水吧。其實就連我都開始流口水了，即使我知道他在說謊。

二月的某一天，天空飛來一架法西斯敵機。我們一如往常拖出機關槍，架起槍管，其他人則躺地舉槍，認真瞄準飛機。我方這些獨立分散的據點根本不值得轟炸，偶爾來訪的法西斯軍機通常只會兜圈避開機關槍砲火，然而這架飛機卻直直飛過且高度頗高，不值得我們開槍射擊；此外，從機腹翻滾落下的並非砲彈，而是某種發光閃爍的小東西，瀰漫空中，四處翻飛。後來有好些飄進我方陣地——原來是法西斯報紙《亞拉岡先驅報》，宣布馬拉加陷落的消息。

那晚，法西斯又發動一次無效攻擊。當時我半睡半醒正要入睡，外頭忽地響起猛烈子彈聲。有人朝掩體內大喊：「對方打過來了！」我一把抓起步槍奮力扭動爬向我駐守的位置（機關槍旁邊的陣地制高點）。四周黑得要命，耳邊淨是恐怖噪響；我認為總共有五挺機關槍朝我方瘋狂射擊，另外還有以各種愚蠢方式拋出敵方護牆而來的手榴彈，引發一連串猛烈爆炸。視野極黑。左下方山谷閃現步槍發出的綠光，應該是一小隊法西斯士兵或巡邏兵打算循此突入。子彈在四周黑暗中飛來飛去應聲爆裂，咻－砰－咻；好些子彈呼嘯飛掠，落點卻離我們很遠（這已是這場戰爭的常態），大都甚至沒爆開。不過有件事倒是嚇出我一身冷汗：一挺機關槍從我們後方山頭開火——他其實是來支援的，但我們當下以為自己被包圍了。這時，我身旁的機關槍旋即因為子彈太爛而卡彈（完全是正常發揮），在伸手不見五指的漆黑中，我和機槍手一時也摸不著通條；眼下除了靜止不動或者被打中以外，顯然我們啥也做不了。西班牙機槍手一向不屑找掩護，事實上他們根本是直接大剌剌地躺著，害得我只能照辦。儘管這次經驗實在微不足道，卻非常有意思：嚴格來說，這是我頭一次真真切切置身火線之下，而令我深感屈辱的是，我意識到自己竟然害怕得不得了。我還發現，當你遭受猛烈砲火攻擊時，每次感覺都一樣——與其說害怕被擊中，你更害怕的是恐懼本身，因為你不知道子彈會打中**哪裡**。自始至終你只能不斷揣想子彈可能往哪兒咬上一口，處於一種渾身不舒服的極敏感狀態。

過了一兩個鐘頭，砲火漸歇，終而止息，我方也只有一名傷兵。法西斯陣營的幾挺機槍順利突入無人地帶，但仍保持一段安全距離，無意攻占我方護牆。說實話，他們今晚的行動壓根算不上攻擊，頂多只是浪費彈藥，興致勃勃地製造噪音，歡慶攻下馬拉加罷了。這場戰役最重要的意義，是教我必須用更懷疑的眼光閱讀報章媒體的戰事新聞：一兩天後，報紙、廣播紛紛報導特拉佐山那晚遭到大批騎兵和坦克攻擊（坦克開上陡峭山坡？），後來被英勇的英國人一舉擊退。

法西斯宣告馬拉加陷落時，我們都當它是假消息；隔天，更多更具說服力的謠言傳來，官方卻拖了一兩天才正式承認，而馬拉加陷落的不光彩內幕亦走漏曝光：包括共和部隊一槍未開即撤離出城，憤怒的義大利法西斯士兵把怒氣發洩在不幸的村民身上（因為軍隊跑光了），有些村民在一兩百公里外遭到追擊，甚至被機關槍擊斃。這些報導令前線一片心寒。因為，不論真相為何，民兵團上上下下皆認為馬拉加陷落乃變節背叛所致。這是我首度聽人提起背叛或目標不一的問題，而這件事也讓我開始懷疑，截至此刻為止，這場戰爭的是非對錯看起來太過巧妙簡單了。

二月中，我們離開特拉佐山，和馬統工黨其他所有部隊一起出發，銜命前往韋斯卡參與圍城任務。眾人乘坐卡車越過八十公里的冬季原野，精心修剪的葡萄藤尚未冒出新芽，冬麥苗芽也才剛鑽出結塊凍土。從我們駐紮的塹壕望去，四公里外亮著燈火的韋斯卡渺小但清晰，猶如一座娃娃屋版的迷你城市。數月前，共和政府部隊拿下席塔莫，當時的指揮官曾喜孜孜地表示：「明天我們就能在韋斯卡喝咖啡了。」結果他說錯了。共和部隊多次猛攻，韋斯卡仍屹立不搖，而「明天就能在韋斯卡喝咖啡」遂成為部隊裡的公開笑話。將來若有機會重返西班牙，我定會堅持要去韋斯卡喝咖啡。

第五章

直到三月底，韋斯卡東線無戰事——幾無戰事。敵人就在一千兩百公尺外：法西斯退守韋斯卡，而駐守的共和部隊並未乘勝追擊，這部分戰線遂形成某種袋形陣地。再過一陣子，我方勢必得設法攻進去（肯定又是以密集火線掩護的苦差事），但目前我們或許可以暫時當敵人不存在，只要擔心保暖和取得足夠的糧食就行了。不過說真的，這段時間倒是有幾件事——也就是共和政府陣營內部的政治情勢——令我相當感興趣。接下來我會盡可能按照事件的發生順序，約略闡述說明。

剛開始，我忽略這場戰爭的政治面，最近才不得不開始注意這個問題。若讀者對政黨政治的醜惡不感興趣，請跳過這部分。我試著以獨立章節闡述本書的政治部分，完全就是為了這個目的；然而，要想純粹從民兵角度描寫西班牙內戰，幾乎不大可能。這是一場政治高於一切的戰爭。除非讀者概略了解共和政府陣線內部的政黨傾軋，否則這場戰爭沒有一件事是容易理解的——至少在戰事爆發的第一年是如此。

剛到西班牙的時候，以及後來的某段時間，我不僅對西班牙政治狀態毫無興趣，甚至一無所知。我知道這裡發生了一場戰爭，至於性質為何，我並未多想。若你問我為何加入民兵，我大概會回答：對抗法西斯。若你問我為了什麼**目的**而戰，我可能會說：普世正義。我接受《新聞記事報》和《新政治家》表述的戰爭版本，意即這是一場「文明」對抗一大群有希特勒撐腰的「畢鄰普上校」*的戰爭。巴塞隆納的革命氣氛深深吸引我，但我無意理解深究：那些多如萬花筒的政黨工會，以及種種惱人縮寫（譬如PSUC、POUM、FAI、CNT、UGT、JCI、JSU、AIT等等）†只會令我厭煩；乍看之下，整個西班牙好像得了某種「縮寫瘟疫」症。我知道我加入的是個叫「馬統工黨」的組織（我之所以加入馬統工黨而非其他民兵組織，是因為我剛好拿著親馬統工黨的獨立工黨證件，來到巴塞隆納），但我不明白原來各政黨之間存在嚴重歧見，而且差異甚大。在波賽羅山的時候，他們指著我營左側的陣地，表示「那是社會主義，即加統社黨的地盤」，我納悶地問：「咱們不都是社會主義嗎？」當時，我認為為自己的性命而戰卻分屬**不同**陣營是很蠢的事，且我的心態一向是：「咱們為什麼不能放棄無聊的政黨成見好好打仗？」這無疑是最正確的「反法西斯」立場，也是英國各報章雜誌小心散播的主張，很大一部分是為了阻撓英國人民理解這場衝突的本質。但是在西班牙，尤其是加泰隆尼亞，沒有人能夠或維持模糊立

＊譯注：畢鄰普上校（Colonel Blimp）是漫畫虛構人物，一九三四年首見於《倫敦晚報》（*London Evening Standard*）。畢林普是個浮誇、暴躁，奉行極端愛國主義的刻板英國人。

†譯注：PSUC，加泰隆尼亞統一社會黨。POUM，馬克思主義統一工人黨。FAI，非正式無政府主義聯盟。CNT，全國勞工聯盟。UGT，勞動者總聯盟。JCI，伊比利共產主義青年團。JSU，社會主義青年聯盟。AIT，國際工人協會。

場：不論有多不情願、多勉強，每個人遲早都得選邊站。理由是：即使你不在意政黨，不在意它們彼此衝突的「路線」，每個人的命運皆明顯與之交纏。任何一位民兵都是對抗法西斯的士兵，但他同時也是兩種政治理念劇烈對抗之下的一名小卒。我之所以會在山坡上一邊搜找薪柴，一邊思索這場戰爭是真是假、是不是《新聞記事報》捏造出來的，或者後來在巴塞隆納暴亂期間被迫躲避共產主義陣營的機槍掃射，或是只差一步就被警察帶走、無法逃離西班牙——這一切之所以以這種特別的方式發生在我身上，只因為我投效馬統工黨而非加統社黨。不過區區兩組縮寫，差別竟然這麼大！

要想了解共和政府這方的結盟狀態，各位得先回想這場戰爭是怎麼開始的。七月十八日，戰事爆發那一天，大概歐洲所有反法西斯組織都感受到一股希望的悸動。過去數年來，世界各地所謂「民主國家」一個一個向法西斯屈服投降：日本人在中國滿洲地區為所欲為，眾人默許，未置一聲；希特勒一步步掌握權力，進而對所有政敵趕盡殺絕；墨索里尼轟炸阿比西尼亞，全球五十三國（我認為應該有五十三）壓制反對聲音，表明不干預。然而當佛朗哥意圖推翻中間偏左的共和政府時，西班牙人民出乎眾人意料群起反抗。西人此舉似乎有扭轉劣勢的機會。

但是一般大眾似乎忽略了幾件事。首先，嚴格來說，佛朗哥和希特勒或墨索里尼並非同一種人。他藉軍事叛變崛起，給他撐腰的是教會和貴族階級；最重要的是，這場叛變最主要的企圖——至少在剛開始——是為了恢復封建制度，而非強行導入法西斯主義。這表示不只勞動階級反對佛朗哥，社會各階層的「自由中產階級」亦群起攻之（後來當法西斯主義以更符合現代潮流的形式出現時，這群自由中產階級恰恰是現代法西斯主義的支持者）。更重要的是，西班牙勞動階級並非以「民主」和「挑戰現狀」之名反對佛朗哥——這和我們在英國設想的情況不大一樣——工人反抗乃是**伴隨**貨真價實的革命而來（也有人說這兩者互為表裡）：農民占領土地良田，工會拿下工廠和大部分的運輸設施；教堂教會被毀，神職人員不是遭驅逐就是被殺。在天主教教士的聲援之下，《每日郵報》得以將佛朗哥塑造成「愛國主義者」，從一群「赤色暴徒」手中解救他的國家。

內戰最初幾個月，佛朗哥真正的對手其實是工會，其次才是共和政府。叛變爆發後，各城鎮工會成員即刻應戰，先是號召大罷工，接著要求政府釋出軍械武器（後來經過一番抗爭才取得）。如果勞動階級當時並未自發採取行動或各自獨立行動，可以想見佛朗哥不可能遭遇任何抵抗。當然，我們無法百分之百確定結果會是如此，至少我們有理由作如是想。另一方面，佛朗哥叛變一事早已有跡可循，共和政府卻無意或不甚積極阻止；叛變發生後，共和政府的態度軟弱遲疑，以致西班牙在一天之內換了三任總理*。不僅如此，共和政府原本當下就能藉武裝工人挽回劣勢，這一步棋卻下得不甘不願，而且還是因為壓不住群眾暴力鼓譟才不得不為之。無論如何，武器終於順利釋出，西班牙東部各大城內的法西斯勢力立刻遭到頑強抵抗、頻頻吞敗；強壓法西斯的力量主要來自勞動階級，而少數仍效忠共和政府的武裝部隊（如「突擊衛隊」）也幫助不少。如此成果大概只有懷抱「革命精神」的人方能成就——他們相信，自己是為了某種「優於現狀」的未來而戰。據聞，光是在一天之內，全國各主要反抗據點總計至少三千人命喪街頭：男男女女手持炸藥衝進廣場，企圖攻占由訓練有素的士兵持機關槍戍守的石造建築；法西斯在戰略據點建置的機槍堡亦遭計程車以一百公里時速高速衝撞。即使未曾聽聞農民占領農地，或蘇維埃組織在當地設立分支等情事，一般市民也很難相信，無政府主義者和社會主義人士（本次抵抗行動的主要勢力）會為了擁護資本民主主義而挺身對抗；更別說以無政府主義者角度觀之，資本民主主義充其量不過是「集中詐騙集團」罷了。

既然武器在握，工人更是不願輕易繳回；甚至在一年後，加泰隆尼亞地區的無政府社會主義者粗估仍持有三萬步槍；許多支持法西斯的大地主土地亦遭農民占據。隨著工廠與交通設施集體化，人民於是透過地方委員會嘗試組建初步的工人政府，譬如讓工人組成的巡邏隊取代支持資本主義的警察勢力，並以工會為基礎組成工人民兵團等等。當然，各地的訴求與進展並不一致，但執行最徹底的非加泰隆尼亞莫屬。有些地區的地方政府幾乎毫無變化，有些地區則與革命委員會並存；不少地區順勢成立獨立運作的無政府自治區，其中有些甚至延續一年之久，直到遭共和政府鎮壓為止。內戰爆發後的最初幾個月裡，加泰隆尼亞的實權掌握在無政府社會主義者手中，重要工業設備大都受其控制。事實上，這段時期

＊三名首相分別是 Quiroga、Barrio 與 Giral，前兩位拒絕將武器分配給工會成員。

的西班牙不只爆發內戰，革命亦方興未艾；正因為如此，國外的反法西斯勢力決定模糊處理西班牙問題，將其限縮為「法西斯主義對抗民主主義」，盡可能隱藏革命消息。英國報導的西班牙內戰只會有兩種版本受人關注與討論（英國媒體的立場比其他國家更趨於一致，導致英國人民更易受蒙騙），分別是右派媒體的「天主教愛國者對抗血腥的布爾什維克黨」，以及左派「溫文儒雅的共和派人士壓制民兵反對勢力」。而這場動亂的核心主題也因而遭到掩蓋。

外國勢力之所以出此下策，有幾個理由。首先，親法西斯媒體不斷報導各種凶殘惡意的謊言，故心存善意的外媒旗手自然以為他們可以透過「否認西班牙遭赤化」來支持共和政府。但其實最主要的原因在於：雖然各國內部都有革命團體（但勢力微不足道），整個世界卻早已決定要阻撓西班牙革命（尤其是有蘇俄撐腰的西班牙共產黨），更是傾全力反對革命。共產黨的論點是，在這時候搞革命會引發災難，故此時的西班牙應致力於實現中產階級民主，而非協助工人掌控政府；因此，我想我也不用費事指出自由派資本主義者何以和共產黨站在同一陣線了吧。當時，外國資金大舉投入西班牙，譬如「巴塞隆納電力公司」即象徵千萬英鎊的英國資金，但加泰隆尼亞的所有運輸系統早已落入工會手裡；如果革命持續，電力和運輸肯定沒賺頭，或獲利極低，若能讓親資本主義的共和政府占上風，那麼所有外國資金必將安全無虞。既然革命注定要失敗，不如就大事化小，小事化無，變成「革命根本不曾發生」好啦；循此即可順利掩蓋每一樁事件的真實意義，所有從工會至中央政府的權力轉移皆可修飾為「軍隊重組」的必要階段。這種刻意捏造的政治形勢頗為蹊蹺：在西班牙外，革命鮮為人知；在西班牙內，革命無人不曉。就算是由共產黨主導、傾向反革命的加統社黨報紙，也都會提到「我們光榮的革命」云云，然而在同一時間，外國親共媒體卻大聲疾呼，宣稱西班牙境內各處毫無革命跡象，而工廠遭據、工人成立委員會等事件純為子虛烏有；或者他們會換一種說法，表示這些事的確發生過，但「不具政治意義」。《工人日報》就曾於一九三六年八月六日指稱，那些表示西班牙人民正在「為了社會革命，或是為了中產階級民主以外的任何理由而戰」的傢伙，全是「說謊不打草稿的無賴」。另一方面，身為瓦倫西亞政府一員的胡安・羅培茲曾於一九三七年二月宣稱：「西班牙人民並非為了民主共和與一紙憲法而拋頭顱、灑熱血，他們是為了……革命。」由此可見，所謂「說謊不打草稿的無賴」也包含共和政府成員，但我們竟受命為這個政府而戰。某些反法西斯的外國報紙甚至自貶格調、扯出「只有被法西斯徵用作為堡壘要塞的教堂才會遭到攻擊」此等低劣謊言。事實上，西班牙各地教堂皆遭掠奪搶劫，這也是理所當然，因為任誰都曉得西班牙教會是資本主義的爪牙。我駐留西班牙的六個月期間，只見過兩座教堂未遭破壞；到了一九三七年七月左右，教堂一律不准重啟開放，亦不得舉行禮拜，僅馬德里的一兩處清教徒教堂不在此限。

不過，這畢竟只是革命初期，情勢仍在未定之天。即使當時的勞動階級勢力如日中天（加泰隆尼亞肯定如此，其他地區也不差），他們仍未推翻或徹底取代共和政府——理由很明顯：前有佛朗哥一夫當關，旁有各種中產階級搖旗助陣，工人根本不可能成功。這時候的西班牙正處於過渡時期：一方面有可能朝社會主義發展，但也可能回到資本主義共和的老路子。農民已占據國內大部分的土地，除非佛朗哥獲勝，否則他們極有可能會繼續保有這些土地；所有大型工業組織亦已集體化，但它們能否繼續維持集體制度、或重回資本家手中，最終仍取決於獲得主導權的是哪一群人。起初，中央政府和加泰隆尼亞半自治政府都有資格代表勞動階級：中央政府由左派的社會主義者卡巴傑羅領導，閣員包括兩大工會代表，分別是社會主義工會「勞動者總聯盟」，以及無政府主義組織主導的工聯主義者「全國勞工聯盟」。至於加泰隆尼亞政府實際上曾一度遭反法西斯的「民兵委員會」*取代，該委員會成員主要都是工會代表；後來，民兵委員會解散，自治政府重組，並由工會和多個左派政黨組成。唯中央及地方政府仍多次改組且不斷向右靠攏：首先，加統社黨被逐出加泰隆尼亞自治政府，六個月後，卡巴傑羅下台，換上右傾的社會主義者聶格林；沒多久，全國勞工聯盟遭中央政府除名，勞動者總聯盟亦難逃厄運，加泰隆尼亞自治政府也將全國勞工聯盟掃地出門。最後，也就是內戰及革命爆發一年之後，西班牙只剩完全由右派社會主義者、自由

---

* 全名為「反法西斯中央民兵委員會」（Comité Central de Milicias Antifascistas），委員代表依各組織成員比例推派：九人來自工會，三人代表加泰隆尼亞自由派團體，另外兩位則出身馬克思主義政黨（馬統工黨、共產黨及其他）。

派和共產黨組成的政府。

佛朗哥大概在一九三六年十月至十一月間倒向右派。這時，蘇聯也開始提供武器給共和政府，權力亦從無政府主義組織轉移到共產黨：除了俄國與墨西哥，其他國家罔顧正義、無意援助共和政府，但由於墨西哥顯然無力大量供應武器，遊戲規則遂由俄方說了算；至於俄方會訂出什麼規矩，大體上無非是「阻撓革命，否則別想拿到武器」，因此對抗革命勢力的首波行動——將馬統工黨逐出加泰隆尼亞政府——就是在蘇聯授意之下進行的。儘管共和政府否認俄國直接施壓，事實真相已無關緊要，因為遍布全國的共黨組織皆可視為俄國意志的延伸：眾所周知，共產黨就是鏟除馬統工黨、接著是無政府主義者與卡巴傑羅派社會主義者——整體來說就是反革命勢力的主要推手。蘇聯一旦出手干預，西班牙共產黨勢在必得：首先，多虧俄國提供武器，以及共產黨看似有能力贏得戰爭——特別是在「國際縱隊」奧援抵達之後——大大提高了共產黨的國內聲望。再者，俄國武器主要經共產黨及其盟黨取得，故能確保武器絕無機會流入政敵之手*。第三，共產黨聲明「非革命」立場，藉此拉攏所有恐懼極端主義的對象；舉例來說，共產黨輕易就能團結較富有的農民，對抗無政府主義者的集體化政策。因為如此，共產黨人數巨幅成長，湧入的新成員主要來自商家、官員、軍官、富農等中產階級。這場戰爭儼然成為三方衝突。共和政府仍須繼續對抗佛朗哥，還得收回早先落入工會的權力，故小動作不斷（如某人稱之為「刺針」），唯整體意圖相當明顯：政府沒有普遍且明顯的反革命行動，而且在一九三七年五月以前，政府幾乎無須動用武力，因為只要端出一套說詞，甚至無須言明「若不配合行動，我們可能會輸掉戰爭」，工人們無不言聽計從，或被迫就範；總而言之，軍事介入的唯一目的顯然就是要工人交出他們在一九三六年為自己爭來的東西。政府的論點幾乎不可能失敗，因為革命組織最不樂見的就是輸掉戰爭；若是輸了，民主與革命、社會主義和無政府主義將變成毫無意義的空話。於是，「無政府主義組

＊這說明亞拉岡前線何以少見俄國武器，因為戍守這一帶的多為無政府主義部隊。一九三七年四月以前，我唯一見過的俄國武器（除了幾架不確定是否來自俄國的飛機）僅有一把衝鋒槍。

織」這唯一一個規模夠大、夠分量的革命團體開始步步妥協：集體制度突遭查核，地方委員會逐一拔除，工人巡邏隊被廢止，大批增援且全副武裝的戰前警察勢力重回街頭，工會控管的多項重要產業資源收歸政府所有（導致五月衝突的「巴塞隆納電信交換所占領事件」即為一例）；最後也是最重要的一項，則是由工人組成、以工會為基礎的民兵組織逐漸解散並併入新成立的「人民共和軍」。這是一支號稱「無黨無派」的「半中產階級」軍隊，軍餉有層級之別，也有特權軍官承襲制度等種種規範。在這種特殊情況下，民兵併入人民軍遂成為真正決定性的一擊；由於加泰隆尼亞革命團體比其他地區更強勢，因此加泰隆尼亞最晚走上這一步。顯然，保留部分武力主導權是讓工人相信他們能保有勝利果實的唯一保證。解散民兵照例以「兵力精實」的名義完成，沒有人會否認政府軍確實需要徹底重編調整；然而，直接重整並提升民兵效能、容許他們繼續受工會指揮，此舉並非完全不可能，故併入人民軍這項變革的最主要目的，無疑是確保無政府主義組織不再握有自己的武裝力量；此外，民兵秉持的民主精神也使民兵團成為孕育革命思想的溫床。共產黨明確意識到這一點，是以頻頻猛烈抨擊馬統工黨和無政府主義者「不分階級、同工同酬」的準則，普遍進行「中產階級化」，刻意破壞革命最初數月建立的平等精神。這一切實在發生得太快，以致間隔數月再度造訪西班牙的民眾皆異口同聲表示，這幾乎已不是當初造訪的同一國度；過去他們亦親眼目睹一度屬於勞動階級的西班牙，就在他們眼前變成一個普通、貧富有別的中產階級共和國。一九三七年秋天，標榜「社會主義」的聶格林在演講中公開表明「尊重私有財產」，而多名在內戰初期遭懷疑親法西斯並因此出逃的國會成員，亦陸續返回西班牙。

若各位能牢記，這一切僅是「中產階級與勞動階級迫於法西斯主義而短暫結盟」的延伸，應該就能輕易理解前述整段過程了。中產階級與工人合組「人民陣線」，基本上是個「政敵組成的聯盟」，各成員似乎總是不斷彼此併吞爭權。西班牙政局唯一令人意外，甚至因此在西班牙境外造成極大誤解之處，乃是共產黨並非共和政府內的極左派，而是極右派。就現實而言，這點沒啥好意外，因為其他國家的共產黨（尤其是法國）透過其慣用伎倆明白表示，正統的共產主義——至少就當時而言——應該被視為「反革命勢力」。考量當時的世界局勢，整個

「共產國際」決定以「保衛蘇聯」為主軸，是以必須仰賴軍事結盟方能完成，尤其是蘇聯還跟法國這個「資本主義帝國」結為盟友。若非法國資本主義的勢力夠強大，否則二者結盟對俄國幾無用處；也因為如此，法國共產黨必須站在反革命這一邊。這表示現在法國共產黨不僅擁護三色旗、高唱〈馬賽曲〉，更重要的是，他們還得放棄所有在法國殖民區煽動且成功在望的反動活動。法國共產黨書記托列茲曾公開宣稱，沒有人能哄騙法國勞工加入對抗德國同志的陣線*；不到三年，他卻成為法國最聲嘶力竭的愛國志士之一。要想判斷各國共產黨的行事準則，或可從該國與蘇聯的實際或潛在軍事關係瞧出端倪：譬如，由於英國立場尚不明確，英國共產黨對國家政府仍維持敵對態度，並託詞反對重整軍備；然而有朝一日，若大英國協與蘇聯結為同盟或締結軍事協議，那麼英國共產黨就會像法國共產黨一樣別無選擇，不得不加入愛國陣線、成為帝國主義者（其實英國在這方面已出現不祥徵兆）。西班牙共產黨的**路線**毫無疑問受到俄國盟友「法國」影響：法國強烈反對鄰國鬧革命，傾全力阻止西屬摩洛哥解放運動。對此，《每日郵報》錯得比往常更離譜，甚至捏造「莫斯科挹注『紅色革命』」此等天方夜譚；事實上，西班牙共產黨比其他任何政黨更強力阻撓革命。後來，共產黨徹底控制右派力量，自此便毫不掩飾其矢志追捕革命領袖、規模更勝自由派的強烈意圖[†]。

我試著概略描繪西班牙革命第一年的大致過程，因為這能讓各位更容易理解接下來任一時段的事態發展。不過，我認為我在一九三七年二月抱持的想法和以上陳述並不完全一致。首先是因為當時還沒發生一棒敲醒我的關鍵事件，而此刻無論從哪方面看來，我秉持或贊同的觀點和過去已稍有不同；部分原因是這場戰爭的政治面令我厭煩，既然我最常聽到的都是馬統工黨和獨立工黨的言論觀點，自然也就反對所有與其相悖的論述。我身邊的英國人多數來自獨立工黨，少數幾

＊ 一九三五年三月，法國下議院演講。

† 關於共和政府內政黨角力的詳盡描述，讀者可參考法蘭茲．博克瑙（Franz Borkenau）《西班牙駕駛艙》（*The Spanish Cockpit*）。這是目前對西班牙內戰刻畫最深的一本書。

位是共產黨員，他們在政治方面的知識程度大多比我深厚數多。在圍困韋斯卡、枯燥無戰事的那幾個星期裡，大夥兒經常沒完沒了地討論政治：不論是在臨時駐紮、穿堂風呼呼吹襲的惡臭穀倉農舍，或滯悶漆黑的防空壕，或午夜凍死人的護牆底下，大家你一言、我一語地不斷爭論彼此衝突的黨派**路線**。但其實西班牙人也差不多，我們讀到的西文報紙幾乎都以黨派政爭為主；除非是聾了或智能不足，否則你肯定會對各政黨立場有個概括理解。

從「政治理論」的觀點來看，只有三個主要團體——即加統社黨、馬統工黨和全國勞工聯盟－非正式無政府主義聯盟——大致符合「無政府主義者」的定義。我先闡述最重要的加統社黨，這是一個最後成功延續、目前亦明顯占有優勢的團體。

首先必須說明，一般人在提到加統社黨**路線**時，其實就是西班牙共產黨路線。「加泰隆尼亞統一社會黨」是加泰隆尼亞的社會主義政黨，於內戰開始時由多個馬克思主義黨派（包括加泰隆尼亞共產黨）合併組成，但目前完全受西班牙共產黨控制，也和「第三國際」*走得很近。西班牙的社會主義者和共產黨此刻尚無正式合流的跡象，不過各界已普遍將共產主義觀點和右派社會主義觀點劃上等號。大體說來，加統社黨是「勞動者總聯盟」這個社會主義工會的政治宣傳工具。該工會在西班牙境內成員包括多種勞力工作者，總數約一百五十萬人；內戰爆發後，工會被大量湧入的中產階級成員淹沒，因為在**革命**初期，中產階級發現加入全國勞工聯盟或勞動者總聯盟對他們來說很有用。這兩個工會團體的成員互有重疊，但全國勞工聯盟的「勞動階級色彩」更明確，因此加統社黨遂成為部分為工人、部分為小型中產階級（商家、官員和富農）的政治團體。

關於加統社黨的立場或**路線**，世界各地的共產黨和親共媒體已竭力宣揚，大致陳述如下：

「現階段以贏得戰爭為首要目標。唯有戰爭勝利，否則一切毫無意義，因此，此刻並非討論或推動革命的適當時機。我們無法承擔對農民強制施行集體制

＊譯注：即前面提及的「共產國際」，列寧於一九一九年三月成立的共產黨、共產組織聯合國際團體。

度導致雙方路線分裂的後果；若是嚇跑此刻與我們並肩作戰的中階階級，我們同樣無力應付其後續影響。為求取最佳效益，我們必須盡可能遠離革命的混亂紛擾。我們必須建立強大的中央政府，以之取代地方委員會；我們必須建立訓練有素、徹底軍事化且統一聽命指揮的部隊。緊抓工人控制的少數利益，或呆板複誦革命口號，此二者都比無能更糟糕；這些作為不僅僅是阻礙，甚至與革命相悖，因為如此將導致內部分裂，遭法西斯用於對付我方。在這個階段，我們必須暫時放下無產階級專政的目標，改而為代議民主而戰。任何試圖將這場內戰變成社會革命的舉措都將正中法西斯下懷；即使無心，也勢必成為叛徒與賣國賊。」

除了視「贏得戰爭」為最重要目標以外，馬統工黨與加統社黨在路線上沒有絲毫相同之處。「馬克思主義統一工人黨」為近年紛紛於各國出現、反對「史達林主義」以實際方式或表面改變共產主張的共黨組織之一。馬統工黨的成員一部分是前共產黨員，另一部分來自現已解散的「工農集團」。以人數來說，馬統工黨算是小黨*，在加泰隆尼亞以外影響力不大，唯其重要性在於該黨成員「具政治意識」的比例較高。該黨於加泰隆尼亞的主要根據地在萊里達，不代表任何工會組織。馬統工黨民兵多為全國勞工聯盟成員，黨員則普遍來自勞動者總聯盟；不過，該黨影響力僅限全國勞工聯盟。馬統工黨的主張大致如下：

「『中產階級民主反對法西斯主義』壓根是無稽之談。『中產階級民主』不過就是資本主義的別稱，故也等同於法西斯主義；藉『民主』之名對抗法西斯，也就是以一種形式的資本主義對抗另一種資本主義，唯後者隨時可能轉變成前者。『工人掌權』是與法西斯分庭抗禮的唯一選擇。若達不到這個目標，一則是將勝利拱手讓給法西斯，二來頂多變成開後門讓法西斯潛入。因此，工人必須緊緊抓住眼前贏得的一切成果；若將任何一部分交給這個半中產階級共和政府，最後肯定受騙上當。工人民兵與警方勢力必須保留目前的建置形式，奮力抵抗所有

＊馬統工黨黨員數約為：一九三六年七月，一萬；一九三六年十二月，七萬；一九三七年六月，四萬。以上數字出於馬統工黨內部，敵對陣營的估計數字僅四分之一。關於西班牙政黨成員數目，唯有一點放諸各黨皆準，那就是各黨各派皆高估其成員人數。

欲將其『中產階級化』的力量。若工人無法控制武裝部隊，武裝部隊勢必反過來壓制工人。內戰與革命實為一體兩面，密不可分。」

無政府主義者的立場較難界定。但不管怎麼說，鬆散定義的「無政府主義」可涵蓋多種不同路線的極多元意見。其中，由大量工會組成的「全國勞工聯盟」約有兩百萬名成員，並透過實際組織「非正式無政府主義聯盟」作為政治傳聲筒；但即使帶有無政府主義色彩（又或者，多數西班牙人皆或多或少支持無政府主義），非正式無政府主義聯盟成員仍不一定符合「無政府主義者」的純正定義。尤其是內戰爆發以後，該組織成員逐漸向一般社會主義靠攏，理由是當時的環境迫使他們參與中央執政，有些人甚至為了進入共和政府而打破既有原則。儘管如此，無政府主義者和共產主義者仍極為不同。從根本上來看，無政府主義者和馬統工黨一樣，皆以「工人掌權」而非代議民主為目標；他們接受馬統工黨「內戰與革命密不可分」的口號，唯態度比較沒這麼教條化。大體說來，全國勞工聯盟及非正式無政府主義聯盟的立場是：第一，各產業（譬如交通運輸、紡織工廠）直接由工人掌控；第二，由地方委員會負責行政運作，拒絕任何形式的中央集權制度；第三，對中產階級與教會採取絕不讓步的敵對態度。最後一點雖然最不精確，卻最為重要。儘管無政府主義者的原則不甚明確，並且打從骨子裡痛恨特權及不公不義之事，他們和革命份子在許多方面都抱持對立或相反立場。就理念而言，共產主義和無政府主義其實是兩個極端，主要的實際差異在於「雙方想建立的社會型態完全不同」，而這項歧見著實很難化解。共產主義著重集權和效率，無政府主義崇尚自由與平等。無政府主義在西班牙扎根極深，若俄國收手，無政府主義甚至有機會壓過共產主義。內戰爆發的頭兩個月，挽救局勢、出力最多的就是無政府主義者；後來，戰事延宕，這時的無政府主義民兵儘管紀律不佳，仍是純西班牙武裝勢力中最出名也最勇敢的一群鬥士。約莫從一九三七年二月起，無政府主義者和馬統工黨某種程度算是合併了。假如無政府主義者、馬統工黨和左派社會主義人士從一開始就達成共識、相互團結並提出實際方針，他們或許有機會改寫這場戰爭的歷史；可是在內戰初期，儘管革命團體看似勝券在握，當時就已經注定不可能有這種結果。因為無政府主義者和社會主義者彼此妒忌已久，而信奉馬克思主義的馬統工黨則對無政府主義多所懷疑；若從純無政府主義者立場觀之，馬統工黨支持的「托洛斯基主義」*和共產黨信仰的「史達林主義」同樣不可取。即使如此，共產黨仍採取盡量拉攏無、馬兩派的策略。五月，馬統工黨投入終告失敗且猶如災難的巴塞隆納街頭戰鬥，全國勞工聯盟幾乎毫不猶豫、立刻出手支援；後來，馬統工黨遭政府壓制，唯一膽敢出聲為其辯護的也是無政府主義人士。

總結以上，西班牙國內各黨派勢力結盟的情況大致如後：全國勞工聯盟及無政府主義組織、馬統工黨、部分社會主義人士連成一氣，支持工人掌權；與之對抗的則是主張中央集權政府和軍事化部隊的右派社會主義者、自由派人士與共產黨。

各位應該輕易就能看出來，此刻我何以比較傾向共產主義觀點而非馬統工黨立場。共產黨有一套明確可行的策略，從目前「保守評估未來數月情勢」的常識看來，共產黨的做法顯然略勝一籌；而馬統工黨一日數變、且戰且走的策略與宣傳手法實在糟糕得難以言喻，若非如此，照理說他們應該能吸引更龐大的支持或追隨者才是。在我看來，此刻共產黨最足以籠絡人心的作為是他們持續投入作戰，但我們和無政府主義者卻停滯不前。至少這是社會目前的普遍感受。共產黨之所以步步掌權、黨員人數亦迅速增加，部分可歸因於他們吸收了反對革命勢力的中產階級，但另一方面也因為他們是當時看起來唯一有能力打贏戰爭的人。有了俄國武器，再加上由共產黨主控、戍守馬德里的壯盛軍隊，共產黨一時成為全西班牙的英雄。誠如某人所言，每一架飛過頭頂的俄國飛機都是共產黨宣傳品。至於馬統工黨提倡的「革命純粹主義」，我雖能理解邏輯，但依我之見終究徒然。說到底，打贏戰爭才是眼前唯一重要的事呀。

在此同時，舉凡報章雜誌、宣傳冊、海報書刊，處處可見附魔般卑劣的黨派鬥爭。這段期間，我最常看的是馬統工黨黨報《戰鬥報》和《前進報》，但它們無止境地挑剔加統社黨「反革命」立場，自命清高的態度令我疲憊萬分；後來我進一步細讀加統社黨及共黨媒體，這才發現馬統報紙與此二者的自吹自擂相比，

＊譯注：托洛斯基及其主義延續馬克思主義、列寧主義，與內戰時期的蘇共領導人史達林對立。

簡直無可非議。姑且不論其他理由，馬統工黨的發聲管道少之又少：不像共產黨，馬統工黨跟本國以外的任何媒體皆無關係；但即使在西班牙境內，馬統工黨仍處於極大劣勢，理由是國內媒體審查幾乎由共產黨一把抓，有誰刊登任何有害共黨立場的言論，極可能遭禁或受罰。故我們可以公正地說，馬統工黨持續不懈鼓吹革命、竭力說教、頻繁引用列寧至令人噁心**想吐**的地步，但鮮少涉及個人誹謗。此外，馬統工黨盡可能只透過文章報導與他黨激辯，不使用訴求對象更廣的彩色畫報攻擊政敵（西班牙的文盲比例較高，海報遂成為重要宣傳工具），僅簡單傳達反法西斯立場或抽象的革命理念；而民兵傳唱的歌曲亦同樣謹守分際。反觀共產黨發動的攻擊則完全不是這麼回事。我打算稍後再詳述這個部分，在此先簡要提示共產黨的攻擊路數。

從表面上看，共產黨與馬統工黨的爭吵、攻訐其實是一種手段：馬統工黨傾向現在、立刻、直接革命，共產黨則否；這部分雙方互有攻防，勢均力敵。然而，共產黨卻進一步主張馬統工黨的論述會分化、削弱政府力量，導致戰事不利；雖然最後我並不認同這種說法，但這種說法亦不無道理。共產黨起初小心試探、爾後變本加厲，斷言馬統工黨的錯誤判斷和蓄意不軌將導致政府分裂；他們指稱馬統工黨是一群偽裝成革命份子的法西斯，專拿希特勒和佛朗哥的髒錢辦事，透過宣傳「假革命思想」協助法西斯，甚至將馬統工黨打為「托派組織」、「佛朗哥第五縱隊」*云云。這種說法無疑暗指成千上萬的勞動階級——包括在前線戰壕受凍的八九千士兵，還有犧牲生計、有些甚至得放棄國籍才能來抵西班牙協助對抗法西斯主義的上千外國人——全是見錢眼開的叛國賊。這類故事透過海報等各種文宣在西班牙境內廣泛散布，世界各地的共產黨及親共媒體亦不斷不斷地反覆宣傳。如果我認真蒐集這類語錄，大概能編出六七本書吧。

托派組織、法西斯、叛國賊、殺人兇手、懦夫、奸細……凡此等等都是共產黨編派給我們的罪名。我承認這讓人很不開心，尤其是想到那些該為此負起責任的人。看著十五歲西班牙男孩躺在擔架上被人從前線扛下來，毯子裹著他茫然蒼

* 譯注：fifth column，在內部進行破壞，與敵方裡應外合，不擇手段意圖顛覆及破壞國家團結的團體。

白的臉；然後再想到倫敦、巴黎那些撰文宣傳、油嘴滑舌的傢伙，竟然把這個男孩打成法西斯，實在令人心痛。戰爭最可怕的特色，就是所有跟戰爭有關的宣傳、尖銳指責與仇恨，全都出自一群不打仗的人。我在前線認識的加統社黨民兵，還有不時巧遇來自國際旅的共產黨員，沒有一個人會說我是「托派人士」或叛徒；他們把這些狗屁倒灶的事全留給後方記者去處理。那些編寫刊物反對我們、在報上詆毀我們的傢伙全都離子彈、離泥濘數百公里遠，他們大都安安全全窩在家裡，最糟糕的也不過就是在瓦倫西亞報社辦公室寫稿。除了黨爭必備的汙衊中傷，慷慨演說、英雄主義、貶低敵人等所有尋常戰爭元素一樣不少，而且一如往常都是出自那些不上戰場或是一說要他們打仗，跑得比誰都快的傢伙之手。這場戰爭讓我明白一件最悲哀的事實：左派媒體跟右派媒體完全是一丘之貉，狡猾陰險、顛倒是非*。我真心認為，對我們這一邊、也就是共和政府陣線而言，這場戰爭並非一般的帝國主義戰爭；然若從戰爭宣傳的質性來看，你完全無法感受到這份事實真相。左、右派媒體一同栽進辱罵誹謗的糞坑時，內戰才開始沒多久：《每日郵報》「紅軍釘死修女」（REDS CRUCIFY NUNS）的海報記憶猶新，而《工人日報》也指稱佛朗哥麾下的外籍兵團是「一群由歐洲各國殺人凶手、白人屠夫、癮君子、下三濫組成的軍隊」。到了一九三七年十月，《新政治家》甚至拿我們比作「用活生生的孩童屍體堆出來的法西斯路障」（但屍體碰巧是最難用來搭路障的材料），亞瑟・布萊恩特爵士亦宣稱西班牙共和派成天嚷嚷要「打斷保守派商人的腿」。寫下這些垃圾的人沒打過一天仗，說不定還認為打筆仗相當於上戰場。士兵打仗，記者喊話，這種情況不分戰爭，不分戰場；除非為了極短暫的宣傳任務，沒有一個愛國者會想靠近前線戰壕一步。聊以安慰的是，我認為「飛機」正在改變戰爭狀態；也許在下一場大戰來臨時，我們會看見「侵略主義者身上終於有了彈孔」這史無前例的景象。

＊在此必須提及，《曼徹斯特衛報》（*Manchester Guardian*）是個例外。為寫作本書，我必須翻閱及參考大量英國報紙的過期檔案。在英國各大報之中，《曼徹斯特衛報》是唯一讓我愈來愈尊敬其誠實精神的報紙。（譯注：《曼徹斯特衛報》一九五九年更名為《衛報》〔*The Guardian*〕。）

從新聞報導這部分來看，他們在這場戰爭的表現和其他所有戰爭一樣，搬弄是非、吵吵鬧鬧；不過這場戰爭仍有一事不同。一般來說，記者通常會把他們最惡毒、最具殺傷力的謾罵留給敵人，但這一回，隨著戰事與時序推移，共產黨和馬統工黨愈來愈惡毒地攻訐對方，其程度更甚對抗法西斯。儘管如此，當時我仍未嚴肅看待這件事；因為政黨鬥爭本就煩人噁心，此外我只當它是別人的家務事。我認為這種無聊爭吵不會改變任何一件事，也相信世上沒有完全無法化解或妥協的分歧立場。就我的理解，共產黨和自由派鐵了心要反對革命到底，但我壓根沒想過他們可能會**走上回頭路**。

但他們有充分理由這麼做。這幾個月，我一直待在前線，而前線的政治與社會氣氛毫無異狀。我一月初離開巴塞隆納，四月底才首度休假；在這段期間內（甚至還要再晚一點），由無政府主義組織和馬統工黨武裝控制的亞拉岡地區仍充斥革命氛圍，至少從表面上看來是如此，也和我初抵時一模一樣：將官士兵、農民民兵人人平等——領同樣的薪餉，穿同樣的衣服，吃同樣的食物，互稱「你我」或「同志」。這裡沒有掌權階級，沒有僕人階級，沒有乞丐，沒有妓女，沒有律師、沒有教士，沒有逢迎諂媚亦無高高在上之人。我呼吸著自由平等的空氣，也愚蠢地以為這種空氣能遍及整個西班牙；我沒搞清楚的是，我幾乎可說是**碰巧**被孤立、隔離了，周圍盡是西班牙勞動階級中革命思想最深化的一群人。

因此，當我身邊較具政治意識的人告訴我，參與內戰的人不可能單純抱持純民兵立場，必須在「革命」與「法西斯」之間二擇一，我傾向嘲笑這種態度。整體而言，我接受共產黨的觀點（該黨觀點可簡化為「打贏之前不談革命」）更甚於馬統工黨觀點（一言以蔽之就是「若不前進就只能後退」）。但後來，我認為馬統工黨是對的，或者說再怎麼樣都比共產黨更公正合理，這時我的抉擇已不全然出於理論了：共產黨立場寫起來漂亮，但問題在於，他們的實際行動讓人很難相信他們確實是基於真誠、善意才有此作為。共產黨總喊著「先打勝仗，再談革命」，而馬統工黨民兵大都真心相信這句口號，虔心以為只要打贏戰爭就能繼續革命志業；殊不知這口號根本是詐欺。共產黨真正在做的並非延遲革命、等待適當時機再起義發動，而是確保這場革命永遠不會發生。時間一久，共產黨的意圖也愈來愈明顯：勞動階級開始一點一滴失去原本握有的權力，愈來愈多不同背景階層的革命人士被捕下獄。共產黨每一步都打著「軍事必要行動」的名號（他們早把藉口都想好了），其目的是利用這場戰爭，將原本處於優勢的工人逼回難以扭轉的劣勢——待戰爭結束，工人會發現他們再也無力抵抗重新引入國內的資本主義秩序。請注意，以上我說的每一句話都不是針對「加入共產黨的平民百姓」，至少不是針對在馬德里附近英勇戰死的數千共產黨員，而是那些主導共產黨立場路線的傢伙。至於共產黨高層——雖然我很難相信亦無法理解——但他們似乎個個蒙著眼睛做事。

不過再怎麼說，就算革命失敗，這也是一場值得打贏的戰爭；但我最後不得不開始懷疑，從長遠的角度來看，共產黨擬定的方針到底是不是為了取得勝利。在戰爭的不同時期，理應採取不同策略，但鮮少有人反映這一點。內戰爆發的最初兩個月，無政府主義派似乎暫時挽回局勢，但是從某個時間點開始，他們已無力組織和統整反抗勢力；共產黨在十月至十二月間看似已撐起大局，但要想完全贏得勝利則又是另一回事。在英國，共產黨始終貫徹其作戰策略，少有異議，因為他們幾乎不讓反對意見有機會印成文字，而其「遠離革命暴亂，加速生產，部隊軍事化」這類聽起來實際又有效率的一貫路線也多有助益。不過這套方針仍有其本質上的缺點，值得提出討論。

為了評估每一種可能的革命趨勢，讓這場戰爭盡可能看起來像一場普通戰爭，我似乎不得不拋開既有的策略條件，重新審視。我已在前面章節描述過我們在亞拉岡前線的武裝條件（或者該說**非**武裝條件），我想應該不會有人懷疑，此舉是有人刻意扣下軍火，以免過多武器流入無政府主義者之手，防止無政府主義往後挪作革命之用；因為如此，亞拉岡地區始終不曾發動大型攻擊行動，故無法逼迫佛朗哥撤出畢爾包或甚至馬德里。其實，武器問題相對之下不過是小事一樁，更重要的是一旦將這場戰爭縮限成「為民主而戰」，無政府勢力就不大可能大規模訴求海外工人同志挹注戰事。若我們願意面對現實，不免發現世界各地的勞動階級其實是以較疏離的態度看待這場西班牙戰事；儘管有成千上萬的外國人**自發**來抵西班牙協助作戰，但他們背後的數千萬勞工依然無動於衷。內戰第一年，英國大眾發起各式各樣「支援西班牙」活動，募得約五十萬鎊基金——這個數字大概不及他們每週進劇場開銷總額的一半。各民主國家勞動階級真正能出手幫助西班牙同志的方式唯有「工人集體行動」，也就是罷工和聯合抵制；但罷工與抵制自始至終不曾發生，連個跡象也沒有。各國勞工與共產黨領袖皆表示這事兒他們想都沒想過——只要他們繼續大聲疾呼「**紅色**西班牙非遭**赤化**」，也就無人會質疑他們的決定。由於一九一四至一九一八年的「為民主而戰」已種下不良名聲，世界各地的共產黨無不藉此教育黨內好戰份子「**民主**不過是**資本主義**的好聽說法」，所以如果一開始大喊「民主是詐欺」，而後來改口「為民主而戰」，肯定不是好策略。有了蘇俄在背後強力支持，共產黨若以「革命的西班牙」而非「民主的西班牙」訴諸世界各地勞動階級，實在很難相信他們不會獲得任何回應。

不過最最重要的是，若不帶革命意圖，共產黨可能真的很難（如果尚有丁點可能的話）從背後痛擊法西斯。一九三七年夏天，儘管佛朗哥的軍隊和共和部隊在人數上勢均力敵，佛朗哥控制的地區已明顯超越共和政府；若把殖民地算進去就更懸殊了。若後方有人持反對意見、隨時虎視眈眈，那麼就算派出軍隊至前線作戰，也得保留同等軍力保衛指揮大本營、壓制種種破壞行為，這個道理人盡皆知。但顯然佛朗哥背後並沒有牽制他的民眾運動或反對勢力，故可想見，在佛朗哥占領區內的人民，不論小鎮工人或貧窮農夫大都喜愛或傾向支持佛朗哥；愈多人倒向右派，共和政府的優勢就愈漸削弱。其中最關鍵的就是西屬摩洛哥。摩洛哥當地何以無人起義？佛朗哥有意在此進行卑劣的獨裁專政，但摩爾人寧可選擇他也不要人民陣線組成的共和政府！真相清楚明瞭：摩洛哥摩爾人根本不曾想過要起義，因為此舉不啻將革命放在戰爭之上。共和政府若想讓摩爾人相信自己的誠意，首先必須宣布「解放摩洛哥」——不難想見法國將多麼樂見其成！因此回頭來看，這場戰爭的最佳策略應是拋開安撫法國和英國資本主義的渺茫希望。共產黨的整體方針是將西班牙內戰縮限為一場普通、非關革命的戰爭，並且讓共和政府在這場戰爭中徹底跛腳；要贏得這樣一場戰爭，就必須仰賴軍械，並且是源源不絕地獲得武器供應，只可惜蘇聯——共和政府的主要武器供應來源——相較於佛朗哥的義大利和德國，在地理位置上處於極大劣勢。馬統工黨和無政府主義者「內戰與革命密不可分」的口號或許聽來響亮，實際上卻不夠有遠見。

我認為共產黨的「反革命」方針並不正確，也提出我的理由；不過從目前該黨策略對戰事的影響來看，我希望我的判斷是錯的。這個念頭我有過不下數千次。無論透過什麼方法，我都希望共和政府能贏得戰爭；但情勢接下來會如何發展，誰也說不準。共和政府或許會再次左傾，摩爾人也可能違背初衷；英國搞不好會繼續收買義大利，而這場戰爭說不定會以最直接的軍事手段劃下句點——一切都在未定之天。我僅提出以上意見，時間會證明我究竟是剖析正確、抑或錯得離譜。

不過，我在一九三七年二月並非完全以這個角度看待這場戰爭。當時我實在受夠了亞拉岡前線的無作為，滿腦子只想著我還沒貢獻一己之力、沒能好好打仗。我經常想起在巴塞隆納看到的徵兵海報。那張海報以指責的語氣質問路人：「**你**為民主做了什麼？」我每每覺得自己只能回答：「我好歹也開始領軍糧了。」剛加入民兵時，我期許自己至少要殺掉一個法西斯；如果我們每個人都能解決一個敵人，很快就能消滅法西斯了，但至今我還沒殺過一個人。我幾乎很難有機會殺人。我並非不想去馬德里——不論政治傾向或立場，任何一個在西班牙從軍的人都想去馬德里——但這表示我可能得透過交換進入國際旅，因為馬統工黨在馬德里部署的武裝人員已非常稀少，無政府主義組織也不像過去那麼多了。

目前我們仍得繼續戍守前線。不過我已經跟大夥兒說了，一旦休假，有機會的話我應該會設法轉去國際旅——也就是讓自己受制於共產黨。好多人力勸我別這麼做，但沒有一個人阻撓我的決定。我得說，馬統工黨內部鮮少出現「獵巫」這種行為，又或者程度不及於此（或許跟他們特殊的條件氛圍有關）；就算黨內幾乎聽不見親法西斯言論，也不會有人因為抱持不同的政治意見而受罰。我在馬統工黨民兵團的這段日子裡，幾乎無時無刻都在嚴詞批評該黨**路線**，卻從未因此惹上麻煩；雖然我認為民兵團裡的人絕大多數都是黨員，我亦始終不曾感受到任何壓力，被迫必須成為這個團體的政治成員。我個人不曾加入任何政黨，是以後來馬統工黨橫遭鎮壓掃蕩，我懊悔不已。

第六章

這段期間，我們每天——大都是晚上——輪班值勤，內容無非是站哨、巡邏、挖戰壕等例行任務，天天和泥巴、大雨、刺骨寒風打交道，有時還碰上下雪。一直要等到進入四月了，夜晚才感覺有暖和起來。西班牙高原的三月像極了英國三月，天空湛藍，春風惱人。冬麥約三十公分高，櫻樹結滿緋紅花苞（此地有許多無人打理的果樹和菜園）；若往溝裡掏，還會發現紫羅蘭和某種長得像藍鈴標本的野生風信子。一條新鮮美麗的綠色小溪緊貼陣地前方流過，這是我上前線以來頭一次看見清澈的水。有一天，我咬緊牙根一步一步踩進溪裡，洗了六週以來的第一次澡。不過這就是所謂的「戰鬥澡」吧，因為溪水主要來自融雪，水溫大概不比零度高多少。

除此之外，諸事平靜。此際前線無興波，一直以來似乎也沒出過什麼事。民兵團裡的英國人已經不把這場戰爭當戰爭，都說是場該死的鬧劇。我們鮮少與法西斯直接駁火，唯一的危險來自流彈：由於陣線兩側向前彎折，因此流彈會從多個方向飛來。這時期的傷兵全為流彈所傷。一顆不知從哪兒冒出來的子彈擊碎亞瑟·克林頓的左肩，繼而影響手臂，他這條胳膊恐怕是一輩子不管用了。這裡偶有零星砲火，卻徒勞無用到了極點；我們幾乎已經把呼嘯爆裂的砲彈視為娛樂消遣了。法西斯的砲彈從來不曾落在我方護牆上。護牆後方數百碼有座「農場莊園」，莊園裡有好幾棟大農舍，充作我們這個小隊的倉庫、總部和伙房。法西斯槍手總愛拿這幾棟農舍當目標，無奈他們在五六公里外，沒一次瞄得準，頂多打碎幾扇窗，或在牆上留下彈痕。我們唯一可能遇上危險的時刻，是雙方駁火時碰巧走在路上，因為砲彈極可能落在兩側田野間。大夥兒幾乎立刻學會「聞聲測距」的神祕技藝，光聽聲音就知道砲彈會落在多遠的地方。法西斯在這段期間使用的砲彈品質極差，口徑雖有一百五十毫米，卻只能轟出寬一百八十公分、深一百二十公分的小坑，而且至少四分之一都不會爆炸。關於這些未爆彈，坊間偶有

「有人在法西斯工廠動手腳」和「不放炸藥放字條」（譬如寫著「紅色陣線」的小紙條）的浪漫小故事，不過我個人倒是一張也沒看過。事實是這些砲彈根本老得無可救藥：有人曾經撿到一塊刻有年分的引信帽銅片，上頭的數字是一九一七。法西斯陣營的槍枝樣式和品質和我方差不多，我方也常改裝他們的未爆彈，然後再炸回去。聽說有顆老砲彈每天來回上空無數次卻都沒爆炸，因此留名。

每到晚上，我們會派巡邏小隊越過無人地帶，趴在靠近法西斯陣線的壕溝裡側聽各種聲音，譬如軍號、車輛喇叭等等，設法探知韋斯卡內的動靜。法西斯部隊總是來來去去，因此根據側聽得來的報告，通常可算出大概人數。我們常常接到「回報教堂鐘響」這種奇怪命令，看來法西斯在行動前一定會上教堂望彌撒吧。在這片田野與果園中，常有幾幢棄置的土造小屋；若把窗戶堵死，劃根火柴四處探看倒也安全。有時你會找到一兩樣珍貴的戰利品，像是敵營的短柄小斧或軍用水壺（他們的品質比我們的好太多，後來大受歡迎）。你也可以選在白天去冒險，只不過大多時候都得用爬的就是了。原野遼闊、結實纍纍，但一切就這麼暫停在收成那一刻；潛行其中，感覺格外詭異。去年的作物無人採收，未修的葡萄藤如蛇一般滿地蜿蜒；玉蜀黍頂端的穗軸粗硬如石，飼料用和榨糖用的兩種甜菜個個增生肥碩、成了大木瘤。農民肯定在心裡狠狠咒罵兩方陣營！有時候，我們會成群結隊跑進無人地帶採馬鈴薯。在我方右側約一點六公里處，兩軍陣線極為接近，但那兒有一片馬鈴薯田頗受雙方青睞：我們趁著白天去，法西斯循夜摸黑來，出沒時程完全由雙方的機關槍指揮控制。有天晚上特別令我們氣惱：他們竟**集體出動**，將整片田拔個精光！後來我們又發現另一塊田，但那裡幾乎沒有任何遮蔽物，你只得趴在地上挖馬鈴薯，真是累死人了；如果被對方的機槍手瞧見，你還得像老鼠鑽門底縫兒那般壓平身體，聽子彈削切後方近處的土塊。不過在當時看來，這一切都很值得，因為營裡的馬鈴薯愈來愈不夠吃了。若是挖滿一整袋，你可以大步走進伙房，用馬鈴薯換一大壺咖啡。

就這樣。每天什麼事都沒有，就連「看起來可能有事」的事情都沒有。「什麼時候才要發動攻擊？我們為什麼不攻擊？」不管是西班牙人或英國人，這個問題日日夜夜天天有人問。一想到「打仗」代表的意義，各位可能納悶，竟然有士兵這麼想打仗；但咱們這群士兵毫無疑問想打得不得了。在一場**停滯**、雙方都沒有動作的戰事裡，每一名士兵皆極度渴望三件事：戰鬥、抽不完的菸、休假一週。我們現在的裝備比之前好多了：每人有一百五十發子彈（以前只有五十顆），也開始領到刺刀、鋼盔、炸彈等等東西。戰事即將展開的謠言不斷，但我早就覺得這只是為了維持軍隊士氣而故意放出來的消息；就算不懂軍事，任誰也看得出來咱們這邊，也就是韋斯卡東線一時半刻不會有任何大動作。圍城戰的關鍵點在通往哈卡那條路，但那條路在另一邊。後來，無政府主義組織對哈卡通道發動攻擊，我們的任務就是拖住對方，迫使法西斯分散西側的兵力。

在這段前後約六週的時間內，我方前線只有過一次行動：突擊隊鎖定一處廢棄的精神病院「馬尼科米奧」——法西斯將其轉作軍事要塞——發動攻擊。當時約有數百名德國難民投效馬統工黨，並且被編成「突擊營」這個特別營；從軍事角度來看，他們和其他民兵的層次完全不同。說實話，除了突擊衛隊和國際旅的部分成員以外，他們是我在西班牙見過最像軍人的人。不過，一如往常，那次攻擊最後仍一敗塗地。我其實很好奇：共和政府在這場內戰中**沒**搞砸的行動到底有幾次？總之，突擊隊以雷霆之姿迅速攻占馬尼科米奧，但負責占領鄰近山頭、計畫由此控制馬尼科米奧的支援部隊（我忘了隸屬哪個民兵團）卻被狠狠倒打一耙：帶領這支部隊的上尉是一名忠誠度可疑的前正規軍軍官；像這樣的軍官有好幾個，共和政府卻堅持倚重他們。總之，不知是出於恐懼或變節謀反，他在離目標不到兩百碼處突然扔出一枚手榴彈，公然向法西斯示警（我得說，我很高興他被手下一槍打死）；結果這場突襲變得一點也不突然，民兵部隊遭密集砲火掃得兵敗山倒，只得退下山頭，連帶使得突擊隊在當天傍晚不得不放棄馬尼科米奧。那天晚上，救護車一班班火速開往席塔莫；由於路況極差，好些重傷士兵熬不過沿途顛簸，一命嗚呼。

這陣子，我們渾身都是蝨子；儘管天氣還很冷，卻暖得足以讓牠們開始活動了。我被各式各樣的寄生蟲騷擾過，經驗豐富，但蝨子是我遇過最凶猛的一種，牠們什麼都咬。其他蟲子，比方說蚊子，雖然也讓你吃足苦頭，但至少不會**賴著不走**。蝨子某種程度像小龍蝦，主要在你的褲子裡過活；除了把衣服燒掉，目前找不到其他方法擺脫牠。牠會在褲縫邊產下亮晶晶的卵，像一粒粒白米，孵化之後以驚人的速度壯大家族、持續繁衍後代。我認為和平主義者可以把蝨子的照片放大印在反戰宣傳冊上，應該很管用。戰爭萬歲！可不是嘛。**所有**上戰場的弟兄無不渾身蝨子，只要天氣夠暖就一定如此。那些在凡爾登、滑鐵盧、佛洛登、森勒克、溫泉關*戰場上的男人，沒有一個卵蛋不爬蝨子的。我們能做的只有燒掉牠們的卵，在可忍受範圍內盡量去冰冷的河裡泡一泡，想辦法壓制這群畜生。除了蝨子，我想這世上沒有其他任何東西能逼我踏進那冰冷的河水裡了。

咱們這兒什麼都缺——靴子、衣服、菸草、肥皂、蠟燭、火柴、橄欖油，無一不缺。我們的制服猶如掛在身上的布條，許多人甚至沒有靴子，只有繩底鞋。營裡處處都是穿壞的靴子。靴子算是不錯的燃料。有一回，我們用靴子和其他雜料維持營火，整整燒了兩天。我妻子此刻人在巴塞隆納，若能買到茶、巧克力或甚至雪茄等東西，她都會買來寄給我；但即使在巴塞隆納，物資同樣短缺，尤其

*譯注：作者由近代戰爭一路回溯：凡爾登（一戰，二十世紀）、滑鐵盧（拿破崙戰爭，十九世紀）、佛洛登（蘇格蘭、英格蘭戰鬥，十六世紀）、森勒克（諾曼第公爵征服英格蘭，十一世紀）、溫泉關（波希戰爭，西元前一世紀）。

是菸草。茶基本上是天賜佳物，可惜我們既沒有牛奶，也鮮少有糖。雖然英國那邊經常寄包裹給在歐陸的親友，但這些包裹始終不曾抵達：食物、衣服、香菸等物品要不遭郵局拒收，要不就是直接被扣在法國。說來奇怪，唯一成功把茶葉寄給我妻子的單位（有一次還包括一罐餅乾，印象深刻），竟然是「海陸軍用百貨」。可憐喔！這家軍用百貨店確實盡忠職守，但如果這些東西是送進佛朗哥那一邊，我想他們應該會更開心吧。菸草短缺最教人難熬。剛開始，我們一人能領到一包菸，後來降為一天八根，然後再減少至五根，最後竟然有該死的整整十天沒發過一根菸。於是，我頭一次在西班牙看見以前在倫敦天天見到的景象——不時有人在路上撿菸屁股。

接近三月底的時候，我的手感染發炎，得劃開清創再用吊帶固定。本來我得去一趟醫院，但為了這點小傷就送我去席塔莫，實在浪費，所以我就近在蒙夫洛里特的**醫院**處理；這裡美其名是醫院，不如說是救傷站。我在那地方待了十天，大多時候都躺在床上，身上值錢的東西（包括相機和裡頭的相片）幾乎全被醫院助理偷光了。前線無人不偷，這是物資短缺的必然結果，但醫院的人手腳最不乾淨。我後來在巴塞隆納的醫院認識一位加入國際旅的美國人，他服役的船艦遭義大利潛艇魚雷擊中，因此他負傷上岸；這人告訴我，他還躺在擔架上的時候，送他上救護車的擔架兵照樣動手摸走他的手錶。

手臂吊著不好活動的那幾天，我有幸得閒，四處走逛鄉間。蒙夫洛里特是個石土屋聚集的尋常小村，窄巷曲折，貨車把泥土路軋得坑坑巴巴，活像月球隕石坑。教堂雖被破壞得徹底，卻也變成一處軍用品店。整個蒙夫洛里特只有「羅倫佐塔」和「法比安塔」這兩幢算得上大房子、堪稱農舍的建築物，顯然為地主所有；料想地主曾經在此管理這片產業，從佃農寒酸的棚屋茅舍不難看出地主有多富有。過了河、離前線不遠處有座巨型磨坊，旁邊緊黏著一間村屋。這麼大一座巨資建造的機器就這麼放著生鏽，麵粉槽也被拆下來當柴燒，實在可惜。後來，為了給大後方的部隊找柴火，兵團派了好幾卡車的人過來，有計畫地拆解這地方；他們甚至用手榴彈炸碎屋裡的木頭地板。我們的倉庫兼伙房「農場莊園」以前可能是修道院，莊園裡有好幾座巨大的迴廊中庭和附屬建築，占地超過一英畝，就連馬廄都容得下三四十匹馬。從建築來看，西班牙這一帶的莊園皆乏善可陳；不過石牆刷白、處處圓拱、頂梁粗壯的農舍倒是十分宏偉。這些建築所在的平原地貌，大概數百年來都不曾改變分毫。有時候，看著民兵占據莊園屋舍的方式，不免會對那些法西斯前屋主們產生某種同情。以「農場莊園」為例，所有未使用的房間全都變成公廁，怵目驚心，到處是砸爛的家具和排泄物；莊園旁有座小教堂，牆壁上一個個都是彈孔，地上的糞便大概深達數公分；至於廚子發配食物的大迴廊則有成堆的生鏽錫罐、泥巴、驢糞和腐敗食物，氣味令人噁心想吐。難怪有條老軍歌是這麼唱的：

這兒有老鼠，那兒有老鼠
體型大如貓
在軍需鋪子裡這兒跑那兒跑！

農場莊園的老鼠真的跟貓一樣大，起碼也逼近貓的體型；牠們在糞堆上走得搖搖擺擺，除非瞄準牠們開槍，否則這群腦滿腸肥的畜生們囂張到連逃都不逃。

春天終於來臨。天空的藍柔潤了些，空氣也突然變得溫暖宜人；青蛙聚在溝渠裡交配，聒聒吵人。我沿著騾子的飲水池繞一圈，發現好些精緻迷你、身長約一便士的小青蛙，鮮綠的體色硬是把一旁的青草都給比了下去。農民拎著桶子出來抓蝸牛，直接放在錫片上烤來吃。天氣一開始轉好，農民們立刻準備春耕。西班牙的農業革命壓根教人霧裡看花，我完全無法確定這裡的土地究竟是已徹底公有共享，還是大夥兒彼此講好把土地分一分。理論上我認為是前者，橫豎這裡可是馬統工黨和無政府主義者的勢力範圍呀；總之地主都不見了，但田地仍有人耕種，大夥兒看起來都挺滿意的。農民對我們的善意總是一再教我驚歎。在某些年紀較長的農民心中，戰爭肯定毫無意義，只會導致物資缺乏、讓大家過得苦哈哈又慘兮兮；而在氣候正好的時節，農民肯定恨透了駐紮在田地上的部隊民兵。儘管如此，他們的態度仍十分友善——我在想，這或多或少反映一件事實：無論我們在其他方面有多麼令人難以忍受，但至少，我們確實站在他們前面對抗地主。內戰實在教人費解。韋斯卡離我們不到八公里，也是這群人辦市集、做買賣的地方；每個人都有親戚住在那座城裡，而他們每個禮拜都會去韋斯卡兜售蔬菜雞鴨。但現在，整整八個月了，一道無法穿越、由倒鉤鐵絲網和機關槍組成的路障橫亙在兩地之間。他們偶爾會忘了這道阻礙的存在。有一回，我向一位提著橄欖油小油燈的老婦搭話：「上哪兒可以買到這種油燈？」我問。「韋斯卡呀。」她想也不想便這麼回答，然後我們都笑了。村裡的女孩兒美豔不可方物，秀髮如緞漆黑如墨，走路婀娜多姿，而她們有話直說、坦率不忸怩的大方態度或許是革命的附帶產物吧。

一身破爛藍衫、黑燈芯絨褲，頭戴寬緣草帽的男人在騾群後方犁田，騾耳朵有規律地隨之拍撲。不過他們再怎麼努力也只是徒勞，頂多翻動表土，沒犁出一條像樣的深溝。受制於金屬價格高昂，這兒的農具全是老古董：比方說，犁頭壞了就補，再壞再補，直到整顆犁頭幾乎是七拼八湊的玩意兒。耙子和乾草叉是木頭做的，鏟鍬——鑑於這兒的農民鮮少有靴子護腳——不知有沒有，大都拿那種印度人也用的笨重鋤頭挖土。這裡還有一種能讓你立刻重返石器時代晚期的耙子：由幾片大如桌面的木板組成，板面上有數百個榫眼，每個榫眼都卡著一塊削尖的燧石，而那些燧石的模樣完完全全就是上萬年前人類打磨出來的樣子。我第一次見到這玩意兒，是在無人地帶的一間廢棄茅舍裡；我還記得自己當時簡直驚駭莫名。我認真端詳、揣摩許久，最後才領會這應該是某種耙子。想到農民得花多少力氣和工夫製作這玩意兒，想到他們肯定是窮得用不起金屬、只能拿燧石替代，這一切令我作嘔又難受；從那時候起，我覺得自己更傾向支持工業主義。不過這村莊還是有兩具現代曳引機，無疑是從某大地主的莊園裡拖出來的。

我曾信步晃至村外一兩里的小墓園。前線陣亡的士兵遺體大都送往席塔莫，故此處埋葬的都是當地村民。這座墓園跟英國墓園相當不同，對死者沒有半點敬意！處處是濃密叢生的灌木雜草，白骨四散，不過最令我吃驚的是墓碑上幾乎看不到任何跟宗教信仰有關的銘文——但這些都是革命發生前就豎起的墓碑呀。印象中，我好像只看到一座碑上刻著「為某某的靈魂祈禱」這類天主教墓地常見的文字，絕大部分的碑文都是讚頌逝者美德的荒謬詩句，相當世俗。每四或五個墓碑就有一個上頭刻有小小的十字架或草率敷衍地提及天堂，不過這些標誌印記後來都被勤勞的無神論者鑿挖掉了。

西班牙這一帶的居民想必沒有非常深刻的宗教情感，這點頗令我震撼。我指的是那種正統、傳統的宗教情感。說來好奇，在西班牙的這段期間，我不曾見過哪個人在胸前畫十字；暫且撇開革命不談，照理說這應該是個直覺、下意識的動作呀。西班牙教會顯然會再回來——就像他們說的：夜晚總會降臨，耶穌也是——然而革命才開始不久，人民的宗教情感便已瓦解至不可思議的程度，這點像極了目前已了無生氣的英格蘭聖公會，兩者際遇相近。在西班牙人民心目中——至少在加泰隆尼亞和亞拉岡地區——教會就是個徹頭徹尾的詐騙組織，說不定就連原本的基督信仰也相當程度被無政府主義取代了。無政府主義的影響既深且廣，無疑帶有些許宗教色彩。

我從醫院回來的那一天，我方終於向前推進約一千碼，來到真正合理的戰略位置：緊鄰小溪，前方數百碼即是法西斯陣線。我們早幾個月前就該這麼做了。至於何以現在才行動，理由是無政府主義那幫傢伙打算在哈卡通道發動攻擊，需要我們從東線突入，分散敵方兵力來對付我們。

我們大概六七十個小時沒闔眼了，記憶已化為某種模糊的連續影像；我們在無人地帶執行監聽任務，離敵方陣線——即法西斯占為武裝要塞的農莊「法蘭西卡之家」僅一百碼。整整七小時，我們趴在討厭的沼澤裡，在長滿蘆葦的池子裡愈沉愈深，口鼻間盡是蘆葦的氣味，再就是令人麻木的寒冷、星子凝滯不動的漆黑夜空，以及刺耳聒噪的蛙鳴。時值四月，但這晚是我記憶中在西班牙度過最冷的一夜。工兵在我們後方不到一百碼處賣力作業，但除了眾蛙和鳴之外，四周異常寂靜；期間我只聽見一種聲音——用鏟子拍平沙包的熟悉音響。即使到了現在我依然好奇：西班牙人怎有辦法完成如此高超卓越的組織工事？整個行動規畫得有條不紊，讓六百人在七小時內築成總長一千二百公尺的戰壕和護牆；儘管這道工事離敵方僅一百五十至三百碼不等，卻安靜得讓法西斯聽不見半點聲響，整晚也只有一人受傷（但明天應該就不止這個數字了）。每個人都有任務在身，就連伙房兵也會在工事完成時突然扛著酒桶出現，送來摻了白蘭地的葡萄酒。

破曉時分，法西斯赫然發現我軍已兵臨城下。法蘭西卡之家的白色方形建築雖在兩百碼外，此刻卻如高塔俯視我們，高窗沙包後的機關槍彷彿也能直指壕溝。我們瞠目結舌地望著白色巨塔，納悶法西斯怎會現在才看見我們。猛烈的彈雨旋即撲來，眾人連忙飛撲跪地拼命挖土，加深戰壕並設法在側壁挖出一小方掩蔽處。我的手還吊著繃帶，沒辦法挖，所以那天幾乎都在看偵探小說（書名是《錢莊老闆失蹤記》）；故事情節我不大記得了，「窩在戰壕裡看小說」的印象卻頗為清晰——我坐在潮溼的黏土地上，不時挪動雙腿，讓路給彎身忙碌的同袍，而子彈就在我們頭上一公尺處咻咻飛過。湯瑪斯・帕克大腿上方遭子彈射穿，不過他說，比起腿傷，他更在意能不能拿到大英國協傑出服務勳章。前線傷亡在所難免，但是跟夜間行動被敵方逮到比起來，根本不值一提。後來有位敵方的逃兵告訴我們，光是因為疏忽而被做掉的法西斯哨兵至少就有五個人；如果當初他們有先見之明、多帶幾尊迫擊砲上來，這會兒肯定能殺我們個片甲不留。要拖著傷兵通過狹窄、擁擠的戰壕可是件苦差事。我就看過一位可憐的老兄，褲子被鮮血浸黑，兩條腿掛在擔架外，一路痛苦喘氣。即使戰壕就在馬路附近，我們仍得走上好一段路（至少一點六公里）才能把傷兵送上救護車，因為救護車絕不可能靠近最前線；如果靠得太近，法西斯總會把救護車當作轟炸目標——是說，從現代戰爭的角度來看，有誰會費事拿救護車運送彈藥？

然後，隔天晚上，我們在法比安塔等待攻擊時，無線電在最後一刻傳來命令：行動取消。我們備戰的那座穀倉地面上只有一層薄薄的粗糠，底下是厚厚的白骨（人骨和動物骨頭），而且到處都是老鼠。這些髒兮兮的畜牲從四面八方竄出來。要說有哪件事比到處是老鼠更令我痛恨的話，那就是牠們在漆黑中爬過我身上；不過我好歹抓住一隻一拳打飛，心裡痛快多了。

我們在距離法西斯護牆五六十碼處等待下一次攻擊指令。一長排民兵蜷曲在灌溉渠裡，刺刀尖突出溝渠邊緣，眼白在黑暗中發光。柯普、班雅明和另一人蹲在我們後頭，那人肩上揹著無線電收發機。西面地平線不斷發出玫瑰紅色的槍焰，每隔數秒即響起巨大爆炸聲。這時，無線電嗶嗶響起、悄聲傳來指令：趁著西線行動順利，東線即刻出壕。我們衝出去了，但動作還是不夠快：十二名駐守在法西斯護牆前僅四十碼的伊比利共青團成員（伊比利共產主義青年團，隸屬馬統工黨青年團，相當於社會主義青年聯盟之於加統社黨），在破曉時被逮個正著、逃也逃不了。他們一整天就只能躺在那兒，僅以草叢做掩護，稍微一動就遭法西斯子彈伺候；捱到傍晚，七人陣亡，剩下五個設法摸黑爬出去。

接下來，韋斯卡西線一連幾天早上都傳來無政府主義組織攻擊的聲音，每次聲音都一樣。後來，某天半夜，突然有好幾枚炸彈同時引爆，拉開攻擊序幕。數里外就能聽見震耳欲聾的劇烈爆炸緊跟著悶雷似的密集槍響（步槍與機關槍），沉重的隆隆聲猶如擂鼓，甚是奇妙。槍聲砲火漸漸遍及環繞韋斯卡的整個前線區，我們頂著刺耳但無傷的槍火，跌跌撞撞搶進壕溝，發睏地靠著護牆。

白天，槍聲斷斷續續。法比安塔如今已成為我方伙房，建物半毀，牆上布滿彈孔。在安全距離外旁觀砲火的感覺很微妙，你總會希望槍手命中目標，即使這個「目標」包括你的晚餐和幾名同袍。那天早上，法西斯手感極佳，說不定是有德籍槍手擔綱；他們瞄準法比安塔，縝密地進行交叉攻擊，砲彈先是落在塔後，又一顆落在塔前，然後咻－**轟！**炸碎的椽梁向上噴飛，一片纖閃石像射出的紙牌劃過空中。下一顆砲彈擊中屋角，工整地猶如巨人拿刀削下一小塊。不過廚子最後還是準時端出晚餐，真是值得紀念的一頓飯。

日子一天天過去，那一聲聲看不見卻清晰可聞的槍砲響逐漸化為遙遠、假想的形體。兩組俄製七五毫米排砲從我軍後方近處發射，不知怎麼著，我腦中突然出現「胖子打高爾夫」的畫面。這是我第一次見到、或者該說**聽**到俄羅斯來的槍砲：彈道低，速度快，才聽見子彈擊發，接著幾乎同時聽見**咻**－和爆炸聲響。蒙夫洛里特後方有兩挺重砲，每天都會發射個一兩回；它低沉、窒悶的隆隆聲好似遠方不滿遭拴鍊的猛獸，憤怒咆嚎。去年，政府軍攻下亞拉岡山頂一座中世紀要塞（據說這是政府軍有史以來頭一回打勝仗），該要塞可監視進出韋斯卡的某條通道，於是政府軍在那兒設置了一尊年代必可上溯至十九世紀的重砲。砲彈緩慢飛過的巨響讓你覺得自己肯定能跟著它跑，說不定還追得上它，聲音聽起來就像人邊騎腳踏車邊吹口哨。架在壕溝裡的迫擊砲體型雖小，發出的聲音最是恐怖：迫擊砲彈活脫脫是長了翅膀的魚雷，形狀像酒吧裡的飛鏢，大小跟一夸脫酒瓶差不多；發射時，它們會發出一種相當恐怖的金屬爆碎聲，就像巨大的脆鋼球狠狠撞上砧板，應聲碎裂。有時候，我方的飛機空投魚雷，卸彈時的巨大回音甚至能撼動三公里外的地表。法西斯陣營發射的防空砲點點布滿天空，好似胡亂作畫的水彩雲朵；不過我從未見過它們打進機體周圍千碼的距離。當飛機俯衝而下、連發機槍掃射，那聲音從下方聽來猶若禽鳥撲翅。

東線戰事著實乏善可陳。我們右方兩百碼外的法西斯陣地地勢較高，狙擊手偶爾會逮到幾名我方同志；而我們左邊兩百碼的小橋上，一群修築水泥路障的工人正在和法西斯陣營戰鬥。小小砲彈飛來掠去的尖銳聲響不絕於耳，若是落在柏油路上，那咻－嘩－咻－嘩的噪音更是加倍刺耳。然而不過就一百碼外，你可以安全無憂地旁觀土柱黑煙如魔幻之樹，躍然空中。戍守橋畔的可憐同志幾乎整天都得縮在小小的人形洞裡（他們在壕溝旁挖了不少這種土洞），不過傷亡人數倒是比預期少了許多。路障依舊站得穩穩的。這座帶砲眼的五公分厚水泥牆架了兩挺機關槍和一尊小型野戰砲。我們用舊床架加強這座水泥牆的防護力——顯然「床架」是當時唯一能找到且派得上用場的鐵製品。

第七章

某天下午，班雅明說他需要十五名自願者，早先被取消的攻擊任務將在今晚執行。我把手邊的十顆墨西哥製子彈好好地上了油，抹髒刺刀（刀身太亮會暴露位置），包好一大塊麵包、七公分的紅香腸和一根雪茄（妻子特地從巴塞隆納寄來的，我囤了好久）。手榴彈也發下來了，一人三枚。西班牙政府終於成功做出像樣的手榴彈：原型以米爾斯為基礎，插銷從一根改成兩根，拔掉插銷到炸彈爆炸的時間間隔約七秒。這款手榴彈的主要缺點是插銷一根緊、一根鬆，所以你可以選擇兩根都不拔，但危急時有可能拔不掉較緊的那一根；又或者先拔掉較緊的那一根，不過卻得時時擔驚受怕，唯恐炸彈會在口袋裡直接炸開。無論如何，至少是個簡便好扔的小炸彈就是了。

接近子夜時，班雅明領著我們十五人摸進法比安塔。那天晚上開始下起大雨，雨水不斷沖刷並溢出壕溝邊緣，故每一次踩進溝裡、水總是一下子就漫過腰際。在這個漆黑、大雨如幕的農莊院子裡，一群渾身溼透的男人屏息以待；柯普先以西語、再用英語做精神講話，然後說明攻擊計畫。法西斯在此地的陣線呈L字型，而我們待會兒要攻擊的護牆就在L轉角高地上。今晚大概有三十名弟兄——西班牙人、英國人各半——聽命於營指揮官赫黑・洛卡（民兵團的一個營大概四百人），班雅明負責帶人偷偷爬過路障、剪斷鐵絲網。赫黑會先扔出一顆手榴彈作為信號，我們其他人見信即以彈幕連續攻擊，逼出護牆內的法西斯守軍，並且在他們重新整軍集結之前攻下陣地。同一時間，約有七十名突擊隊員會在我們右側兩百碼進攻下一個法西斯據點（這兩個據點以交通壕相連）。為避免同志在黑暗中彼此誤擊，每個人都得綁上白臂環。這時，傳令兵現身，告知此刻手邊已沒有白布條；一片漆黑中，有人幽幽開口：「那我們能不能設法讓法西斯套上白臂章？」

再過一兩個鐘頭就要動身了。騾廄後方的穀倉被轟得殘破不堪，若手上沒有燈火，絕不可能在裡頭安全移動：地板泰半都被遠端俯射的砲彈炸飛，露出底下深達六公尺的石坑。某人找來一把鶴嘴鋤、撬起地面一塊炸裂的木板，沒幾分鐘便順利生了火，咱們溼透的衣服也開始冒蒸汽。另外還有一人竟然變出一副牌。有人說再晚一點就能喝到摻了白蘭地的熱咖啡（這類神祕謠言算是戰時特殊現象），我們急切地魚貫走下快散架的樓梯，在漆黑的後院瞎繞，逢人便問哪裡能喝到熱咖啡。哎呀！哪兒來的咖啡！沒尋著咖啡，我們反而被叫去集合排成一路縱隊。赫黑和班雅明大步走進黑夜，其他人迅速跟上。

雨下個不停，夜色極黑，不過風倒是停了。腳下泥濘難行，不可言喻。穿過甜菜田的「路」不過就是連綿的土塊，溜滑若油杆，並且處處是大窪；還沒走到我方護牆，人人都已經摔了好幾回，搞得步槍沾滿泥巴。來到牆前，已經有一小群我們的人等在那兒，另外還有醫官和一排擔架。我們魚貫穿過護牆裂口，涉過另一條積水壕溝：**啪**－咕嚕嚕嚕嚕。積水再度漫過腰，滑溜溜、黏糊糊的泥漿也徐徐滲入靴頂。赫黑在牆外的草地上等我們全員通過裂口，接下來，他幾乎呈九十度彎腰、開始躡手躡腳前進。法西斯護牆約在一百五十碼外，我們只有一次機會。唯一的辦法就是無聲前進。

我和赫黑、班雅明走在最前面。彎腰、抬頭，我們偷偷摸進異常漆黑的夜，愈走愈慢。雨滴輕輕打在臉上。回過頭，我看見離我最近的幾位弟兄拱著背像一團團巨型黑色蘑菇緩緩向前滑動；每次我一抬頭，離我最近的班雅明就會在我耳邊厲聲低語：「頭放低！頭放低！」我大可告訴他別擔心。根據我自己的經驗，在這種黑夜，你壓根看不見二十步之外有沒有人；相較之下，安靜前行更重要。一旦被他們聽見，我們肯定全部完蛋——他們只要拿起機關槍朝黑暗掃射即可，而我們除了逃跑或被殺，束手無策。

但是在這種積水泥濘的原野，要走得無聲無息幾乎不可能。每踩一步，你的腳就直接陷入泥堆，每一步都走得啪嗒啪嗒響。風停了更糟。儘管下著雨，無風的夜晚可說是相當安靜，任何聲響都能傳得好遠好遠。行進間，我不慎踢中一只錫罐，在那驚恐的一刻，我想像數里內的法西斯全都聽見了——但，沒有。沒聲音，沒人開槍，法西斯陣線沒有任何動作。我們繼續向前欺近，繼續維持愈走愈慢的速度。我無法以文字傳達當時的心情，但我好希望能快點抵達目的地，在被他們聽見以前走進投彈距離！在這種時刻，我壓根忘了害怕，只有巨大的絕望和渴望，想趕快通過這片中間地帶。以前在跟蹤野生動物時，我也有過完全相同的感覺：痛苦、渴望得不顧一切想縮短距離，像作夢般肯定這一切絕對不可能實現。但這條路為何怎麼走也走不完？這片原野我很熟，這段距離肯定不超過一百五十碼，走起來的感覺卻像一公里長。當你以極緩慢的速度潛行，你可能像螞蟻一樣能感知大地上無數無窮的變化：這兒有一叢新抽發亮的青草，那兒有一片黏濘擾人的泥巴，待會兒得避開前方沙沙作響的高蘆葦叢，還有那堆令你幾乎想放棄希望的石頭，因為你似乎不大可能不發出一點聲響、安安靜靜爬過去。

我們就這麼潛行了好長一段時間，甚至開始覺得我們走錯路了。這時，黑暗中隱約可見某種比夜色更深、幅度頗窄的平行陣列——那是法西斯的外鐵網（他們習慣架設兩層鐵絲網）。赫黑單膝跪下，探進口袋摸索一陣。全隊就只有他身上這把鋼絲鉗。咔，咔。我們輕輕舉起這片連曳鐵絲網推向一旁，等待後方同志跟上。他們極可能弄出什麼恐怖噪音。現在我們離法西斯護牆不到五十碼了，大夥兒繼續九十度彎腰無聲推進。我們偷偷摸摸，像貓接近老鼠那般輕輕放下每一步，然後側耳傾聽，然後再跨出下一步。有一次，我才剛抬起頭，班雅明立刻按住我的後頸、猛力壓下。內鐵網離護牆不到二十碼，對我來說，咱們這三十人要想無聲無息抵達目標，根本不可思議，光是呼吸就有可能暴露我們的行蹤；但我們終究還是成功了。法西斯護牆清晰可見，像個黯淡的黑色土塚，高踞俯視我們。赫黑再次跪下，摸出鋼絲鉗。咔，咔。眼下已不可能不出聲了。

內鐵網解決。我們手腳並用，加速爬過鐵絲網；要是能多點時間展開部署，一切就大功告成了。赫黑與班雅明越過鐵網，朝右方移動，但跟在後面、原本呈散列隊形的其他弟兄必須重新排成一列，通過狹窄的鐵網裂口。就在這時候，法西斯陣線突然發出一記閃光和一聲爆炸——哨兵終於聽見我們了。赫黑單膝跪下，像個板球投手揮動手臂，**轟**！手榴彈在法西斯護牆內炸開，但對方旋即以超乎預期的速度瞬間還擊，約莫十至二十挺步槍從法西斯護牆後方連番爆出一陣猛轟，料想他們早就等候多時了；頃刻間，你彷彿能看見每一個沙包都發出駭人火光。離鐵絲網較遠的同志開始扔手榴彈，有些在護牆前即觸地爆炸。每一個槍眼彷彿都在噴火。我一向討厭黑暗駁火，總覺得每一記槍火都是衝著你來的；沒想到炸彈才是最恐怖的。除非有一顆炸彈在你附近，而且是在黑暗中爆炸，你才可能理解並體會這有多可怕：若是白天，頂多就是刺耳的爆炸聲；然而在黑暗中，爆炸還會伴隨一道刺眼的紅色火光。我並未參與第一輪投彈攻擊。當時我側趴在滑膩的泥巴裡猛拉活扯與手榴彈奮戰——因為我拔不掉插銷。這該死的玩意兒就是**拔不出來**。後來我才發現我轉錯方向了，立刻順利抽出插銷後起身跪地投擲，隨即撲倒掩護。炸彈在我右側的護牆前方爆炸，恐懼害我失了準頭。就在這一刻，另一顆炸彈在我正前方炸開，距離非常近，近得能感受到爆炸的熱度。我奮力趴平，用力把臉埋進泥巴堆，以為自己受傷了（但我確實扭傷脖子）。紛亂喧囂中，我聽見後方有人以英語悄聲說道：「我中彈了。」事實是那顆炸彈炸傷我身邊好幾個人，獨獨我毫髮無傷。我起身跪地扔出第二顆手榴彈，但我忘記它落在哪兒了。

法西斯朝我方開火，而我方弟兄在我身後開火，我非常清楚地意識到自己被夾在雙方火線中。我感覺到一記駭火的衝擊波，猛然驚覺有人在我正後方開火，我站起來對他咆哮：「別打我啊！你這個笨蛋！」這時，我看見班雅明揮手叫我過去——他在我右方十或十五碼——於是我越過火線，穿越成排噴火的槍眼跑向他，邊跑還邊用左手摀住臉頰。真是個白癡動作，彷彿手掌能防彈似的；不過我是真的害怕被打中臉頰。班雅明單膝跪地，臉上掛著某種愉悅又凶惡的表情，用他的自動手槍仔細且逐一朝步槍閃光處還擊；赫黑在第一輪攻擊時受傷，此刻不見身影。我跪在班雅明身旁，拔掉第三顆手榴彈插銷使勁投出。哈！這回落點清清楚楚——炸彈在護牆內轉角處爆炸，就在機槍堡旁邊。

法西斯的砲火似乎突然放緩。班雅明一步躍起大喊：「前進！攻擊！」眾人立刻**衝**上護牆所在的陡峭短坡。雖說是「衝」，但「踉蹌」可能更貼切；事實上，你在渾身溼透、從頭到腳渾身泥巴、扛著沉重步槍加刺刀以及一百五十顆子彈的情況下，根本不可能快速移動。我理所當然地認為，坡頂上肯定有法西斯大兵等著我，距離這麼近，他不可能失手；不知怎麼著，我認定對方不會開槍，而是拿刺刀問候我。我彷彿能預先感受到雙方刺刀交錯的勁道，也好奇誰的臂力比較強。但前方沒有法西斯在等我。我微微鬆了口氣，發現這道護牆築得不高，層疊沙包還算好爬；不過既是護牆，照例得費點工夫攀越。牆內一片狼藉，屋梁飛得到處都是，大片纖閃石遍地四散。我們的炸彈把營房壕溝全炸翻了。眼前沒半個人影。我認為他們可能躲在地下某處，遂以英語大吼——在這種時刻，我擠不出半句西語——「出來！出來投降！」無人回應。接著，有個若隱若現的黑影躍過炸毀營房的屋頂後迅速朝左方奔逃；我拔腿就追，徒勞地用刺刀朝黑暗戳擊。繞過營房轉角，我看見一個人——不確定是不是剛才那個——衝進通往另一處法西斯陣地的交通壕。我肯定離他很近，因為我能清楚看見他的模樣：光頭，全身上下似乎就只有肩上披裹的一條毯子。此刻我若開槍，絕對能轟得他粉身碎骨；不過，為了避免誤傷同袍，我們被要求進了護牆就只能用刺刀。話說回來，其實我壓根沒想過要開槍，而且我的思緒突然蹦回二十年前——學校的拳擊教練徒手示範他在達達尼爾海峽如何以刺刀對決土耳其人。於是我握住槍托、用力刺向對方後背，結果他快了一步；我又刺，還是探了空。在短短一段距離內，我倆不斷重複相同的動作：他拚命爬上交通壕，我在斜上方的地面緊追在後、設法戳他的肩背卻次次落空。現在回想起來，那畫面還挺滑稽的，但我想他大概不覺得有意思吧。

不用說，他比我更清楚這裡的地形，一下子就溜得不見蹤影。我折回剛攻下的陣地，咆哮呼喊此起彼落，不過槍聲倒是沒那麼密集了。法西斯仍持續從三個方向朝此處猛烈開火，但距離非常遠；看來我們是暫時逼退他們了。記得當時我彷彿以神諭的語氣說了一句：「我們頂多守住半小時，不會再多了。」至於為何是半小時，我也不知道。朝護牆右側望出去，黑暗中布滿象徵槍焰的點點綠光，唯距離頗遠，都在後方一兩百碼之處。我們眼前的任務是搜索敵方陣地，搜刮任何值得帶走的物品。班雅明和其他人已動手在一處營房廢墟及陣地中段的壕溝裡大肆掠奪，他吃力但興奮地從破屋頂爬出來，拖著彈藥箱的繩把。

「同志們！子彈！這裡有好多子彈！」

「我們不需要子彈！」某人說，「我們要槍！」

這倒是真的。我們手上半數的槍都卡了泥巴，不能用了；清是能清，但摸黑取出槍機卡榫很不保險，前一秒才擱下，下一秒就找不著了。除了妻子好不容易在巴塞隆納買到、寄給我的小手電筒，咱們身邊沒有任何足堪照明的玩意兒。槍況較佳的夥伴們斷斷續續朝遠處槍火還擊，但沒人敢連續開槍，因為即使是最好的槍也可能因為過熱而卡彈。進入護牆的弟兄大概有十六個人，包括一兩名傷兵，另外還有幾名英籍或西班牙籍傷兵躺在護牆外。來自貝爾法斯特、受過急救訓練的愛爾蘭人派屈克．奧哈拉揣著一綑綑繃帶，跑進跑出，幫受傷的同志包紮；不用說，他每一次返回護牆時必有子彈飛來，而且不論他怎麼怒喊「馬統同志！」都沒用。

我們開始搜索敵營。沿途躺著幾名死者，我沒費事停下來檢查確認。我要找機關槍。稍早趴在護牆外的時候，我始終有些納悶，為何沒聽見機關槍響；我拿手電筒掃了一下機槍堡內，結果大失所望！槍不見了。三腳架還在，旁邊還有幾盒子彈和一些零件，但就是沒有槍。他們肯定是在第一聲警報響起時，就拆下機關槍帶走了。這無疑是上頭的命令，但此舉愚蠢又畏戰；假使他們留著機關槍，鐵定能將我們盡數殲滅。我們惱怒不已，本來都已經決心要奪下機關槍了。

弟兄們這兒戳那兒探，沒找到什麼有用的東西。不少手榴彈隨意棄置在地，型式比我們的更差（拉彈簧引爆）；我撿了幾個放口袋，當作紀念。法西斯戰壕的貧乏程度很難教人不吃驚：我方戰壕常見的換洗衣物、書、食物以及一些個人小物在這兒完全看不到，除了毯子和幾塊受潮麵包，這群受徵召、無軍餉的士兵似乎沒有半點私人物品。戰壕末端有一小段地勢較高、稍微突出的地面，開了一扇小窗。我們拿手電筒往窗裡照，精神大振：有個柱狀皮筒靠在牆上，高約一公尺、直徑十五公分，顯然是機關槍筒。大夥兒急忙繞進走道，結果發現皮筒裡裝的不是機關槍，而是某種對我們這支武器嚴重短缺的部隊而言更珍貴的東西——大型望遠鏡。放大倍率至少六十或七十倍，另附摺疊三腳架。這種玩意兒根本不可能出現在我方陣營，而我們極度且絕對需要它。我們得意地扛出皮筒後將它靠在護牆上，準備稍後一起帶走。

這時突然有人大喊「法西斯來了」。這點不用懷疑，因為槍聲愈來愈響亮；但顯然法西斯不會從右側還擊，理由是他們必須越過無人地帶來攻擊自己的護牆。如果他們稍有常識，應該會從陣線內部反擊。我繞出戰壕來到另一側。這塊陣地大致呈馬蹄形，中間是壕溝，所以左方還有一道護牆可做掩護。儘管左側砲火猛烈，但傷害不大；真正危險的是正前方，那一側沒有任何防禦工事。子彈持續不斷飛掠頭頂。敵軍肯定是從較遠的另一處陣地攻過來，顯然突擊隊並未拿下該據點。但這一回，砲火的音響震耳欲聾，而且是猶如擂鼓、大量步槍連續發射的隆隆聲；只不過以前我是隔著一段距離聽，此刻卻置身其中，不用說，這會兒砲火已遍及陣線方圓數里內。道格拉斯．湯普森垂著一隻受傷的胳膊，靠在護牆上單手開槍還擊，另一位卡槍的弟兄協助他填彈藥。

我附近大概有四五個人。眼下我們必須把前護牆的沙包拖出去，在未築防禦工事的開口搭路障，而且動作要快。此刻砲火猛烈，但隨時都可能緩下來；環顧四周，我根據槍焰判斷敵軍大約有一兩百人。我們動手拉拽扭扯、鬆動沙包，向前拖行二十碼再粗略堆疊。這活兒實在不是人幹的。每個沙包都很大，重約一英擔（五十公斤），你得使盡全身的力氣才能撬鬆它們，但腐爛的麻布袋立刻棄守，該死的沙土遂猶如瀑布傾頭撲灌，搞得你脖子衣袖一片黃沙。記得當時我對四周的一切皆深懷恐懼：眼前一片混亂，黑暗無盡，恐怖的爆炸聲，在泥濘中來回蜿蜒伏行，徒手奮戰爆噴的沙包——而且從頭到尾都揹著步槍。步槍儼然是個累贅，但我不敢放下，深怕弄丟它。我甚至在和夥伴一同拖著沙包踉蹌前進時，朝他喊道：「這就是打仗！要命吧？」突然，一排高個兒黑影陸續躍過前護牆，待其走近，我們才看清對方身上的突擊隊制服，眾人精神大振，心想援軍來了！結果來者僅四人，三名德國人和一名西班牙人。後來我們才輾轉聽說突擊隊那晚的遭遇：因為不熟悉地形，他們在黑暗中走錯路，結果被法西斯監聽到並逮個正著，隊上數人遭擊斃。這四個人其實是迷路了，算他們幸運。德國人半句英語也不會說，法語、西語也都不懂，所以我們比手劃腳、費盡工夫解釋我們在做什麼，請他們協助搭建路障。

法西斯終於架起機關槍。槍口吐出鞭炮樣的火花，一兩百碼外都看得到；機關槍子彈發出沉穩、冰冷的爆裂聲，越過我們頭頂。沒多久，我們甩足了沙包，搭出一座矮胸牆，讓陣地內的幾名弟兄好歹能趴低還擊。我跪在他們後頭。一顆迫擊砲彈呼嘯掠過，在無人地帶某處爆炸——這又是另一道威脅，不過對方還得再花幾分鐘才能確認我方守禦範圍。我們跟那些頑劣沙包的角力終於告一段落，這還真不是鬧著玩的。眼下各種炸響、黑暗、槍火逐漸逼近，我方弟兄亦激烈還擊，而我竟在這一刻短暫出神：我還記得，我突然開始思索自己到底害不害怕，接著又認定自己不害怕；稍早在護牆外，雖不比現在危險，但坦白說那時我還挺害怕的。這時又有人大喊：「法西斯來了！」這回更是百分之百確定，因為槍焰比剛才更近；不到二十碼外閃現火光，顯然敵人設法從交通壕攻上來了。二十碼內已進入投彈區。我們有八九個人擠在一起，若對方準頭不錯，只要一顆炸彈就能把我們炸得支離破碎。鮑勃·史邁利臉上有道小傷口，汩汩流著血，他腳一蹬躍起拋出炸彈，我們同時低身蜷伏，等待炸彈爆炸；炸彈劃過空中，燒紅的引信嘶嘶作響，最後無聲墜落（這批至少四分之一是啞彈）。我身上只剩剛才從法西斯營房摸來的幾顆手榴彈，但不確定堪不堪用；我扯開喉嚨問其他人還有沒有炸彈可以給我，道格拉斯·莫伊爾往口袋一探，摸出一顆傳給我。我立刻投彈，並撲地趴下。我很幸運——這種幸運大概一年僅有一次——炸彈幾乎精準落在敵人開槍的位置；先是轟隆巨吼，緊接著傳出驚懼悲慘的呻吟哀嚎。終於逮到他們了！我不曉得對方死了沒，但肯定重傷。可憐的傢伙，可憐哪！聽著他哀嚎，我有些心酸，但此時遠處再度閃現火光——我看見或我認為我看見有個人影就在槍焰亮起的地方。我抓起步槍立刻開火，又一聲慘叫，我想應該是剛才被炸傷的人吧。我方又陸續扔出數枚炸彈。再看見敵方槍焰時，距離已退得頗遠、少說百碼以上。看來我們成功逼退他們了，至少暫時如此。

大夥兒開口咒罵，抱怨該死的指揮部為何不派援兵過來。只要有一挺衝鋒槍，或二十人再配上不卡彈的步槍，我們就能擋住一個營，守住這地方。這時，稍早被叫回去覆命的班雅明的副官派蒂．唐納文翻過前護牆。

「喂！都出來吧，所有人即刻撤退！」

「什麼？」

「撤退！快出來！」

「為什麼？」

「命令。回我們的陣線去！腳步快！」

弟兄們陸續翻越前護牆，其中幾人因為扛著沉重的彈藥箱，爬得十分辛苦。我的心思飄向稍早擱在另一側護牆上的望遠鏡。這時，我看見那四名突擊隊員突然往交通壕的方向跑，猜想他們可能是依原本接到的神祕指令行事；這條交通壕通往法西斯的下一處據點，他們到了那裡肯定必死無疑。我追上去，絞盡腦汁想擠出「撤退」的西班牙文，最後只好大喊：「後面！後面！」或許是意思到了吧，西班牙人會意過來，帶著其他人掉頭折回。派蒂蹲在護牆邊等我們。

「來啊！快點！」

「可是還有望遠鏡！」

「還管什麼望遠鏡！班雅明在外頭等我們了。」

我們陸續爬出去，派蒂幫我撐開鐵絲網。一旦脫離法西斯護牆的掩護，我們直接置身魔鬼般的猛烈砲火中。子彈彷彿從四面八方朝我們飛來，但我毫不懷疑其中部分來自我方，因為敵我雙方都在陣線兩邊開火：不論轉向哪一邊，立刻會有一波子彈掃過來，於是我們被迫像一群綿羊一樣，這邊走走，那邊停停，在黑暗中遊移前進；再加上我們還拖著搶來的彈藥軍火——幾箱炸彈、幾把步槍，其中一箱還裝了一千七百五十發子彈，重達五十公斤——行動更是不方便。儘管從敵方護牆到我方護牆的距離不過兩百碼，且弟兄們大都熟知這裡的地形，我們才走了幾分鐘竟已完全搞不清方向。眾人在泥濘中迂迴行進，唯一確定的是子彈會從兩邊飛來。此際沒有月光引路，幸好天邊已微微變亮。我方陣線位於韋斯卡東側，故我想待在原地，等待第一線曙光指出東方；可是其他人不同意，於是我們繼續在泥地裡前進，多次改變方向、輪流拖拉彈藥箱。最後，前方終於隱約顯現一排低而平坦的護牆，但它有可能是我方，也可能是敵方；我們就連最模糊的概念也沒有，完全不知道大夥兒到底朝哪個方向走。班雅明匍匐爬過一叢高高的白蘆葦，來到護牆前二十碼左右，試探地喊了一聲：「馬統同志！」對方大聲回應。我們全部跳起來，順著護牆再一次踉蹌涉過積水的灌溉溝渠——啪！咕嚕嚕嚕嚕——終於安全了。

柯普和幾個西班牙人在護牆內等我們。眼前不見醫官及擔架，顯然除了失蹤的赫黑和另一個叫希德史東的傢伙外，其他傷兵已先行撤走。柯普焦急地來回踱步，臉色蒼白，就連他頸後堆摺的皮膚也發白了，完全不理會接連飛過矮牆、在他腦袋附近炸開的子彈。我們其他人大都蹲伏在護牆後，尋求掩護。柯普先以西語喃喃咒罵：「赫黑！可惡！赫黑！」接著又用英語說：「假如赫黑沒了，那就糟了！糟糕了呀！」赫黑本就是他的朋友，也是他手下最優秀的軍官之一。突然，他轉向我們，徵求兩名英籍、三名西籍共五名自願者，協助搜尋失蹤弟兄。莫伊爾和我及另外三位西班牙人應聲支援。

才出護牆，西班牙人立刻咕噥天快亮了、好危險。確實如此。天空已微泛藍光，前方的法西斯棱堡傳來響亮歡呼聲，顯然他們以更勝於先前部署的優勢兵力奪回陣地。我們離敵方護牆僅六七十碼，對方肯定看見或聽見我們了，因為他們即刻送上猛烈掃射，逼得我們不得不撲倒掩護；接著對方又扔出一顆手榴彈，無疑是亂槍打鳥。我們趴在草地上，伺機行動，這時我們聽見或者以為我們聽見法西斯士兵的聲音愈來愈近——我絕對相信這聲音可能出自想像，但當時的感覺再真實不過——感覺他們已跨出護牆，乘勝追擊。「快跑！」我一躍而起，同時朝莫伊爾大吼。我的老天，我跑得可真快！那晚稍早，我還覺得從頭溼到腳、負槍揹子彈的人怎麼可能跑快；現在我才明白，如果後頭有五十或一百個荷槍實彈的傢伙在追你，你**絕對**跑得夠快。我能跑快，其他人肯定比我更快；我從眼角餘光瞄到一陣隕石般的形體疾速超越我——那三個西班牙人。他們本來最靠近前線，卻一直跑到我方護牆裡邊才停下來，這時我剛好追上他們。說實話，我們全都嚇破膽了；但我也知道，在天色微亮之際，五個人絕對比一個人更容易暴露行蹤。於是我獨自折返。我設法回到敵方的外鐵網，盡可能縝密搜索；由於我得趴著移動，效果不彰。眼前不見赫黑或希德史東的身影，我只好潛行返回陣地。後來我們才知道，赫黑和希德史東已先一步去了救傷站；赫黑僅肩部輕傷，但希德史東傷得很重——子彈穿過左上臂，骨頭有好幾處都碎了；中彈後他無法移動，結果又有炸彈在他附近爆炸，導致他身上有多處炸傷。不過值得開心的是，他終究還是康復了。後來他告訴我，他以仰躺姿勢設法移動一段距離，然後抓著另一名受傷的西班牙人，兩人互相幫助安然回返。

天快亮了。前線周邊數里內仍零星爆出無關緊要的槍火，猶如暴風雨後未歇的陣雨。我仍記得那片淒涼景象：沼澤般的泥濘，垂頭喪氣的白楊樹，壕溝裡的濁黃積水，還有那一張張鬍子沒刮纏著乾泥巴、眼睛四周被煙燻黑並且筋疲力竭的臉。待我回到戰壕，其他三名壕友已經睡了。他們和衣倒下，裝備全在身上，胸前抵著沾滿泥巴的步槍。戰壕內外，所有的一切都溼透了。我費了好一番工夫才蒐集到足夠的乾木柴，生起一小堆火，然後拿出整晚揣在身上的那根雪茄。雪茄竟然沒斷，真意外。

再後來，我們得知那晚的行動一如事前盤算，基本上是成功了。畢竟，這次突襲只是為了分散法西斯在韋斯卡西線的兵力，讓無政府主義同志順利攻擊。依我判斷，那天法西斯大概派出一兩百人進行反擊，不過後來有逃兵說是六百人。我敢說那傢伙肯定說謊。這些逃兵總是逢迎諂媚拍馬屁，理由大夥兒心知肚明。最可惜的是望遠鏡。即使是現在，只要一想起當時竟然沒把那漂亮玩意兒帶回來，我就懊惱。

第八章

天氣愈來愈熱，就連夜晚也變得頗為溫暖。護牆前那棵彈痕累累的櫻桃樹冒出叢叢果實，進河裡泡澡也不再天人交戰，幾乎已成為享受。大如茶碟的粉紅色野玫瑰圍繞法比安塔處處綻放。在我方陣線內，不時能見到耳朵插著玫瑰花的農民。他們每天傍晚都揣著綠網捕鵪鶉：先將網子拋鋪在草地上，然後蹲低、模仿母鵪鶉叫聲；所有聽見這叫聲的公鵪鶉會立刻飛奔過來，待牠一跑進網子底下，農民便扔石頭嚇牠，公鵪鶉一受驚便振翅飛起而自投羅網。顯然只有公鵪鶉會被抓來吃，我覺得有失公允。

此刻有另一支安達魯西亞小隊和我們一同戍守前線。我不大清楚他們怎麼會跑到這兒來，目前的說法是他們急著逃出馬拉加，但一下子跑太快、忘了在瓦倫西亞停下來；不用說，這話肯定出自加泰隆尼亞人之口。加泰隆尼亞人特別喜歡貶低安達魯西亞人，視他們為半野蠻人。這群安達魯西亞人的教育程度顯然不怎麼高：他們大都不識字，似乎就連自己身屬哪個黨派——這在西班牙是每個人都知道的常識——也不清楚。他們認為自己是無政府主義者，同時又不大確定，覺得也可能是共產信徒；這群人看起來脾氣古怪、粗魯質樸，打仗前可能是牧羊人或在橄欖園做工，總之每個人都有一張經年受南方烈日洗禮的黝黑臉龐。這群安達魯西亞人幫了我們很大的忙——他們個個是捲菸快手。營裡早已停止配給香菸，不過我們偶爾還能在蒙夫洛里特買到最便宜的菸絲，但不論外觀或質地都像極了剁碎的粗糠。這種菸絲味道不差，但實在太乾，以致你就算設法捲出一根菸，菸絲也會馬上掉光、徒留空紙捲。不過這群安達魯西亞人捲出來的可就令人驚歎了，他們甚至還有一套將菸條兩端掖妥的獨門絕招。

兩名英國人中暑倒下。我對那段時間最鮮明的記憶包括：正午烈日的熾熱和打赤膊扛沙包（原本已被晒得剝了一層皮的肩膀又遭沙包無情摧殘），我們的破爛衣鞋（衣服幾已破成布條），舉步維艱、辛苦扛著配給品的騾子（牠們不怕槍聲，然而一聽見榴霰彈爆炸便嚇得拔腿狂奔），再來就是日益猖獗的蚊子和始終猖獗的老鼠（老鼠什麼都咬，連皮帶、彈匣套都不放過）。除了狙擊手、零星砲火和空襲韋斯卡偶爾造成的傷亡以外，前線諸事平靜。此時樹葉已生得豐厚濃密，我們遂在前線邊緣的白楊樹上架起一座座宛如樹屋的狙擊平台。韋斯卡東西兩側的攻擊逐漸趨緩。無政府主義組織傷亡慘重，也未徹底阻斷哈卡通道：儘管他們已盡可能貼近路邊，在道路兩旁架設機關槍火網，使之無法通行，無奈通道隘口寬達一公里，而且法西斯還蓋了一條地下道（類似某種巨型壕溝），故不少卡車仍可順利進出。根據逃兵提供的資訊，韋斯卡糧食雖少但軍火充足，顯然短期內並無陷落可能；或許，僅憑現有這一萬五千員軍備不足的民兵部隊，確實無法攻下韋斯卡。後來，共和政府從馬德里前線調派部隊，集中三萬兵力強攻韋斯卡——甚至還配合大量空襲，這座小城仍舊屹立不搖。

獲准休假時，我已在前線待了一百一十五天；對當時的我來說，這段日子似乎是我人生中最沒有意義的時光。我加入民兵團是為了對抗法西斯，卻幾乎沒在打仗，反而僅僅像是某種被動、消極的存在；除了受凍和缺乏睡眠，我沒有任何作為，無以回饋我得到的配餉。說不定，這就是絕大多數士兵在絕大部分戰爭裡的相同命運。但此刻，我回顧那段時光，發現自己並不完全後悔。當然，我的確希望自己能更實際地為西班牙政府效力，但是從個人觀點、從我個人生涯發展來看，待在前線的那三四個月其實比我原本以為的有意義多了。這段日子形塑我人生的某種「空白時期」，和我曾經有過或未來可能遭遇的人生經驗截然不同；這段日子教我許多我只能以這種方式學會的東西。

其中最基本也最重要的一點是：這段時間，我與世隔絕，身邊淨是一群粗略來說（但不完全錯誤）可稱為「革命人士」的傢伙——我們身在前線，幾乎完全接觸不到外面的世界；就連巴塞隆納的現況也只有概略的模糊印象。這種情況必須歸咎於民兵系統的特殊性，而亞拉岡前線一直要到一九三七年六月才徹底改變。工人組成的民兵團體原則上都來自工會，且各工會成員的政治立場大都相同，因此民兵團很容易就把國內最具革命意識的老百姓全部聚集在一起；而我或多或少算是意外吧，碰巧加入全西歐唯一一個相較於其他政治對立者更不信任資本主義、更具政治共識的團體。亞拉岡地區約有上萬民兵，雖不盡然都是工人，不過大家的生活條件相同、彼此亦不分階級，一視同仁。就理論而言，這種平等十分完美，從實際來看亦不遠矣，讓人感受到某種「提前體驗社會主義」的感覺；換言之，民兵團體內的主流思想氛圍傾向社會主義，諸如勢利、貪財、懼怕威權等文明社會常見的行為動機已不復存在。以往相當普遍的社會階級幾乎完全消失，這在金錢色彩濃厚的英國壓根難以想像：除了農民與民兵，人與人之間沒有任何身分上的區別；沒有主僕之分，任何人不為任何人所有。不用說，這種狀態不可能永遠存在，頂多只是這場全球參與的大型遊戲中、某種暫時且局部的狀態。不過，這種狀態仍維持了好一段時間，甚至足以對體驗過的人造成影響：不論當時有過多少怨言，事後無不恍然大悟，理解自己曾接觸過如此奇特又寶貴的事物。比起其他總是漠不關心或憤世嫉俗的社群，心懷希望對我們來說是更普遍且正常的期盼；「同志」二字代表的是切切實實的同志情誼，不像在其他國家只是空話。在這裡，我們呼吸「平等」的空氣。我個人非常清楚，目前正在流行一種趨勢，傾向否認「社會主義」與「平等」存在任何關係。這世上的每一個國家都有一群精於為政黨搽脂抹粉的滑頭小人，忙著「證明」社會主義不過是有計畫的「國家資本主義」，依舊完整保留「掠奪」的本質與動機。但幸運的是，眼前就有一個與前述大相逕庭的社會主義版本。社會主義的理念之所以吸引凡夫俗子，讓大家願意為其拋頭顱、灑熱血——即社會主義的「奧祕」——正是「平等」：對廣大平民百姓來說，社會主義代表「無階級社會」，或甚至不具任何意義。正因為如此，在民兵團的這幾個月對我來說別具意義：西班牙民兵團其實是某種無階級社會的縮影。在這裡，沒有人爭名逐利；這裡什麼都缺，但無人講特權、無人逢迎拍馬屁。說不定，民兵團讓我們得以粗略見識社會主義初始階段的可能模樣，這一切非但未令我幻滅，反而深深吸引我。這層效應使我渴望看見社會主義能以更扎實的姿態存在。這種心情或許部分肇因於我有幸與西班牙人朝夕相處，而他們天性正直與始終存在的無政府主義色彩，讓有機會冒出頭的社會主義初期階段還算差強人意。

不過，當時我幾乎絲毫未覺自己的心理變化，我就像身邊其他人一樣，成天只覺得無聊、熱、冷、塵土飛揚、蝨蟲肆虐、這個缺那個沒有，以及偶爾體驗危險。但我此刻的心境已完全不同。這段在當時看來毫無意義、平淡無奇的時光，現在對我來說無比重要。這段時光迥異於我人生的其他時刻，以致它已披上一層不可思議的魔力——那種只屬於多年回憶的奇幻特質：事發當時，我只覺得討厭、難受，現在卻成為時常在心中反覆琢磨的一段時光。真希望我能將當時的氛圍如實傳達給各位，也期望我在本書前幾章已多少做到一些了。那段時光和冬季酷寒、破破爛爛的民兵制服、一張張鵝蛋形的西班牙臉龐、宛如敲打摩斯密碼的機關槍響、臭麵包、尿騷味兒，還有狼吞虎嚥、急著將髒錫杯裡充滿金屬味的水煮青豆扒進嘴裡的記憶緊緊相繫，縈繞心頭。

那段日子仍栩栩如生，歷歷在目。我在回憶中重溫那些彷彿不值得憶起的瑣碎小事。我回到波賽羅山戰壕，躺在充作鋪床的石灰岩架上；年輕的拉蒙把鼻子抵在我肩胛骨間，鼾聲隆隆。我在潮溼難聞的壕溝裡踉蹌前進，白霧如冷溪圍繞。我爬上半山腰的一處岩隙，一邊維持平衡，一邊設法將一株野玫瑰連根挖起，而頭頂上方不時有盲目的子彈呼嘯掠過。

我和柯普、鮑勃．愛德華及三名西班牙人趴在特拉佐山西面的低地上。右方光禿禿的灰色山坡上，法西斯士兵正緩緩往上爬，像極了一列螞蟻。前線近處響起法西斯陣營的號角聲。柯普對上我的視線，朝聲源努了努鼻子，猶如小學生。

農場莊園。我和一群人坐在泥濘的庭院裡，大夥兒手抓錫杯圍著一大鍋燉菜虎視眈眈；疲憊的胖廚子手持長杓拒絕餓兵進犯，另一個滿臉鬍子、腰繫大型自動手槍的男人正快刀將一條麵包切成五瓣。我身後有人唱起歌來，倫敦東區口音（那是比爾．錢伯斯。我和他大吵過一次，後來他命喪韋斯卡城外）。

這兒有老鼠，那兒有老鼠
體型大如貓
在軍需鋪子……

砲彈厲聲掠過。十五六歲的孩子們摀面飛撲，廚子蹲伏鐵鍋後。砲彈落地，在百碼外炸開。眾人抬頭，表情羞赧。

我在哨所連成的前線上來回走視，白楊粗枝幽暗掩映。外頭的溝渠積水滿溢，鼠輩叭嗒叭嗒地泅水奔逃，猶如水獺。薄黃的黎明從背後襲來，安達魯西亞哨兵把下巴縮進外套，低聲哼曲。一兩百碼外無人地帶的另一邊，法西斯哨兵的歌聲也幽幽傳來。

四月二十五日，在無數個尋常明天之後，一支新來的小隊上前線接替我們。我們交出步槍，打包裝備，行軍返回蒙夫洛里特。離開前線，我心無罣礙。蝨子在我褲管裡繁殖的速度遠超過我屠殺牠們的速度；過去一個月，我沒有襪子穿，靴底也快磨光了，所以這會兒我幾乎是光著腳走路。我想洗熱水澡，換上乾淨衣服然後鑽進被子好好睡一覺，我比過去更熱烈渴望正常文明生活的一切。我們在蒙夫洛里特的穀倉睡了幾小時，於凌晨時分爬上卡車，趕搭五點從巴巴斯特羅啟程的火車。我運氣不錯，在萊里達順利換搭快車，於二十六日下午三點抵達巴塞隆納。麻煩從此開始。

第九章

從上緬甸的曼德勒搭火車前往梅苗——梅苗是撣邦高原邊緣的避暑山城，也是該省的主要車站——是一段很奇特的經驗。曼德勒是座典型的東方城市，陽光灼熱，棕櫚蒙塵，處處是魚腥、香料大蒜、熟透的熱帶水果氣味，還有成群黝黑的臉。由於你已非常熟悉這一切，遂帶著屬於曼德勒的完整氣氛和感受登上火車；當火車停靠一千兩百公尺高的梅苗，你在心理上仍未離開曼德勒，卻在走下火車的瞬間忽然進入另一處截然不同的世界：吸入口鼻的空氣冷冽甜美如英倫鄉間，放眼盡是綠草、綠蕨、樅樹，還有臉頰紅潤、揹著竹筐兜售草莓的山城女子。

時隔三個半月後重回巴塞隆納，我猛地想起這段回憶；那種氛圍突變的猝然心驚簡直和當時一模一樣。乘車前往巴塞隆納的路上，我彷彿仍置身前線：塵土、巨響、布料扎人、物資匱乏及種種不適，還有同志情誼和平等的感受依舊存在。列車離開巴巴斯特羅時，車上已擠滿來自前線的民兵，沿途各站又陸續擠進更多鄉民；鄉民們扛著大綑大綑蔬菜，手抓頭下腳上、驚懼駭怕的鳥禽，將一個個打結而且還會動來動去的麻袋擱在地上（裡頭是活生生的兔子）——最後再加上一群綿羊！牠們分流擠進每一節車廂、鑽進每一處還未占滿的空間。民兵們吼唱革命歌曲，宏亮的歌聲壓過隆隆車聲；他們一路不斷向每一位漂亮小妞送飛吻、揮舞紅黑帕巾，同時傳接暢飲一瓶瓶紅酒和嗆人的安達魯西亞茴香酒。若以羊皮製成的西班牙水袋喝酒，你可以直接將一柱酒液送進車廂另一側的朋友嘴裡，省去不少麻煩。我身旁這位十五歲黑眸小兄弟正在向兩名飽經風霜的老農民講述他在前線的豐功偉業，情節聳動，兩人聽得瞠目結舌，但我毫不懷疑這些故事沒有一句為真。老農民忙不迭解開包袱，取出幾瓶黏糊糊的深紅酒液送給我們。人人皆發自肺腑感到開心，遠遠超過我能傳達的程度。然而當火車緩緩軋過薩瓦德、進入巴塞隆納，我們驟然進入一個對我們這種人而言，比巴黎或倫敦更熟悉的場域。

若在內戰期間，間隔數月二度造訪巴塞隆納，任誰都會注意到這座城市的驚人變化；尤其特別的是，不論是八月初來、一月再訪，或者像我一樣十二月抵達、四月歸來，每個人都脫口而出同一句話：革命氛圍消失了。看在去年八月待過巴塞隆納的人眼裡——彼時大街上鮮血未乾，民兵也還駐紮在漂亮時髦的旅店裡——十二月的巴塞隆納似乎多了一股中產階級的氣味；而我去年自英國初抵之時，也覺得世上沒有其他地方比巴塞隆納更可能成為一座屬於工人的城市。但現在，中產階級潮流捲土重來。巴塞隆納再度變回一座普通城市，一座被戰爭柬削一點、西擰一塊，勞動階級氛圍不再那麼外顯且強烈的城市。

居民的改變著實驚人。路上幾乎看不到民兵制服和藍色工作服，幾乎人人都換上西班牙裁縫師精心製作的時髦夏裝；無處不見打扮花稍的胖男人、衣著優雅的女子，光亮拉風的汽車滿街跑（當時顯然沒幾部私家車，不過，有些人總是有辦法弄到車子）。上次離開巴塞隆納的時候，剛成立的人民軍還沒幾位軍官，這會兒已激增至驚人數目，平均每十個兵就有一人是軍官。民兵團裡也有不少人民軍軍官，他們大都以技術指導為由，從前線退下後轉入民兵團，不過仍以剛離開軍校即加入民兵的年輕人為主。雖然這群年輕軍官和民兵的關係與一般中產階級軍隊不盡相同，不過兩者依然存在明確的階級差異，這點從薪餉和制服就看得出來：民兵的棕色連身服感覺粗製濫造，軍官的卡其制服腰部束緊、剪裁俐落，看起來就像稍微講究的英國陸軍軍官制服。我認為這群軍官去過前線的比例不到二十分之一，可他們人人腰掛自動手槍；反觀身在前線的我們，即使無所不用其極也弄不到一把自動手槍。離開車站後走上馬路，我發現路人無不直直瞪視我們骯髒的外表；話說回來，所有在前線待過個把月的人，鐵定都是這副可怕模樣。我尤其意識到自己的衣著襤褸：皮夾克早成了破布條，羊毛帽不只變形還鬆垮垮地遮住一隻眼睛，至於靴子則幾乎只剩下開口笑的鞋面。我們這群人差不多都是這個樣兒，而且全身髒兮兮、滿臉鬍碴，難怪當地人會這樣瞪著我們瞧。不過我心裡還是有點沮喪，也開始正視過去三個月來在巴塞隆納發生的一些奇怪狀況。

接下來幾天，城裡的無數徵象使我意識到，我最初的印象並沒有錯。某種深層變化已席捲整個巴塞隆納，其中最主要的改變有二：其一是人，巴塞隆納居民大都已對戰爭失去興趣；另一個是以往的社會階級制度——富人、窮人，上流階層、中下階層——再度抬頭。

巴塞隆納居民對革命普遍漠不關心，這點最令我憤怒又震驚，也讓來自馬德里或甚至瓦倫西亞的人心生厭惡。巴塞隆納之所以氛圍丕變，部分歸咎於此地離作戰現場太遠（一個月後，我在塔拉戈納）也觀察到相同的情形。這個漂亮的濱海城市生活如常，幾乎不受干擾。然自一月以來，全西班牙志願從軍的人數明顯下降；雖然加泰隆尼亞在二月掀起第一波加入人民軍的熱潮，但實際入伍人數並未大幅增加。這場戰爭開打至今不過六個月，西班牙政府卻已必須實施徵兵；若是對外戰爭，徵兵還算合理，但用於內戰則有違常理。社會大眾無疑已對促使戰爭爆發的種種革命企盼感到失望。戰事爆發的最初幾週，工會成員自組民兵團，一路追擊法西斯並迫使對方退入薩拉戈薩，戰果斐然，因為當時他們相信自己是為了「勞動階級掌權」而戰；無奈情勢愈來愈明顯，勞工掌權注定無望，即使如此，我們仍不該苛責老百姓何以日漸心冷——尤其不該責備對內或對外戰爭皆為軍事主力的無產階級村民。沒有人想輸掉這場戰爭，但大多數的人都焦慮地盼望戰爭能早點結束；這種傾向不論在哪兒都觀察得到，而「這場戰爭實在有夠糟，是吧？」「到底什麼時候才會結束？」這種無關痛癢的話更是無處不聞。比起對抗法西斯，政治意識較強烈的人更關注無政府主義者和共產黨之間的衝突內鬥；至於一般老百姓最在乎的問題則是糧食短缺。「前線」被視為某個神祕而遙遠的地方，年輕人去了，然後消失；他們有些再也不回來，有些則是在三四個月後，荷包滿滿榮歸故里（民兵大都在休假時領到積欠的工資），而傷者即使拄著拐杖跳回來，也得不到任何特別補償。加入民兵已不再時髦，這點從店家的態度就能明白看出來（商家一向是大眾品味的指標）。我剛來巴塞隆納時，儘管這裡的商店又小又破，卻都設有民兵用品專區，櫥窗亦陳列著步兵便帽、拉鍊夾克、武裝腰帶、獵刀、水壺、槍套等軍需品。現在，這些商店明顯裝修得更漂亮時髦，也都把戰爭塞進不起眼的幽暗角落。後來，我本想在返回前線之前補足裝備，卻發現這裡很難買到前線亟需的物品。

在此同時，城裡開始出現「支持人民軍、詆毀民兵團」的蓄意宣傳，局勢變得頗為奇妙。自二月起，所有武裝力量開始有系統地併入共和部隊，組成「人民共和軍」，而民兵團在**名義上**亦重整編入人民軍，唯薪餉、軍階等仍有所不同。

民兵編入的師由幾個「混合旅」組成，意即部分來自原本的共和軍，部分是民兵，實際上唯一改變的只有名稱而已。舉例來說，原先名為「列寧師」的馬統工黨部隊現在改稱「二十九師」。六月底前，僅少數人民軍部隊抵達亞拉岡前線，故民兵團還能繼續維持其獨立的組織架構及特殊性；然而，共和政府的宣傳打手卻在每一張海報上大聲疾呼「我們需要人民軍」，也在廣播、共黨媒體上不斷攻訐民兵團，有時甚至極度惡質，頻頻以訓練不良、毫無紀律等不堪字眼描述民兵團，提到人民軍時卻總是以「英雄」稱之。這些文宣大都引人聯想，形成一種「志願上前線可能另有隱情、不甚光彩，留在後方等候徵召才值得稱許」的印象；然此時此刻，苦守前線的正是民兵，而人民軍大都待在後方訓練，故而在宣傳方面必須愈少提到這種情況愈好。民兵團分隊不再以鑼鼓喧天、旗幟飄揚的方式遊街上前線，反而像偷渡一樣，在清晨五點搭火車或卡車悄悄離開。不少人民軍分隊也開始派往前線，唯此刻的他們就如同過去的民兵一樣，隆重遊街出發；不過，由於社會大眾對戰爭的興趣逐漸消退，人民軍受到的擁戴亦略遜於以往。基於民兵部隊**名義上**也屬於人民軍，因此總被媒體技巧性地當成宣傳工具；一切功勞勛績皆自動歸於人民軍，所有指責非難仍由民兵團獨自承擔，有時甚至發生同一部隊因某事受褒揚、又為了某事受責難的現象。

除了上述情況，社會氛圍也開始出現驚人變化；但唯有親身體會，否則一般人很難理解或想像這種變化。初抵巴塞隆納之際，我以為這裡是一座幾乎不存在階級差異和嚴重貧富差距的城市，至少當時看起來無疑是如此：街上少見時髦打扮，無人打賞也無須卑躬屈膝，侍者、賣花女和擦鞋童人人直視顧客雙眼，直稱「同志」。當時我並未意識到，這只是希望和偽裝的綜合體——勞動階級衷心相信這是一場已經開始但尚未貫徹的革命，中產階級則因為害怕而假扮成勞動階級。革命最初幾個月，想必有成千上萬的人刻意換上連身服、高呼革命口號，藉此保身避險。但現在一切再度回歸正常。時髦餐館和飯店滿是大啖昂貴美食的有錢人，然而對勞動階級來說，糧食價格暴漲，薪資卻未相對調升；食品貨品樣樣都貴，還經常缺這缺那，不用說，窮人肯定比富人更受衝擊。飯店餐館在採購時頂多碰上一些小困難，可是勞工區內購買麵包、橄欖油和其他生活必需品的隊伍，經常動輒數百碼長。先前我在巴塞隆納沒看過半個乞討者，震驚萬分，現在隨處可見；不少打赤腳的孩子常等在蘭布拉大道前段的熟食店外，待賓客踏出店門即一擁而上討點吃食。人們不再使用「革命式」稱謂：陌生人不再互稱「你」或「同志」，比較常用「您」或「先生」；而「日安」亦逐漸取代「你好」。侍者再次套上漿挺的襯衫，店員回復卑躬屈膝的態度。我和妻子某日來到蘭布拉大道的針織品店買襪子，店老闆頻頻鞠躬哈腰、揉搓雙手——這在二三十年前的英國或許還算常見，但現在就連英國人也不時興這套了。小費文化同樣以某種拐彎抹角的方式捲土重來。工人巡邏隊受命繳械，戰前警力重返街頭，而這項改變的結果之一便是原本被工人巡邏隊勒令關閉的卡巴萊歌舞表演和高級妓院，紛紛重新開張*。此外，整個社會再次倒向富人階級的這種情況，或多或少也能從「菸

---

*據聞，工人巡邏隊關了七成五的窯子。歐威爾在勘誤表中提到：「我沒有實際證據證明戰爭初期的賣淫活動是否減少百分之七十五，但我相信，無政府主義者秉持的原則是『集體化』而非壓制賣淫場所，然而坊間倒是出現一波抵制賣淫的宣傳活動（譬如張貼海報）。高級妓院和裸體卡巴萊秀在內戰最初幾個月紛紛關閉，又在戰爭爆發約一年後重新開張，這也是不爭的事實。」

草短缺」這件頗具意義的小事上看出來。菸草短缺對廣大民眾而言是何等痛苦之事，因此街上甚至出現填充碎甘草根的香菸。我自己試過幾次，但多數人試過一次就放棄了。全西班牙的菸草皆來自加納利群島，唯加納利群島已在佛朗哥掌控之下；可想而知，共和政府僅剩的菸草肯定是戰前已有的庫存。鑑於政府菸草庫存極低，菸草鋪每週只能開店一次；你若幸運，排隊排了數小時之後說不定還能分到一小包，即四分之三盎司的菸草。理論上，共和政府禁止直接向海外購買菸草，因為這會降低黃金儲備，而國家資產必須留用於購買武器和其他必需品。事實上，西班牙國內一直都買得到較昂貴的外國菸（如 Lucky Strikes），每每以走私方式穩定供應，讓某些人有機會牟取暴利。你可以在時髦旅店公開購買走私菸，或在街上以半公開方式入手，前提是你得花十比塞塔——相當於民兵一天的薪水——買一包菸。由於走私菸品主要是為了滿足富人需求，故相當程度受到默許和縱容；有錢一切好說話，不論你想買什麼、買多少都不成問題，但唯一可能的例外是麵包，麵包配給仍有嚴格限制。這種顯著的貧富對比在幾個月前完全看不到，當時，整個社會仍由勞動階級掌控（或看似如此）；不過，若要把這種現象完全歸咎於權力移轉，其實並不公平。巴塞隆納的生活之所以相對安定，原因之一是除了偶發的空襲警報外，此地鮮少讓人想到目前仍處於戰爭狀態。去過馬德里的人都說，此地氣氛截然不同：在馬德里，危機無所不在，促使人人皆萌生不分階級的同志情感。胖子大啖鵪鶉，孩子們卻在一旁討麵包屑吃，這種景象肯定令人不齒；若四周槍響不斷，自然比較不容易發生這種情況。

印象中，我在衝突爆發一兩天後經過某時尚大街，偶然瞥見一家點心鋪櫥窗；裡頭擺滿各式糕點糖果不說，每一樣都教人垂涎欲滴，價格亦令人瞠目結舌。這是那種你會在倫敦龐德街或巴黎和平街看到的精緻小店。記得當時我隱約有種驚恐且不可思議的感覺：即使在這個迫於戰爭而導致人民必須挨餓的國度，仍然有人能把大把銀子花在這類奢侈開銷上。說句不好聽的，我很難假裝世上沒有貧富貴賤這回事。過了幾個月不舒服的日子之後，我極度渴望一頓精緻料理、上等紅酒和雞尾酒，也許再來幾根美國菸等等；而我也承認，只要負擔得起，我不會放過前述任何一項奢侈享受。衝突爆發前一週，我個人出了些狀況，且彼此牽連：首先，誠如我先前所提，我忙著讓自己盡可能過幾天好日子；其次，由於過度飲食和飲酒，我的健康狀況稍嫌不佳——我會因為身體不舒服而倒頭睡個老半天，然後起床大啖過度豐盛的一餐，然後再次因此不舒服。在此同時，我也多方祕密探詢交涉，想弄到一把手槍。我太想要手槍了。比起步槍，手槍更適用於壕溝戰，不過卻非常不容易取得。共和政府將手槍分配給警察及人民軍軍官，卻拒絕發配給民兵組織，因此你只得花錢買，而且還得透過無政府主義者經營的非法商店祕密購得。經過一連串阿諛奉承、威脅利誘，一位無政府主義友人終於設法幫我弄到一把小巧的點二六自動手槍。雖然這小東西射程不超過五碼，至少聊勝於無；況且我也在進行各種準備與安排，打算離開民兵團、進入其他保證能送我去馬德里前線的單位。

我許久前就跟各位提過，我計畫離開馬統工黨民兵團、投效無政府主義組織，這純粹基於個人意願和傾向。若能成為全國勞工聯盟成員，我就有機會進入非正式的無政府主義聯盟民兵團；可是有人告訴我，聯盟有意派我去特魯埃爾而非馬德里，若我執意要去馬德里，勢必得進入國際旅，意即我必須取得共產黨員的推薦才行。我找上一位隸屬西班牙醫療團的共黨友人，說明我的情況；他似乎相當急於吸收我加入共產黨，還問我能不能說服其他獨立工黨的英國民兵一起入黨。如果當時我身體狀況還不錯，應該當下就會答應了。現在看來，那時是否入黨究竟有何差別，實在難下定論，但我說不定會在巴塞隆納街頭衝突爆發之前，就被送到阿爾巴塞特；若真如此，由於我並未近身目睹衝突實況，我極可能不疑有他，直接接受官方版本。另一方面，若衝突期間我人雖在巴塞隆納、心繫馬統工黨卻必須服從共產黨命令，我的處境肯定頗為尷尬難熬。不過，當時我還有一週休假，而且我急著想把身體養好再回前線，再加上全西班牙陸軍上下找不到一雙夠大、合我尺碼的軍靴，故我得等鞋匠替我特製一雙行軍鞋才能動身（決定個人命運的總是這類芝麻小事），所以我對這位共黨友人說，我晚一點再明確答覆他。而我也想好好休息。我甚至覺得我和妻子或許可以去海邊住個兩三天，這主意多好！那時的政治氛圍肯定令我隱約有所警覺，認為往後要想過這種清閒日子，大概不容易了。

那是因為，在粉飾太平的偽裝底下，在奢華與貧窮雙雙劇增的情勢之下，在街頭花攤處處、彩旗飄揚、滿城宣傳海報與人群攢動等看似歡樂的氣氛背後，任誰都能感受到一股明確的政治對立與仇恨。不論抱持何種觀點或立場，眾人無不帶著預感說道：「再過不久就要出亂子了。」這場危機簡單明瞭：兩股勢力劍拔弩張，一方希望革命繼續，另一方傾向阻撓或防止革命發生，最終仍不脫無政府主義者和共產黨的敵對狀態。就政治層面來說，加泰隆尼亞地區目前僅存加統社黨——及其自由派同盟——這一股主要勢力；與之對立的則有實力不明的全國勞工聯盟。全國勞工聯盟的武裝程度不及加統社黨，也比其他對手更不確定自己的路線取向；然而該聯盟仍有一定程度的影響力，理由是成員人數眾多，以及成員多是各重要產業的佼佼者。基於這種複雜的角力傾軋，麻煩由此而生。站在受加統社黨控制的加泰隆尼亞政府觀點來看，為確保地位，他們的首要任務是取得全國勞工聯盟握有的武器裝備。誠如我在第五章提出的看法，解散民兵正是為了這個目的所使出的伎倆；而舊有的武裝警力、民防警衛隊等單位不僅重獲重用，編制和裝備亦提升不少。這一切只代表一種可能，其中又以民防警衛隊最具意義，因為民防警衛隊乃是直接隸屬國家的憲兵單位，過去一個世紀以來大都扮演統治階級貼身護衛的角色。此外，政府還頒布命令，要求人民繳出私有武器。想當然耳，沒有人願意遵從命令，故顯然唯有訴諸武力才能取得無政府主義者手中的武器。這段時間，加泰隆尼亞各地謠言四起，並且因為媒體審查制度而導致消息模糊不清，或彼此衝突。許多地方的武裝警力甚至針對無政府主義組織要塞發動攻擊。在法西邊界的普伊格塞爾達，政府派出邊防警察進駐原本由無政府主義者把持的關務局，知名的無政府主義者安東尼奧．馬丁亦遭殺害。菲格拉斯同樣上演類似劇碼，我認為塔拉戈納也差不多；而巴塞隆納近郊屬於勞動階級聚集的區域，兩派人馬持續發生非正式衝突。過去這段時間，全國勞工聯盟和勞動者總聯盟連續發生殺戮事件，其中幾樁甚至還舉辦頗具煽動意味的大型葬禮，挑起政治仇恨的意圖十分明顯。不久前，一名全國勞工聯盟成員被殺，該聯盟號召上萬人送葬。四月底，也就是我回到巴塞隆納後不久，勞動者總聯盟要角羅丹．柯塔達亦遭暗殺，極可能是全國勞工聯盟成員所為，於是共和政府下令商店全部關閉，為其舉辦浩大的送葬遊行；參與遊行的主要是人民軍部隊，人數之多，光是通過單一管制點就耗時近兩個小時。我站在飯店窗內冷眼旁觀，這所謂的「葬禮」擺明了是要展示兵力；若再多來個幾回，難保不會擦槍走火。當晚，妻子和我被一連串槍聲驚醒，聲音來自一兩百碼外的加泰隆尼亞廣場。隔天，我們得知全國勞工聯盟有人被殺，下手的應該就是勞動者總聯盟。不過，這些謀殺案亦極有可能是**破壞份子**從中挑釁。從外資媒體大肆報導羅丹・柯塔達命案卻謹慎避談另一方報復謀殺的處理方式來看，不難理解外媒看待這場共產黨、無政府主義者惡鬥紛爭的態度。

勞動節就快到了，聽說全國勞工聯盟和勞動者總聯盟決定合辦超大型遊行活動。過去這段時間以來，態度比基層成員更溫和的全國勞工聯盟領袖們一直在和勞動者總聯盟調停和解。事實上，雙方協商的最主要宗旨就是試著將兩大勞工團體合併成一個更大的聯盟。最初的構想是兩個聯盟的成員並肩遊行，展現團結，但遊行仍在最後一刻取消：情勢非常明顯，這場活動最後肯定以暴亂終結。於是五一那天，巴塞隆納什麼活動也沒有——這裡可能是整個非法西斯歐洲之中唯一沒慶祝勞動節的城市；對這座「革命之城」來說，這可是相當奇怪的現象。但我承認我倒是鬆了一口氣，因為大夥兒原本以為英國獨立工黨小隊會走在馬統工黨的隊伍裡，也認為此舉可能惹出麻煩。我個人最不樂見的就是被捲入無意義的街頭槍戰：上街跟在一面面印著慷慨激昂口號的紅旗幟後面，然後被某個我不認識、手持衝鋒槍、躲在樓上窗台後面的人一槍打死——這完全不是我心目中有意義的死法。

第十章

五月三日中午左右，一位朋友穿過飯店娛樂室走向我們、壓低聲音說：「電信交換所那邊好像不大平靜。」不知為何，當時我並未把這件事放在心上。

那天下午，大概三四點左右，我走在蘭布拉大道上，突然聽見後方傳來幾聲槍響。我轉身，看見幾名手持步槍、頸間繫著無政府主義紅黑帕巾的年輕人，謹慎朝大道北端的一條小巷移動，顯然正在和控制那條巷子的八角塔（我猜是教堂）裡的人駁火。我馬上想到「開打了！」卻不大意外，因為過去這幾天，大家都覺得衝突可能一觸即發。我明白我應該立刻返回飯店，確認妻子安全無虞，但聚在巷口的那幫無政府主義者大喊要大家退後，不要穿越火線。街上繼續爆出更多槍響。高塔射出的子彈飛掠大街，人群驚惶失措地在蘭布拉大道上奔逃，遠離駁火現場。大道上的店家紛紛關上櫥窗鐵柵，嘎啦嘎啦聲此起彼落。我看見兩名人民軍軍官按著手槍，以沿途路樹為掩護謹慎撤退；在我前方的大批民眾湧入大道地鐵站，暫時避難。我當下決定不跟隨群眾行動，因為那樣說不定得困在地鐵站裡好幾個鐘頭。

這時，一位曾經和我一起待過前線的美國醫生跑向我，一把抓住我的手臂，情緒激動。

「快！我們得去獵鷹旅店！馬統工黨的夥伴要在那邊會合。要出亂子了，大夥兒得快點集結才行。」獵鷹旅店類似寄宿公寓，由馬統工黨經營，主要供民兵休假暫住使用。

「這該死的到底是怎麼一回事？」我問。

醫生拽著我的手臂硬拉我走。他太激動，解釋得不清不楚，但顯然在好幾車突擊衛隊隊員趕赴電信交換所、突然發動攻擊時，他人碰巧就在加泰隆尼亞廣場。後來又有好些無政府主義者到場，於是爆發全面衝突。我以此推斷，稍早朋友所說的「不平靜」，應該是共和政府下令接管由全國勞工聯盟主管並維持運作的電信交換所；想當然耳，勞盟拒絕了。

我們快步走過大街，一輛卡車朝反方向疾駛而過。車上載滿手持步槍的無政府主義者，最前方是個衣服又髒又破的年輕人；他趴在一疊墊子上，守著一挺輕機槍。我倆來到位於蘭布拉大道盡頭的獵鷹旅店，已經有一群人擠在大廳入口；大夥兒似乎都摸不著頭緒，不清楚此刻該做什麼，手上也沒有武器（充當警衛的幾名突擊隊員除外）。我過街走向旅店對面的馬統工黨地區委員會辦公室，上樓來到民兵平日領餉的房間，這裡同樣擠滿了人。角落有一名著便服、個兒高、膚色蒼白、長相頗為俊俏的三十多歲男子正設法維持秩序，拿起地上的腰帶和彈藥包逐一分發。目前我沒看到任何步槍。美國醫生不見蹤影（我想應該已經有人受傷而開始召喚醫生），不過倒是有名英國人走了進來。這時，方才那位高個兒和另外幾個人從裡頭的小房間抱出好些步槍，來回分發。由於我和那個英國人都是外國人，身分稍令人懷疑，起初沒有人願意把槍發給我們；後來，我在前線認識的一位民兵也來了，他認出我，我們這才拿到槍和幾個彈匣（但他們也給得有點心不甘情不願就是了）。

遠處持續傳來槍響，大街已然空空蕩蕩。大家都說，此時不大可能直接從蘭布拉大道攻過去。政府的突擊衛隊已占據幾處制高點，誰敢通過肯定挨子彈。我本來仍打算冒險回飯店，但心裡隱約覺得地區委員會隨時可能遭到攻擊，決定還是留下待命比較好。不論樓上或旅店外的人行道，整幢屋子處處可見一小群一小群激動交談的人們；似乎沒有一個人完全清楚到底發生了什麼事，而我能蒐集到的消息就只有「突擊衛隊攻擊電信交換所」並占據多個有利位置，得以控制幾棟屬於勞工聯盟的屋房大樓。有一點頗值得注意：在這個階段，一般人的普遍印象是「突擊衛隊」正在全面追捕全國勞工聯盟及勞動階級份子，似乎沒有人把帳算在共和政府頭上。在巴塞隆納窮民階級眼中，突擊衛隊就如同「黑棕部隊」*，故老百姓理所當然以為這是突擊衛隊發起的攻擊事件。不過，我一弄清楚狀況就稍微放心了，整件事再明白不過：一邊是全國勞工聯盟，另一邊是警方。雖然我並不特別偏愛勞動階級、也無意像那些中產階級共產黨一樣，將勞動階級理想化；不過，當我看見有血有肉的人（勞工）和他們的天敵（警察）當真發生衝突的時候，無須自問也曉得自己站在哪一邊。

好長一段時間過去，我們所在的這一區似乎沒發生什麼事。我完全沒想到要打電話回飯店，問問妻子是否一切安好；我直覺以為電信交換所已完全停擺，但實際上只暫停了一兩個鐘頭而已。地區委員會和獵鷹旅店兩棟樓似乎聚集了三百多個人，主要是來自碼頭暗巷的窮民階級；其中也有不少女性，有些還抱著娃娃，此外還有一小群衣衫襤褸的小男孩。我假設他們大都不清楚實際狀況，單純只是躲進馬統工黨所在的樓房暫尋庇護。另外也有休假中的民兵以及少數幾名外國人。據我粗估，我們這一大群人大概只有六十把步槍。人流持續包圍樓上的辦公室，要求發給步槍，然後被告知現場已無槍可發。年輕的民兵小夥子似乎把這整件事當成某種郊遊野餐，四處探頭探腦，想從擁槍者手上騙走或偷走步槍。不一會兒，一個聰明小子耍詭計成功騙走我的槍；於是我再度回到兩手空空的狀態，身上僅有自己買的迷你手槍，而且只有一個彈匣。

＊譯注：皇家愛爾蘭警隊後備隊，屬於皇家愛爾蘭警隊的準軍事部隊之一，負責鎮壓愛爾蘭共和軍的革命活動。

天色漸暗，我肚子也餓了，獵鷹旅店似乎沒有食物果腹。我和朋友溜去他在附近下榻的飯店，吃點東西。街上異常幽暗寂靜，無人逗留；店家櫥窗外的鐵柵全數拉下，不過路上還沒出現路障就是了。飯店關閉、架起重重關卡，費了一番折騰才放我們進去。回到獵鷹旅店，一聽說電信交換所仍在運作，我立刻到樓上的辦公室打電話給妻子；怪了，這裡竟沒有公用電話簿，而我也不知道洲際飯店電話號碼。我一間房一間房找，找了大概一個鐘頭，最後終於在一本旅行指南上翻到號碼。我沒找到我太太，不過倒是聯絡上英國獨立工黨駐巴塞隆納代表約翰·麥克納；他告訴我那邊一切平安，沒有人遭射傷，順便問我地區委員會這邊的情況。我說，如果有菸的話，我們應該撐得過去。我這麼說只是開玩笑，但不到半小時，麥克納竟揣著兩包 Lucky Strike 出現了：他勇敢穿越漆黑大街，兩度遭無政府主義者喝斥阻攔，對方甚至還拿槍比著他、檢查他的證件。我永遠不會忘記這份小小的英勇之舉。收到香菸，大夥兒非常開心。

他們在大部分的窗口部署武裝警衛，一小群突擊隊成員則在樓下盤查寥寥無幾的路人。一輛隸屬無政府主義組織的巡邏車載著大量武器抵達，車上除了駕駛，還有一名十八歲左右的漂亮黑髮女子，腿上横著一把衝鋒槍。我花了好些時間在屋樓裡閒逛。這地方非常適合漫遊探索，很難摸透它的配置與規畫；不論走到哪兒都能看見垃圾堆、損壞的家具和撕爛的報紙，這些似乎都是革命的必然產物。大夥兒一找到地方倒頭就睡，兩名來自碼頭邊的可憐女人擠在走道的破沙發上安詳打呼。這地方被馬統工黨接管之前，原本是卡巴萊劇場；好幾間房裡都有座架高的舞台，其中一座舞台上還有一台棄置的平台鋼琴。最後我終於找到我要找的地方了：武器室。我不知道今天的衝突事件往後將如何發展，所以我非常渴望能擁有武器。我太常聽人說起，巴塞隆納的所有敵對政黨——加統社黨、馬統工黨和全國勞工聯盟——全都一副德性，都在囤積武器，因此我無法相信，馬統工黨最主要的兩棟建築物裡竟然只有我看到的那五六十把步槍。充作武器室的房間無人看守，房門亦相當簡陋，我和另一名英國人不費半點工夫就把門撬開了。我一走進庫房，我倆立刻明白馬統工黨的人沒說謊：他們**確實**沒有其他武器了。我們只找到兩打年代久遠的小口徑步槍和幾把獵槍，就連補充的彈藥也沒有。我上樓進辦公室詢問還有沒有多餘的手槍子彈。沒有，不過他們倒是有幾箱炸彈（無政府主義組織巡邏車以前幫忙運來的）。我抓起一兩個塞進彈藥包。這種炸彈設計陽春，搓捻一下頂端類似火柴的裝置就能點火引燃，很容易自爆。

大夥兒睡得四仰八叉，地上到處都是人。有個房間傳出嬰兒哭聲，哇哇不停。儘管已入五月，夜間仍氣溫直直落。我見一處卡巴萊舞台的簾幕高高捲起，遂以小刀割斷吊繩，把自己綑進布幕，希望能討幾個鐘頭好眠。我記得那晚時睡時醒，因為我仍掛記口袋裡的幾枚爛炸彈，擔心自己如果動作太大或劇烈轉身，說不定下一秒就炸翻天了。凌晨三點，那位應該是負責指揮的高個子叫醒我，給我一把步槍，安排我去守某扇窗戶。他告訴我，主導電信交換所攻擊事件的警察總長薩拉茲被捕了。後來我們得知他只是遭到免職，不過媒體報導證實了大眾的普遍猜測，也就是突擊衛隊並未收到上級命令，而是私自採取行動。天一亮，樓下的人就開始搭路障，地區委員會外頭一排、獵鷹旅店外頭也一排。巴塞隆納街上鋪的是方形鵝卵石，拿來築牆正好；鵝卵石底下是某種礫石，很適合填沙包。眾人搭路障的景象奇特又美好，若能拍下這畫面，我甚至願意付出代價。西班牙人下定決心要展開任何一項工作時，總會展現相當程度的熱情：不分男女老少，大家集體出動、撬石頭，搬進不知哪兒找來的手推車，再疊上沉重沙包，搖搖晃晃地來回運送。一名穿著民兵長褲、膝釦直落腳踝的德裔猶太小女孩站在地區委員會門口，微笑地看著大家忙進忙出。不出幾個鐘頭，路障已疊至人高，步槍兵亦在槍眼後卡好位子；有人在一堵路障底下生了火，幾個人在那兒炒蛋吃。

他們又把我的步槍拿走了，眼下我似乎也做不了什麼有用的事。我和另一名英國人決定返回洲際飯店。遠處駁火不斷，但蘭布拉大道這一側感覺相當平靜。回飯店路上，我們刻意去看看食品市場：只有極少數店家營業，門口圍著大批來自大道南邊勞工區的民眾。我們剛進市場，外頭便響起猛烈槍聲，屋頂的玻璃窗被震得嘎嘎晃動，大家飛快奔向後方幾處出口；後來仍有幾家店沒關，我們好不容易各買到一杯咖啡。我另外買了一塊羊奶起司，塞進口袋跟炸彈放在一起。多日以後，我很高興我買了這塊起司。

彎過當天稍早目擊無政府主義者開火的那個街角，路障已經架起來了。守路障的男人隔街大吼，叫我小心。據守教堂高塔的突擊衛隊朝往來的行人開槍，不分敵我，所以我先在路口暫停、再一鼓作氣衝過去；不出所料，一顆子彈呼嘯掠過，距離近得令我不舒服。來到馬統工黨黨部附近——那棟樓同樣在馬路對面——戍守大門的突擊隊員也朝我咆哮警告，但我當下沒聽懂他們說什麼；黨部大樓和我之間隔著幾棵樹和一座小書報亭（在西班牙，這種大街中央總有一條寬闊步道），所以我看不清對方手指何方。回到洲際飯店，我確認一切無恙，洗把臉之後再度前往馬統工黨黨部，請求指示。黨部和飯店在同一條街上，相距約一百碼。這一回，來自四面八方的步槍與機關槍響幾乎跟打仗不相上下。我才剛找到柯普、問他此刻我們能做些什麼，樓下便傳來一連串駭人爆裂聲，震耳欲聾，害我以為我們肯定遭野戰砲攻擊了，但其實只是幾顆手榴彈；若炸彈在石造建築之間爆炸，炸響通常會比平常大上一倍。

柯普瞥瞥窗外，豎直背上的槍桿，「咱們去瞧瞧是怎麼回事。」他說，然後以他一貫漫不經心的態度晃下樓。我跟在他後面。門裡有幾名突擊衛隊隊員像丟保齡球一樣，朝外頭的人行道扔擲炸彈；炸彈在二十碼外爆炸，那驚恐、震耳欲聾的爆裂聲間或夾雜好幾聲槍響。半條街外，有顆腦袋從書報亭後面探出來——那人是我熟識的美國籍民兵，此刻活像出沒園遊會的搗蛋鬼。我一直到事件結束後才大致釐清來龍去脈。馬統工黨大樓隔壁有間「摩卡咖啡館」，咖啡館樓上是旅店。昨天，大概有二三十名突擊衛隊隊員強行進入咖啡館；衝突發生後，他們迅速占領咖啡館、並且設置路障把自己關在裡頭。我認為他們應該是受命攻占咖啡館，為接下來攻擊馬統工黨辦公室預作準備。到了早上，這群突擊衛隊隊員試圖突圍，結果和馬統工黨的突擊隊員激烈交火，造成一名突擊隊員重傷、一名突擊衛隊隊員死亡。突擊衛隊火速折回咖啡館，這時那美國人剛好路過，儘管他沒有武器，他們仍朝他開槍。美國人飛撲至書報亭後找掩護，於是我方突擊隊員動手扔炸彈，想把突擊衛隊逼回咖啡館內。

柯普迅速評估情勢，大步向前，硬把一名紅髮德籍突擊隊員往回拽——後者才剛用牙齒咬掉手榴彈插銷。柯普大吼，命令所有人退回大門內，再以多種語言告訴大家必須避免流血傷亡。接著，他出門站上人行道，在突擊衛隊隊員注視下大動作解開槍帶、放在地上，兩名西班牙民兵軍官也照辦，三人緩緩走向突擊衛隊隊員聚集的門口——就算有人給我二十英鎊，這種事我也不幹。他們沒帶武器，就這麼走向一群嚇得失去理智、個個荷槍實彈且已經上膛的敵方武裝人員。

一名著短袖、害怕得面無血色的突擊衛隊隊員走出大門，與柯普談判，激動地不斷指向躺在人行道上的兩顆未爆彈。柯普回來，表示我們必須引爆那兩顆炸彈；炸彈晾在那兒，對路過的任何人來說都很危險。一名突擊隊員立刻舉槍射擊並順利引爆，不過第二次卻失手了。我請他把槍借我，單膝跪下後瞄準射擊；可惜我也沒打中。這是我在整場騷動中開的唯一一槍。咖啡館招牌碎玻璃散落一地，店門外停著兩部車；其中一輛是柯普的公務車，車身布滿彈孔，擋風玻璃也被炸彈震碎了。

柯普再次領著我回到樓上，說明情況：如果對方發動攻擊，我們必須守住馬統工黨的幾棟建築物，但上頭也指示我們以防衛為主，能避免開火就盡量不開火。這棟大樓正對面是「波里奧拉馬電影院」，樓上是博物館；樓頂比一般屋頂還高，上頭有一座小巧的雙穹頂瞭望塔。瞭望塔可俯瞰大街，故有幾名馬統工黨武裝民兵駐守在這兒，預防任何可能攻擊。劇院老闆是全國勞工聯盟成員，同意我們自由進出；至於突擊衛隊隊員滯留咖啡館內，咖啡館亦不覺得困擾，橫豎隊員們無意鬧事，只想好好待著，店家樂見其成。柯普重申上頭的命令：除非我們的人或建築物遭受攻擊，否則任何人不得任意開火。我的猜想是，雖然柯普沒明說，馬統高層對於無端受牽連感到相當憤怒，卻也認為必須跟全國勞工聯盟站在一起。

劇院樓頂的瞭望塔已完成部署。接下來三天三夜，除了利用空檔短暫溜回飯店用餐，我都待在波里奧拉馬樓頂支援。待在這裡並不危險，而且這段時間最糟糕的處境也只有無聊和肚子餓；即使如此，巴塞隆納街頭對峙這幾天仍是我一生中最難熬的一段時光——我這輩子鮮少有過比這幾天鬼日子更難受、更幻滅，以至於更折磨人的痛苦經驗。

我總是枯坐樓頂，感歎一切實在愚蠢至極。從瞭望塔小窗望出去，可見方圓數里內的景象：一棟又一棟高樓、玻璃穹頂，以及奇異壯觀、鋪覆鮮綠與赭紅碎磚的波浪屋頂；東面遠處則是波光粼粼的淡藍大海——這是我來抵西班牙後首度看見海洋。這座擁有百萬居民的泱泱大城竟囚禁在慣常的暴力陰影中，籠罩在看不見動作的噪音夢魘之下。陽光照耀空蕩蕩的街道。除了不時從架了沙包的窗口或路障後飛出的連串彈流，街上什麼事都沒有。路上沒有半輛車。蘭布拉大道兩旁倒是有幾輛街車，各自停在對戰爆發時、司機拋車走避之處。然而那些恐怖的噪音巨響仍在數千棟石造大樓間反覆回響，磅－磅、噠噠噠，噠噠噠－轟，持續不斷，一刻不歇，猶如熱帶暴風雨。有時候，駁火聲逐漸消退，只剩零星槍響，有時又疾速加劇，連發刺耳；雙方不到天黑不停手，翌日清晨復又準時開火。

起初，街上到底發生哪些事、誰與誰對戰、誰輸誰贏，一切全都難以探知。巴塞隆納居民已將此次衝突視為日常，對衝突雙方的地理位置亦瞭若指掌——大家似乎直覺知道哪個黨會占據哪條街或哪棟樓——使得外國人處於絕對劣勢。從瞭望塔望出去，可以看出蘭布拉大道明確畫出一條分界線：蘭布拉大道是市區主要幹道，大道右邊屬於勞動階級聚集區，堅定支持無政府主義組織；至於大道左側的曲折小巷則是本次混沌不明的對峙現場，或多或少受加統社黨突擊衛隊控制。在靠近我們這一側的大道上，還有加泰隆尼亞廣場周邊一帶，政治色彩十分複雜，若不是各大樓紛紛插上政黨旗幟，否則很難明確理解各方勢力範圍。這一帶的主要地標是可俯視加泰隆尼亞廣場的「科隆飯店」，該飯店也是加統社黨總部。巨大的招牌橫過飯店立面，而招牌字母之間最靠近「6」的那扇窗躲著一名機槍手，從這個制高點掃射廣場肯定能收得致命效果。順著蘭布拉大道往我們右方前進一百碼，即是馬統工黨青年部「社會主義青年聯盟」占領的大型百貨公司；社青聯是馬統工黨青年部，相當於英國的「青年共產主義聯盟」。他們在窗口鋪沙包，而那幾扇窗就對著瞭望塔；原本的紅旗也被扯下來，換上加泰隆尼亞令旗。至於本次事件的引爆點「電信交換所」，則有加泰隆尼亞令旗和無政府主義旗幟並肩飄揚。我想交換所那邊應該已暫時達成協議，讓所內業務能繼續運作，大樓也未再發生駁火事件。

我們這裡可說是異常平靜。摩卡咖啡館的突擊衛隊放下鐵捲門，並將館內桌椅疊成路障；之後又有六名隊員登上我們對面的屋頂，拿床墊架起另一道屏障，掛上加泰隆尼亞令旗。但他們顯然無意開火。柯普已和他們達成明確協議：只要他們不對我們開火，我們也不會開槍回敬。這會兒柯普已和對方處得十分熱絡，甚至多次造訪摩卡咖啡館；不用說，突擊衛隊早就把咖啡館裡所有能喝下肚的玩意兒都搜刮得差不多了，但他們還是拿出十五瓶啤酒致贈柯普。柯普亦禮尚往來，送上一把步槍，作為對方日前意外損失的補償。儘管如此，劇院樓頂仍瀰漫著一股詭異氣息。有時候，我實在是煩了，壓根不想理會那些該死的槍聲騷動，鎮日埋首企鵝出版的系列叢書（好在我幾天前碰巧買了幾本）；有些時候，我會清楚意識到五十碼外那些緊盯著我的武裝隊員，感覺就像重回戰壕，甚至有好幾次我還脫口將「突擊衛隊」說成「法西斯」。突擊衛隊通常會派六名隊員上屋頂，我方則是兩座穹頂瞭望塔各派一員，其餘全坐在塔底的鉛板屋頂上，除了一道石籬外毫無蔽護。我明白，對面的突擊衛隊隨時可能接到電話受命向我方開火，不過對方也答應我們，放槍前會出聲警告；至於他們會不會百分之百履行承諾，不得而知。倒是有一次，雙方真的差點擦槍走火：有個突擊衛隊隊員突然跪下來躲在屏障後方開槍射擊；當時我正好在瞭望塔值班，見狀立刻舉槍瞄準他、同時大吼：

「喂！你幹麼開槍打我們！」

「什麼？」

「不要對我們開槍！否則我們一定打回去！」

「沒有！我沒有！我不是打你！你看，看下面！」

他拿槍指著緊鄰我們這棟建築的窄巷。果真有事：一名著藍色工作服的年輕人躲在轉角，手裡拿著步槍。顯然他剛才曾經朝屋頂的突擊衛隊隊員開槍。

「我打的是他！而且是他先開槍的。更何況我們才不想打你們咧，大家都是勞工同志，你我都一樣。」我相信他。

他行了一個反法西斯的「握拳舉手禮」，我亦回禮。接著我又喊：

「你們那邊還有沒有啤酒？」

「沒有，都喝完了。」

同日某刻，我探出窗外，這時在同一條街上、遭社青聯占據的那棟大樓突然有人沒來由地朝我開槍；也許是我的動作導致對方下意識開火吧，因此我並未還擊。儘管他和我僅相隔一百碼，子彈仍嚴重失準，連瞭望塔的屋頂邊都沒擦到。西班牙人的射擊水準再一次救了我。其後數日，那棟建築仍多次朝我開槍。

惱人的子彈飛來飛去，騷擾不斷。不過就目前所見所聞，雙方皆屬防禦性質駁火。城裡的人不是留在室內或躲在路障後面，再不然就是朝敵人開火。離我們這兒約八百公尺處有一條街，街上不僅有好幾處全國勞工聯盟和勞動者總聯盟的重要辦公地點，而且幾乎都在彼此正對面；也因為如此，那個方向傳來的戰鬥聲響特別猛烈。巷戰衝突結束那天，我走過那條街，看見店家的窗玻璃像篩子一樣都是彈孔（巴塞隆納店家會在窗戶貼上十字交叉，故玻璃遭子彈擊中不會破成碎片）。機關槍與步槍噠噠噠的槍響偶爾伴隨手榴彈爆炸，並且每隔一段時間——印象中總共有十幾次——就會聽見劇烈且沉重的爆炸聲。我完全不曉得那聲音是怎麼來的，聽起來像空襲炸彈，但按理說不可能，因為我沒看見半架飛機。後來有人告訴我，那全是**破壞份子**幹的好事（這消息極可能是真的）：他們刻意製造大量爆炸事件，意圖增加騷動、催升大眾的恐慌程度。我聽得非常仔細，那不是砲聲；如果連火砲都出動，表示情勢已十分嚴峻，因為火砲在街頭衝突中具有決定性的地位。後來，報紙上出現各種關於街頭駁火的天方夜譚，卻沒有一則能明確指出是哪一棟建築遭砲彈擊中。總之，這類聲音我們在前線聽多了，應該不會聽錯。

自衝突發生那天起，城內糧食即處於短缺狀態。由於突擊衛隊頻頻狙擊蘭布拉大道上的可疑目標，因此我們的人只能冒著危險，藉天黑做掩護，從獵鷹旅店送食物到馬統工黨黨部，讓駐守在此的十五至二十位民兵填填肚子。但食物總是不夠，所以我們之中有好些人會盡可能去洲際飯店用餐。加泰隆尼亞政府早已將洲際飯店「集體化」，故此處被眾人視為中立區；洲際飯店不像其他多數飯店或旅館，不是支持全國勞工聯盟、就是倒向勞動者總聯盟。衝突發生後不久，洲際飯店即人滿為患，組成份子三教九流都有，包括外國記者，各種立場或背景色彩的政治嫌疑犯，一名投效西班牙政府的美國飛行員，多位共產黨代表（包括一名來自俄羅斯、相貌陰險的胖子，據說是化名「陳查理」的格別烏*特務，腕帶上永遠綁著一把手槍和一枚小型炸彈），幾個富裕的西班牙家庭（似乎傾向法西斯），兩三名國際旅傷兵，一票來自法國某大貨運公司的卡車司機（他們載著大批橘子準備返回法國，被戰事卡在路上），還有好幾位人民軍軍官。人民軍因為身分關係，目前仍保持中立，不過還是有好些士兵偷偷溜進路障，以個人名義參

* 譯注：陳查理（Charlie Chan）是美國作家艾爾・德爾・畢格斯（Earl Derr Biggers）筆下華人探長。格別烏（OGPU）：前蘇聯國家政治保衛局代稱。

與戰鬥。譬如星期二早上，我就在馬統工黨設置的路障附近看見一兩名士兵。剛開始，在糧食短缺還不嚴重、媒體也還未煽動仇恨以前，整個社會傾向將這起衝突視為一場笑話；大家都說，巴塞隆納幾乎年年上演這類衝突。我們的好朋友、義大利記者喬治・提歐里走進大樓，褲管被鮮血浸透；稍早他出門去看看情況，發現人行道有人受傷，遂上前協助包紮，這時竟然有人開玩笑地拿手榴彈扔他。幸好他的傷勢不嚴重。我還記得他對巴塞隆納鋪路石的評語：這些石頭都該編號，如此在架設和拆除路障時，定能省下大量麻煩。我也記得，我常在守完夜哨後又累又餓、渾身髒兮兮地回到飯店時，會發現好些國際旅的傢伙大剌剌坐在我房裡；態度中立，不帶敵意。如果他們是忠實的共產黨員，照理說應該會慫恿我換邊站，或甚至動手壓制我並搶走我口袋裡的炸彈（口袋鼓鼓的很明顯）；但他們只是同情我竟然必須在休假期間上屋頂輪值守哨。他們普遍抱持的態度是：「這只是無政府主義者和警方之間的小爭執，沒什麼大不了。」儘管戰鬥規模和死傷人數不大符合「小爭執」的定義，但比起官方認定這是一場「有計畫的暴動」，我認為前者比較接近事實。

大概到了星期三，也就是五月五日左右，情勢似乎起了變化。店家紛紛拉下鐵柵和護窗板，街上感覺陰森森的。往來的路人極少，大都有要事而不得不出門；他們躲躲藏藏地不時揮舞白手帕。蘭布拉大道中段有一處地方比較安全，不會被子彈打到，於是好幾個人站在那裡，對著空蕩蕩的大街兜售報紙。前一天，也就是星期二，無政府主義組織經營的《工人團結報》還用「極惡劣的挑釁行為」或類似描述形容電信交換所攻擊事件，然而到了星期三，該報卻態度丕變，央求大家回去工作。無政府主義組織各領袖也透過廣播傳遞同樣的訊息。約莫在電信交換所被攻擊的同一時間，馬統工黨《戰鬥報》辦公室也在毫無防備之下遭突擊衛隊突襲占領；幸好當天報紙仍正常出刊（轉至他處印製），賣出的數量也不算太少。這件事促使眾人決定留下來，繼續堅守路障。每個人都在心裡選邊站，不安地揣想這次事件該如何落幕；雖然我懷疑現在有誰敢走出路障、回去工作，但大家也都厭倦了無意義的戰鬥。顯然這場衝突不會導向任何實質結果，因為誰也不希望它發展成大規模內鬥，以致輸掉對抗佛朗哥的戰爭。聽說各黨各派都曾言及這層恐懼。截至目前為止，我們只能從坊間流傳的說法大致猜測，全國勞工聯盟上下此刻，或說打從衝突發生至今只有兩項要求：交還電信交換所，解除突擊衛隊武裝並令其撤出。假如加泰隆尼亞政府答應做到這兩件事，同時杜絕糧食中盤商牟取暴利的行為，要在兩小時內撤光街頭路障幾乎不是問題。但政府顯然不肯讓步。於是醜惡謠言滿天飛，說是瓦倫西亞政府*已派出六千士兵意圖占領巴塞隆納，而無政府主義組織加上馬統工黨的五千民兵部隊已離開亞拉岡前線，意圖與之對抗；但只有前者才是事實。從瞭望塔看出去，隱約可見戰船灰影逐漸北上接近港口。道格拉斯·莫伊爾以前做過水手，他說這些船看起來像英國驅逐艦。事實上它們的確是英國驅逐艦，只是當時我們並不知道罷了。

那日午後，我們聽說西班牙廣場有四百名突擊衛隊隊員投降，把武器交給無政府主義組織成員；此外，新聞媒體雖提及全國勞工聯盟已控制市郊區域（主要是勞工聚集區）的消息，卻仍模糊帶過。照這樣看，我們似乎是贏了，但柯普稍晚又把我找去，面色凝重地告訴我：根據他剛才收到的消息，共和政府打算掃蕩馬統工黨、對馬黨宣戰。我震驚不已，當下閃過一個念頭——這也是我第一次作如是想：將來，這件事極可能被用來當作藉口。我依稀預見，待衝突結束後，政府會把過錯全推給馬統工黨——他們勢力最弱，所以是最好的代罪羔羊。因為如此，我們這一區的和平狀態亦將告終；假使政府向馬統工黨宣戰，那麼我們別無選擇只能防衛，而黨部隔壁的突擊衛隊肯定也會受命攻擊我們。先發制人是我們唯一的機會，而柯普正守在電話旁，等候命令下達；一旦確認政府將掃蕩馬統工黨，我們必須立刻做好準備以攻占摩卡咖啡館。

我還記得那個噩夢般的漫長黃昏。我們強化防禦工事，積極備戰：先是鎖上大門入口的鐵捲門，再用改裝工人留下的石板，在鐵捲門後架設屏障，最後盤點武器。除了波里奧拉馬頂樓的六挺槍，我們手邊還有二十把步槍（一把故障），每把槍大概可分配到五十發子彈；此外就僅剩炸彈數打和幾把自動手槍、左輪手槍。黨部有十來個人請纓執行攻占任務，多數是德國人。命令一旦下達，我們想當然耳從屋頂進攻，而時間大概在破曉前後，如此才能攻他們個措手不及；對方人數比我們多，但我們士氣高昂，無疑能一舉攻下敵營，不過人人都必須有視死

＊譯注：一九三六年國民軍叛變後，西班牙共和政府自馬德里遷往瓦倫西亞。

如歸的決心。大樓裡的食物僅剩幾片巧克力，甚至謠傳隨時會斷水；至於是**誰下令**切斷大樓供水，沒人知道；可能是控制水廠的共和政府，也可能是全國勞工聯盟。不管怎麼樣，我們費了好些工夫蒐集各種桶子，並且在每一處洗手台蓄水。就連突擊衛隊送柯普的十五瓶啤酒——如今只剩空瓶——也拿來利用。

我心情極糟、累得像條狗，整整六十個鐘頭沒好好睡覺。時間已經很晚了，大夥兒直接躺在樓下的屏障後呼呼大睡。樓上有個小房間，房裡有沙發，我們打算把這兒當作臨時救傷站，只是大樓裡連繃帶碘酒都沒有；妻子也從飯店趕來，以免屆時需要護士協助。我躺在沙發上，想在發動攻擊前睡個半小時。我想我大概回不來了。我還記得腰帶上的手槍戳進後腰，搞得我很不舒服，下一秒卻突然驚醒，發現妻子站在我旁邊。外頭已是大白天，但什麼事都沒發生：共和政府既未對馬統工黨宣戰，大樓也沒斷水，除了街頭仍有零星駁火，此外一切正常。妻子說，她實在不忍心叫醒我，便在前頭房間的扶手椅上睡了一晚。

那天下午，雙方似乎暫時停火。槍聲突然平息，街上滿滿都是人。好些店家拉起鐵門營業，市場也湧入大量人潮採購食物，唯攤鋪幾乎都是空的；此外，街車也還停在路邊。摩卡咖啡館裡的突擊衛隊仍設障戍守，已強化防禦的兩棟馬統工黨建物也未疏散淨空。居民四處奔走、設法買到食物，而你不管到哪兒都能聽見有人焦慮詢問：「真的結束了？你覺得還會再打起來嗎？」現在，這場衝突儼然被視為某種天災，就像颶風或地震一樣隨時可能再度發生，任誰都可能遇上，且無力阻止。果不其然。我認為停火大概維持了幾個鐘頭，卻彷彿只過了幾分鐘——某處突然爆出一陣槍響，宛如六月暴雨，逼得大夥兒狂奔四散；鐵門再度拉下，大街像被施了魔法瞬間清空，敵對雙方再一次回到路障或屏障就位。又打起來了。

我怒不可遏、忿忿不平地回到屋頂上崗。我認為，置身這類事件或多或少像在創造歷史，照理說應該會自覺是個「歷史人物」；事實上完全不是這麼回事。因為在這種時候，當下的具體細節遠比其他一切事物更重要。在五月衝突期間，我沒有一次能正確「分析」情勢，然而遠在數百里外的新聞記者卻總是武斷下定論。對於這場可恥又兩敗俱傷的內部衝突，我最在意的不是誰對誰錯，而是日日夜夜難受又無聊地坐在這個討厭的屋頂，飢餓程度與日俱增——大家從星期一開始就沒吃過一頓像樣的飯了。我無時無刻不在想，等這樁鳥事結束，我要馬上回前線去。我愈想愈氣。我在前線待了整整一百一十五天，迫不及待地回到巴塞隆納，想舒舒服服休息幾天，結果卻把時間耗在這屋頂上，坐在跟我一樣無聊發愁的突擊衛隊守軍對面。他們不時向我揮手，表示他們也算「勞工」（意思是希望我別對他們開槍）；但我相信，一旦接到攻擊指令，他們肯定毫不猶豫立刻開火。如果這就是歷史，那還真是一點歷史感也沒有，甚至像極了前線那些不開心的時光：人員不足，害大夥兒得超時站崗；我們誰也不是英雄，只是一個個必須待在崗位上無聊到打瞌睡、對正在發生的一切毫無興趣亦毫不關心的人。

飯店住客形形色色，幾乎沒人敢把頭探出大門，一股可怕不祥的氣氛逐漸升溫。有好些人似乎染上「間諜錯亂症」，終日鬼鬼祟祟議論耳語，懷疑哪些人是共產黨，哪些人屬於托派、無政府主義組織或其他單位派來的間諜，又有哪些不是。那位俄國胖特務不時圍堵各國避難人士，信誓旦旦地指稱整樁事件全是無政府主義者的陰謀。我對他挺感興趣的，因為，撇開記者不談，這是我頭一回見到以說謊為業的人。看著這些人躲在飯店緊閉的門扉之後，無視窗外槍林彈雨，依然裝模作樣過著假惺惺的時髦生活，說實話還挺教我反感的。自從有顆子彈射穿用餐室窗戶、擦過廊柱，該處即遭棄置不用，大批住客全擠在後方另一處陰暗空間用餐；即使住客來來去去，位子總是不夠。侍者人數大減，因為他們有些是全國勞工聯盟成員，故已暫時脫下漿挺的制服後加入大罷工；飯店依舊維持做作的上餐儀式，但實際上幾乎沒什麼東西可吃了。那個星期二晚上，主餐只有一**條**沙丁魚。麵包已多日不供應，葡萄酒庫存也愈來愈少（所以我們的佐餐酒年分也愈來愈老、價格愈來愈高）；後來，衝突結束後，這種糧食短缺的情況仍持續了好一陣子。我依稀記得，妻子和我一連三天早上都只分到一小塊羊奶起司，沒有麵包也沒有飲料；唯一供應充足的是柳橙，因為那群法國司機車上載的全是柳橙。這幫司機一個個看起來都是硬漢，身邊總是跟著穿黑長衫的搬運工，另外還有好幾個豐滿的西班牙妞兒。若是平時，勢利的飯店經理總會處處為難他們——坦白說，他們根本不會讓這幫人踏進飯店一步；但此時此刻，這幫人比我們其他住客更受歡迎，因為他們都有私下熟識的麵包店，故大夥兒無不逢迎諂媚以設法弄到幾塊麵包。

最後一晚，我徹夜待在劇院樓頂；翌日，這場衝突看來是真的要結束了。那天是星期五，印象中沒有太多槍聲駁火。大家都不確定瓦倫西亞軍隊是不是真的來了，結果他們在當天傍晚抵達。共和政府威脅恐嚇、溫和利誘，透過廣播請求大家盡速返家，並表示在幾個鐘頭後，任何私自持有槍械的人都會遭到逮捕；沒幾個人認真聆聽政府廣播，不過守在各處路障的老百姓們倒是漸漸消失了。我毫不懷疑這是糧食短缺所致，因為你不管走到哪兒都會聽見「家裡快沒東西吃了，我們得回去工作」這一類的話；至於突擊衛隊因為有配給可領（只要城裡還有食物，配給就不會中斷），幾乎原地留守。到了下午，商店街大都已恢復正常，只剩路障孤伶伶矗立街頭。蘭布拉大道上滿滿都是人，店家幾乎全開；最讓人安心的是，好長一段時間靜止不動的街車亦忽地復活，恢復運作。摩卡咖啡館的突擊衛隊仍未撤離，路障也沒拆，不過已經有人拉著幾張椅子出來，把槍擱腿上，坐在人行道上。路過咖啡館時，我向其中一人眨眼，對方咧嘴回我一個不算不友善的笑臉；當然，這人是認識我的。在電信交換所那邊，無政府主義旗幟已遭撤下，只剩加泰隆尼亞令旗繼續飄揚——這代表勞工組織確定吞敗。我猛然驚覺，一旦政府確認掌握局勢，更有把握，應該就會展開軍事報復行動。照理說我應該設法把事情搞清楚，無奈我政治敏感度不足，當時並未繼續關心這方面的事。那一刻我只覺得如釋重負，很高興這些亂七八糟的槍聲與混亂終於結束，而我終於可以買點吃的，好好休息喘口氣，然後再回前線去。

當天，瓦倫西亞部隊現身街頭，但時間肯定很晚了。來者包括瓦倫西亞突擊衛隊、討厭的民防警衛隊和邊防警察（邊防警察主要參與警務工作），還有特別挑選的一部分共和軍。這些人彷彿突然從地底冒出來，因為城裡隨處可見他們組成十人小隊在街上巡邏——這些人個子高，身著灰色或藍色制服，肩上掛著長槍，並且每個小隊都配有一挺衝鋒槍。但眼前我們有個棘手的情況要處理：先前設於瞭望塔的六挺步槍此刻還架在那裡，而我們必須不擇手段把槍弄回馬統工黨黨部。唯一的麻煩是過街。這批槍屬於大樓常備軍械，但是帶上街就等於違反政府禁令；如果我們被抓個正著，肯定立刻被捕，最糟糕的是槍枝還得充公；鑑於黨部僅剩二十一枝槍，我們實在擔不起再丟六把的風險。經過大量且不斷地討論，最佳方案終於出籠：我和另一位紅髮西班牙男孩負責把槍偷偷運回來。要騙過在街上巡邏的瓦倫西亞突擊衛隊並不難，難對付的是隔壁咖啡館那些本地突擊衛隊：他們很清楚我們在對面瞭望塔架了槍，如果被他們看見我們挾槍過街，他們極可能通風報信。我們倆先脫掉部分衣服，再把槍掛在左肩下；槍托抵住腋下，槍管穿過褲管。不幸的是，這些都是長毛瑟槍，即使是我這種身高的男人，褲管裡塞了槍也不可能行動自如。拖著一條完全不能彎折的左腳走下瞭望塔螺旋梯，實在是件苦差事。來到街邊，我們認為唯一可行的過街方式就是慢慢走——慢到不用彎膝蓋也能走。照相館外，一群人饒富興味地看著我鬼鬼祟祟龜速前進。我常常在想，他們會不會覺得我是否哪裡有毛病，比如打仗受傷之類的；總而言之，最後我們平安無事地把所有步槍都偷渡回來了。

隔天，城裡到處是瓦倫西亞突擊衛隊的人，像征服者一樣在街上大步晃悠。顯然，共和政府純粹只是想展示武力，威嚇那些他們已知不會反抗的民眾；如果政府當真擔心未來還會再爆發實際衝突，那麼瓦倫西亞突擊衛隊不會一小群一小群分散走在街上，而是直接進駐各處路障。這群軍警氣宇軒昂，大概是我在西班牙見過最出色的部隊；儘管我推測他們某種程度會是我們的**敵人**，我仍情不自禁欣賞他們的相貌堂堂。看著他們在街上來回巡邏，我其實有點詫異：我已經習慣亞拉岡前線那些衣著襤褸、武器有跟沒有差不多的民兵團，所以我始終不知道，原來共和政府擁有如此精良的部隊。這些軍人不只體格出眾，幾乎人手一把嶄新的「俄國步槍」更教我驚訝（這些槍雖是蘇聯送的，但我相信應該都是美國製造）。我仔細研究過這種俄國步槍，它實在完美，也遠比我們在前線使用的那些老舊又笨重玩意兒好得太多太多。瓦倫西亞突擊衛隊每十個人就配有一把衝鋒槍，且每人都有一把自動手槍；而在前線的我們約莫是每五十個人一把機關槍，至於自動手槍或左輪手槍，你只能非法取得。事實上，我直到這一刻才發現，這種情況在全西班牙各地都一樣：突擊衛隊和邊防警察壓根不上前線，但武器和服裝都比我們好得多。我懷疑自古以來的所有戰爭都是這樣：光潔時髦的後方警力與衣著襤褸的前線士兵，兩者形成強烈對比。總而言之，瓦倫西亞突擊衛隊在進城一兩天後就跟老百姓混熟了，相處融洽；不過在入城首日，雙方曾因部分隊員的挑釁態度而惹出不少麻煩（但我相信應該是上頭指使）：隊員結隊登上街車，搜檢乘客，若發現全國勞工聯盟證件，他們會直接撕掉並蓋章。此舉惹毛無政府主義武裝人士，引發衝突，導致一或兩人被殺。不過，瓦倫西亞突擊衛隊迅速收斂其高傲態度，和居民的關係亦轉為平和友善。於是我發現，入城一兩天後，他們身邊幾乎都有女伴了。

巴塞隆納的這場衝突，讓長期以來渴望染指加泰隆尼亞的瓦倫西亞政府終於找到藉口，更全面地控制加泰隆尼亞地區。工人組成的民兵團被拆解打散，重新編入人民共和軍。西班牙共和旗至此在巴塞隆納各處飄揚——除了在薩拉戈薩壕溝那回*，這應該是我頭一次看見這面旗幟。勞工區的路障皆已撤下，唯大多散置路邊；比起搭路障，將鋪路石歸位畢竟麻煩得多。加統社黨黨部外的路障獲准續留。事實上，許多地方的路障直到六月底才徹底拆除。突擊衛隊仍據守城裡幾處重要據點。政府從全國勞工聯盟多處根據地起出並沒收大量武器，不過我確信一定有許多武器逃過充公命運。《戰鬥報》獲准繼續發行，但必須接受審查，因此經常刪減到頭版全白才得以送印。反觀加統社黨的報紙就不用受此折騰，甚至還常常刊登言詞激烈的文章，要求政府掃蕩馬統工黨。馬統工黨被加統社黨抹黑成法西斯附庸，他們的黨務人員甚至還在城裡發送諷刺漫畫，將馬統工黨描繪成偷偷摘下槌子、鐮刀面具，露出臉龐醜惡猙獰並刺有「卐」記號的卡通人物。顯然，巴塞隆納五月衝突的官方版本早已定調：這是一場由馬統工黨獨力策畫的法西斯「第五縱隊」騷動事件。

衝突結束，飯店內彼此懷疑、不友善的恐怖氣氛至此升到最高點。各種詆毀指控四處流傳，眾人很難再維持平和中立的態度。郵務重啟運作，國外的共黨報紙陸續送達；他們對這場衝突的報導不僅嚴重失衡，內容亦大都與事實不符，這點並不意外。我認為，對於部分曾經在現場目睹真實情況的共產黨員來說，黨報對這樁事件的陳述與看法必定令他們灰心失望，卻仍然必須和黨站在一起。我那位共黨朋友再度找上門，問我還想不想轉進國際旅。

我倒是挺訝異。「你們報紙說我是法西斯欸！」我說，「我來自馬統工黨，我的政治立場肯定招人懷疑啊。」

「哦，那沒關係。反正你也只是聽命行事嘛。」

＊參見本書第三章。

我不得不向他坦白：經過這次事件，我不可能加入任何受共產黨控制的單位，因為這些單位遲早會被用來對付西班牙勞工。誰也無法預料何時會再爆發這類事件，但假使我無可避免必須用槍，那麼我只會拿槍跟勞工站在一起，而非對著他們。友人坦然接受我的答覆。不過從這一刻起，巴塞隆納氛圍丕變：你不能再像過去那樣「承認歧異，容納異己」，也不能和政治立場可能相左的人相談共飲。飯店休息室偶爾會爆發嚴重爭執，監獄亦早已人滿為患，空間不敷使用。衝突結束後，無政府主義者二話不說立即釋放俘虜，但突擊衛隊不僅沒有禮尚往來，還把手上的俘虜全扔進牢裡，未審先關，有些人一連關了好幾個月都出不來。由於警方一如往常地迂腐愚蠢，導致許多完全無辜的人被捕下獄。我在前面提過一位名叫道格拉斯．湯普森的民兵，自從他四月初在前線受傷以後，我們就失聯了；不過這多半是因為傷兵經常在各醫院之間轉來轉去所致。他最初被送進塔拉戈納的醫院，於五月衝突發生時後送巴塞隆納。那個星期二早上，我倆在街頭巧遇，他對城裡發生的駁火衝突感到十分困惑。他問了一個每個人都在問的問題：

「這該死的到底是怎麼回事？」

我盡可能詳細說明。湯普森聽完立刻表示：

「我才不要蹚這渾水。我的手臂還沒好，我要回我的飯店，乖乖留在那裡。」

他確實回了飯店。但不幸的是，他住的飯店剛好在突擊衛隊控制的那一區；結果飯店突遭搜索，湯普森也被逮捕後扔進牢裡，擠在一間人多到沒辦法躺下休息的小牢房裡整整八天──由此可見，在街頭衝突期間，了解城內地理位置有多重要！類似案例層出不窮。數不清的外國人因為政治紀錄可疑，只好開始逃亡，後有警察追兵，一旁還得時時擔心遭人告發；其中又以義大利人和德國人的處境最慘。他們沒有護照，而且大都遭到自己國家的祕密警察通緝，一旦被捕，這些人會被驅逐至法國，屆時極可能遣送回義大利或德國，天知道會有什麼恐怖際遇在等待他們。一兩位外國婦女迅速利用「嫁給西班牙人」的方法取得合法身分，還有個身上沒有任何證件的德國女孩，她一連數日扮成某人情婦，躲避警方追捕；某日我意外撞見她走出男人的房間，此刻我仍清楚記得她臉上恥辱又悲慘的表情。她當然不是那人的情婦，但她無疑以為我是這麼想的。在這段期間，你心裡無時無刻有一種非常討厭的感覺，擔心某個原本是朋友的人極可能向祕密警察告發你的行蹤。我幾乎被這個由街頭衝突、槍響爆炸、缺乏食物和睡眠、緊張無聊地徒坐屋頂幻想下一分鐘會不會中槍，或不得不受命朝某人開槍等等累積而成的漫長夢魘，逼得瀕臨崩潰。我緊張到每一次有人敲門就馬上拿槍。星期六早上，街上槍聲大作，人人狂呼大喊：「又開始了！」我衝上街，結果發現只是幾名突擊衛隊隊員開槍打瘋狗。在衝突當時或之後幾個月待過巴塞隆納的人，沒有一個忘得了那股由恐懼、懷疑、仇恨、新聞審查、擁擠牢房、為了買食物而大排長龍、結隊巡邏的武裝警察交織而成的恐怖氣氛。

我竭盡所能想傳達這段期間、置身巴塞隆納街頭槍戰的奇特感受，卻仍力有未逮，多有疏漏。回顧那段時光，有好些事物令我難忘，其中之一是不經意瞥見的各種日常片段。對所有非戰鬥人員、平民百姓來說，這場騷動根本毫無意義。記得我在蘭布拉大道上看見一位衣著入時的女士，手上掛著購物籃，牽著一隻白貴賓，漫步自在，然兩條街外卻槍聲不斷、子彈竄飛。料想這位女士應是患有耳疾，聽不見吧。還有一回，我看見一名男子快步穿越加泰隆尼亞廣場，兩手各抓了一條白手帕頻頻揮舞；或者，一群黑衣人嘗試越過加泰隆尼亞廣場，試了一個鐘頭還是過不去。每次他們一從巷口冒出來，戍守科隆飯店的加統社黨機槍手便立刻開火逼退他們；我不懂槍手何出此舉，因為那群人擺明了沒有武器（後來我才想到，那群黑衣人可能剛參加葬禮）。還有負責照料波里奧拉馬劇院樓上那座博物館的小個兒先生，他認為整樁事件不過就是一般社交互動。他很開心有英國人來看他——「英國人心地好善良。」他說。他希望這次麻煩結束以後，我們能再去拜訪他（後來我也真的履行承諾去看他了）。另外還有一個人，也是小個子，他躲在劇院門口，朝加泰隆尼亞廣場方向探頭探腦，以一副彷彿在說「這是個美好的早晨」的口吻神情愉悅地說：「七一九又要重演啦*？」又譬如幫我做軍靴的鞋店。我在衝突前後都去過那家鞋店，在五月五日極短暫的停火期間也去過幾分鐘；那家店的鞋子不便宜，店員皆隸屬勞動者總聯盟，或許也都是加統社黨黨員——總之就是政治立場相對的人（他們知道我在馬統工黨民兵團）。儘管

---

*譯注：一九三六年七月十九日，全國勞工聯盟和勞動者總聯盟呼籲勞工武裝反抗國民軍（佛朗哥）。

如此，他們仍公正、不帶偏見地對待我。「真是的，竟然發生這種事，您說是不是？這樣對生意也不好。為什麼不趕快停下來呢！」等等。這種人肯定非常多，說不定巴塞隆納絕大多數的居民都是這種態度：他們對這場衝突絲毫不感興趣，又或者跟他們對空襲的反應程度差不多。

我在本章描述的僅僅是我個人的經驗與感想，往後會在第十一章盡可能探討更大更重要的議題——包括實際上發生了什麼事及其後續結果、整樁事件的種種對錯，以及如果有人該為此負責，應該找誰負責。巴塞隆納的這場衝突衍生諸多政治資本，我們應該試著權衡對照，平衡觀之，這點非常重要。關於巴塞隆納五月衝突，目前已有極大量的相關報導，足以編成一本書；但是，若我說其中有九成都不是真的，此言並非誇大。當時幾乎所有報導都是不在現場的記者寫的，不僅論證不精確，甚至刻意誤導；但一如既往，只有一方的提問得以見報，訴諸大眾。我跟事發當時身在巴塞隆納的每個人都一樣，只能看見當下發生在自身周遭的事件，然而，光是這些就足以反駁各地流傳的諸多謊言。若讀者對政爭、一票名稱混亂的政黨及其次群（頗有中國將軍姓名的況味）不感興趣，請跳過這個部分。要想進一步理解黨派政爭的細節，就像跳進糞坑一樣恐怖又討厭；不過，我仍須盡力嘗試，設法分辨並確立事實真相。這場發生在遙遠城市的衝突惡鬥，可能比表面上看起來更為重要。

第十一章

關於這次發生在巴塞隆納的街頭衝突，由於必要紀錄付之闕如，因此要想完整、精確、公平不偏頗地呈現，幾乎不可能；未來，史家僅能參考大量政黨文宣或互相指控的資料，除此之外一概不存在。至於我，除了自己親眼所見，以及從其他我認為值得信賴的目擊者口中聽來的消息，我手上也沒有太多客觀資料。即使如此，我仍然能盡一己之力，用這些資料反駁部分睜眼說瞎話的報導，讓讀者能更合理、透徹地理解這場衝突。

首先要問：實際上到底發生了什麼事？

在衝突發生以前，整個加泰隆尼亞就已經瀰漫著緊張氣氛。我在前面章節大致描述過共產黨和無政府主義者之間的鬥爭齟齬，然而到了一九三七年五月，局勢已惡化至眾人皆認為難逃暴力衝突的程度。當時，共和政府下令繳出私有武器，同時決定成立一支排除工會成員並配有重裝武力的警察部隊，此舉直接導致雙方產生摩擦。政府意圖昭然若揭，而下一步顯然就是接管某些由全國勞工聯盟把持的關鍵產業。此外，由於貧富差距日益擴大，且眾人隱約察覺政府有意阻撓革命，更使勞動階級積怨加劇。五一當天竟然沒出亂子，許多人都十分驚訝。五月三日，共和政府決定接管電信交換所。自發生內戰以來，巴塞隆納的電信交換所主要由全國勞工聯盟成員管理營運，但政府斷然宣稱該單位運作效率不佳，並指控交換所側錄官方通訊內容。於是，警察總長薩拉茲派出三大車突擊衛隊隊員占領電信交換所（此舉是否超出政府授意，尚無定論），而交換所周邊街道亦遭民防武警淨空。在此同時，多個突擊衛隊小隊亦分頭進占其他具戰略意義的大小建築。無論警方的真實意圖為何，一般普遍認為這是突擊衛隊和加統社黨（即共產黨和社會主義份子）即將對全國勞工聯盟發動全面攻擊的前兆。城裡陸續傳出勞工據點遭攻擊、突擊衛隊現身街頭、停工、衝突一觸即發等等消息。那晚至隔日清晨，城內各處已架起路障，雙方駁火直至五月六日上午前完全沒停過，唯性質仍以防禦為主。不少建築物被包圍，但就我所知沒有一處遭到武力攻擊，故火砲這類重武器並未派上用場。大致說來，全國勞工聯盟、非正式無政府主義聯盟、馬統工黨勢力主要控制城郊的勞工區，市中心和官方據點則多由武裝警力及加統社黨把持。五月六日，雙方停火，沒過多久又打起來，推測可能是突擊衛隊過於躁進、急著解除全國勞工聯盟武裝所致；不過到了隔天早上，大家開始主動跨出據守的路障。在五月五日晚上以前，原本是全國勞工聯盟較占優勢，不少突擊衛隊隊員亦繳械投降；可惜全國勞工聯盟既沒有足以服眾的領導中心，也沒有明確計畫——這是真的。從當下狀況研判，除了「對抗突擊衛隊」這個模糊意向，全國勞工聯盟這方沒有半點規畫。幾名公認的全國勞工聯盟領袖和勞動者總聯盟高層同聲呼籲大家回去工作。說到底，食物都快不夠吃了，在這種狀況下，誰還有心情繼續對抗？到了五月七日下午，城中秩序幾已恢復正常，自瓦倫西亞循海路而來的六千名突擊衛隊隊員亦在同日傍晚抵達，旋即控制整個巴塞隆納。共和政府發布命令，要求正規部隊以外的人全部繳械，並於隔日沒收大批武器。至於這場街頭槍戰的死傷人數，官方給出的數字是死者四百、傷者上千；「四百人死亡」這個說法應有誇大之嫌，但由於無從驗證，我們只能接受。

其次要探討的是後續影響。顯然，我們不可能斷言這場衝突確實造成哪些影響，至少沒有證據指出巴塞隆納槍戰直接影響內戰進程；不過，如果衝突再多拖些時日，很可能就不是這麼回事了。這場衝突讓共和政府找到藉口，不僅能將巴塞隆納直接置於瓦倫西亞管控之下，還能藉此解散民兵、壓制馬統工黨，就連後來卡巴傑羅政府垮台也肯定與此脫不了干係；不過話說回來，我們亦可斷言，前面這幾件事無論如何都會發生。所以真正要問的是：這群參與街頭槍戰的全國勞工聯盟成員到底是輸是贏？雖純屬猜測，在我看來是輸少贏多。占領巴塞隆納電信交換所只是這段漫長過程中的突發事件。自去年起，在政府設計運作下，工會握有的指揮權已逐漸遭到轉移或剝奪，整體趨勢亦從「工人掌權」倒向「中央集權」，並進一步朝「國家資本主義」靠攏，也可能重新導入私人資本主義；因此，在這個節骨眼上發生抵抗事件，或許能稍稍拖延事態發展。內戰爆發將屆一年，加泰隆尼亞勞工雖已喪失大部分權力，但仍處於相對優勢；假使他們一開始就表明無意抗爭挑釁，那麼此刻肯定更為弱勢。就某種程度來說，功敗垂成仍好過完全不抵抗的結果。

第三道問題是，如果這場衝突背後帶有目的，其目的為何？難道是某種形式的政變或企圖發動革命，意圖推翻共和政府？事前是否有過任何安排規畫？

我的看法是，這場衝突僅在「大家都認為會發生」這個層面上勉強稱得上「事前安排」，除此之外，沒有跡象顯示雙方有過任何明確規畫。無政府主義者這邊幾乎百分之百可以確定是自發行為，因為這是一樁屬於中下階層的社會事件；工人率先上街，他們的政治領袖勉強跟而隨之，或壓根不想理會。馬統工黨和「杜魯堤之友」是唯二會從革命角度**討論**這件事的組織團體（該組織是非正式無政府主義聯盟的一個極端團體，規模不大），但他們同樣只是跟隨者，而非主導者。杜魯堤之友確實發過一些傳單，不過這些傳單都是五月五號才出現的，比街頭槍戰發生的時間足足晚了兩天，所以不能說是衝突起因。全國勞工聯盟領導階層從一開始就否認衝突和他們有關，理由有好幾個。首先，由於全國勞工聯盟在共和政府及加泰隆尼亞自治政府內仍占有席次，故聯盟領袖肯定較其追隨者更保守謹慎。其次，該聯盟要角皆已和勞動者總聯盟結盟，但這場衝突勢必擴大兩個聯盟的嫌隙，而且在短期之內很難恢復。第三，而且也是一般大眾在事發當時還不曉得的是，無政府主義組織領袖深怕衝突一旦超過臨界點，工人全面占領巴塞隆納（難保他們五月五日那天不會成功），屆時將引來外國勢力干預。其實當時就有一艘英國巡洋艦和兩艘英國驅逐艦駛進巴塞隆納港，不遠處肯定還有其他的船艦。英國報紙以「保護英國利益」為由，掩蓋派遣戰艦前往巴塞隆納的意圖；但這幾艘英國船艦完全沒有動作，既未派人上岸，也未撤僑。儘管無法確認事實真相，但極有可能是英國政府。他們原本連一根手指頭都不肯動（無意從佛朗哥手中拯救西班牙共和政府），此時卻隨時準備從西班牙工人手中拯救西班牙政府。

另一方面，馬統工黨領袖則未劃清界線。他們不僅鼓勵追隨者繼續留守路障，甚至還在五月六日透過《戰鬥報》支持極端派杜魯堤之友發行傳單（但這份傳單是否屬實不甚可靠，因為誰也沒見過）。據某些外國報紙描述，這是一份「極具煽動意義的海報」且「貼得到處都是」，但城裡顯然沒有這種海報。比對各家報紙報導後，我會說，這份傳單意在呼籲（一）成立革命軍委員會，（二）

處決攻擊電信交換所的罪魁禍首，（三）解除突擊衛隊武裝。此外，《戰鬥報》對該傳單的支持與同意程度亦不得而知，因為我本人沒看過那份傳單，也沒讀過五月六日那天的報導（我在槍戰期間只見過一張傳單，那是「布爾什維克－列寧主義黨」這個小型托派團體在五月四日發行的。傳單僅寫道：「全員就作戰位置！全面大罷工！軍事工業不在此限。」換言之，這份傳單只是訴求已經發生的事實）。言歸正傳。馬統工黨領袖的態度其實有點猶豫：在打敗佛朗哥、贏得勝利以前，他們壓根無意煽動暴亂或起義；另一方面，眼見工人已經上了街頭，馬統工黨卻仍謹守迂腐的馬克思主義路線，其實他們心底明白，在這種時候，革命政黨有義務和勞工們站在一起。因此，儘管馬統工黨打出「重振七一九」等充滿革命精神的口號，亦同時設法限制追隨者行動，縮限至以防禦為主。譬如，他們從未下令攻擊任何大樓建築，並且要求追隨者保持警戒，盡可能避免開火（我在第九章略有描述），黨部也在《戰鬥報》刊出指示，要求前線部隊不得擅離崗位*。在我看來，在巴塞隆納衝突中，馬統工黨該負的責任是慫恿勞工續守街頭，甚至可能還說服少數人士改變主意並待久一點。事發當時，我個人和馬統工黨領袖不曾私下聯繫過，然而接觸過他們的人告訴我，黨內高層對這整件事十分不安，卻又覺得不能置身事外。說到底，各黨各派的政治資本都是從平日作為一點一滴累積起來的，身為該黨領袖之一的戈爾金事後甚至以「五月榮光」評之。從宣傳角度來看，這個路線不能說不正確，因為馬統工黨的黨員人數在該黨遭掃蕩前確實略有增加；不過，支持杜魯堤之友發送傳單之舉卻可能犯了戰略上的錯誤，不僅因為這是個人數極少的團體，而且該團體素來對馬統工黨不甚友善。考量當時交戰雙方的激動情緒和宣傳重點，這份傳單充其量不過是叫大家「繼續戍守街頭」罷了；但由於無政府主義者的《工人團結報》反對繼續對峙，故而讓共黨媒體輕鬆逮住機會，言明這起衝突完全是馬統工黨獨力策畫的暴動事件。不過，我們或許可以肯定地說，就算沒有這段插曲，共黨媒體也還是會給馬統工黨扣帽子；而這頂帽子跟共產黨在事件前後、種種證據薄弱的指控相比，根本是小巫見大巫。全國勞工聯盟領袖雖行事謹慎，卻沒撈到多少好處；儘管博得「忠於勞工」的美名，但後來共和政府及加泰隆尼亞政府一逮到機會就把他們撵走了。

依事發當時各方流傳的說法研判，本次事件不帶半點革命意圖：守在路障後頭的普遍都是全國勞工聯盟成員（也有零星勞動者總聯盟的人參與），其目的並非推翻共和政府，而是抵抗警方發動的攻擊（不論是對是錯，工人普遍認為是警方挑釁）；他們的行動基本上都屬於防禦性質，故我非常懷疑是否該以「起義」稱之（幾乎所有外國報紙都這麼寫），因為起義必然包括積極行動和明確規畫。若說得精確一點，這次事件更傾向「暴亂」——非常嚴重且血腥的暴亂事件，因為雙方都有步槍這類輕武器，也都非常樂意使用它們。

但另一方呢？他們有何意圖？假如這並非由無政府主義者策動的政變，那麼有沒有可能其實是共產黨政變——意即這是一場精心策畫的行動，旨在一舉擊垮全國勞工聯盟？

雖然有幾件事的確會令人聯想到這種可能，但我不作此想。兩天前，塔拉戈

＊最近一期《國際通訊》（*Inprecor*）卻刊出完全相反的陳述：「《戰鬥報》下令馬統工黨部隊離開前線！」不過要釐清這一點很簡單，只要翻閱當日的《戰鬥報》即可查明真相。

納也發生極類似的事件（巴塞隆納授意武裝警力進占塔拉戈納電信交換所），這點相當值得注意。而且，在巴塞隆納，警方突襲電信交換所並非獨立事件，城裡各處都發生本地突擊衛隊和加統社黨追隨者占領戰略據點的情事，就算這些行動有些先於此次街頭衝突、有些則否，卻也都以驚人的速度持續發生。不過各位必須記得一件事：上述事件發生的地點在西班牙，不是英格蘭；至於巴塞隆納更是一座巷戰、街頭衝突歷史悠久的城市。在這種地方，情勢瞬息萬變，集團派系林立，人人都對城裡的地理位置瞭若指掌；一旦有人開了第一槍，其他人就像防災演習一樣立刻各就各位。據我推測，那些占據電信交換所的武警原本就預期會發生衝突——雖然事件規模超出他們預期的程度——也準備著手應付，不過這並不代表他們計畫對全國勞工聯盟發動全面攻擊。我之所以認為交戰雙方都沒想過要進行大規模對抗，主要有兩點理由：

一、雙方事前皆未調派部隊進入巴塞隆納。參與衝突的成員原本就身在巴塞隆納，主要是居民和警察。

二、糧食幾乎立刻嚴重短缺。任何一個在西班牙服役過的人都知道，西班牙最出色的軍事表現就是把部隊餵得飽飽的。如果雙方都打算來一場為期一兩週的武裝對抗和大罷工，不大可能不先囤積食物就貿然開戰。

最後我想探討本次事件的是非曲直，孰是孰非。

這樁事件確實在各國反法西斯媒體之間引起騷動，但照例再度只有一方取得發言機會；因此，這場巴塞隆納武裝衝突被呈現為「不忠不義的無政府主義及托派份子從背後捅了西班牙共和政府一刀，引發暴動」云云，但事實可沒有這麼簡單。若與死敵交戰，以靜待變確實是上策；但是別忘了，所謂「一個巴掌拍不響」，若不是衝突中的一方認為受到挑釁，否則一般人才不會沒事就上街架路障。

這場衝突起於共和政府下令要求無政府主義者繳出武器。然英國媒體自有其解讀方式，某種程度將之曲解為「亞拉岡前線亟需武器，卻因為不愛國的無政府主義者藉故阻撓，導致無法順利將武器運至前線」，唯這種陳述方式恰恰表示英國媒體完全無視西班牙內部現況：大家都曉得無政府主義者和馬統工黨囤有武器，故巴塞隆納衝突只是讓事實更清楚而已——交戰雙方都握有大量武器。無政府主義者心裡十分明白，就算他們繳械，加統社黨——即加泰隆尼亞的政治權力中心——也依然能繼續保有武器；這正是衝突結束後實際上演的景況。另外，巴塞隆納街上處處可見不少在前線肯定十分受用的精良武器，但這些好東西卻留給後方這群「不屬於任何黨派」的警察組織。這場衝突底下還潛藏著共產黨和無政府主義組織無法化解的歧見，遲早會引起爭端。自內戰爆發以來，西班牙共產黨黨員人數大幅成長，迅速掌握大部分政治權力，成千上萬的外國共產黨員亦湧入西班牙；不少人甚至公開表示，一旦對佛朗哥取得勝利、打贏內戰，他們就要著手「肅清」無政府主義。在這種情況下，要無政府主義者繳出他們於一九三六年夏天取得的武器軍械，談何容易。

電信交換所占領事件其實只是一根火柴，這根火柴點燃一顆早已存在的炸彈。我們或許可以相信，該為這場衝突負責的人起初大概以為事情不會一發不可收拾。據聞，加泰隆尼亞政府主席孔帕尼幾天前甚至開玩笑地表示，無政府主義者什麼都吞得下去*。這無疑是不智之舉。過去幾個月以來，西班牙各地持續發生共產黨與無政府主義者武裝衝突，而加泰隆尼亞——尤其是巴塞隆納——氣氛亦十分緊張，街頭鬧事、暗殺等等事件層出不窮；在這個節骨眼上，竟然傳出勞動階級於去年七月奪下的幾棟大樓——對他們而言具有重要的情感意義——突然遭到民防警衛攻擊[†]。各位別忘了，勞工階層對民防警衛全無好感：警衛歷代以來都是地主和大老闆的附庸（這話並非偏頗），而民防警衛更討人厭，大家都懷疑他們的忠誠度，懷疑他們到底是否真心對抗法西斯。因此在槍戰爆發的最初幾小時，鼓動勞工湧上街頭的情感因素，極可能和內戰初期促使他們對抗叛軍的是同一種情緒。不過，全國勞工聯盟會不會心甘情願交出電信交換所，這點亦有待

*《新政治家》五月十四日。

† 內戰爆發之初，各地民防警衛隊大都向勢力較強的政黨靠攏。到了戰爭後期，有些地方的民防警衛〔譬如桑坦德（Santander）〕甚至直接倒向法西斯（歐威爾一開始將巴塞隆納的突擊衛隊誤認成民防警衛隊，以為共和政府從瓦倫西亞調來的部隊僅有突擊衛隊。歐威爾在勘誤表中要求將本書第十一章及第十三章的「民防警衛」全部改為「突擊衛隊」，但他仍希望表明勞工不喜歡民防警衛的事實。然而，若依作者期望編修，可能導致部分文意混淆不清，故本段仍保留「民防警衛」。至於歐威爾最初提到的「民防警衛」其實是巴塞隆納當地的突擊衛隊，而從他處調派過來的則是瓦倫西亞突擊衛隊）。

商榷；該如何解讀這個問題，基本上和每個人對中央集權、勞工掌權的看法及立場有關。比較政治正確的說法或許是「全國勞工聯盟可能多所埋怨，但畢竟現在在打仗，他們沒道理在這時候鬧內訌吧」。這點我完全同意，任何內部不和都可能讓佛朗哥得利。但促使衝突發生的真正原因究竟為何？共和政府有無權力接管電信交換所並非問題所在，重點是在當時的情況下，此舉必然導致衝突。這個行動擺明了是挑釁，甚至可能帶著惡意，彷彿在說「你們氣數已盡，換我們接手吧」，再沒常識的人也知道後者一定會反抗。任何一個懂得比例概念的人都必須明白，一件事的對與錯——尤其是這類衝突——絕不可能完全歸咎於某一方；而巴塞隆納衝突的「單方說法」何以廣為接受，純粹只是西班牙革命團體跟外國媒體沒有任何穩固交情罷了。尤其是英國媒體。不論在內戰的哪一段時期，你都得花好一番工夫才能找到一句關於西班牙無政府主義者的好話。媒體有系統地抹黑、誹謗無政府主義者，就我個人經驗所知，幾乎沒有任何人願意刊登任何為他們辯護的報導。

我已盡可能客觀記述這場巴塞隆納街頭衝突；然而對於這一類問題，顯然沒有人能做到完全中立客觀。每個人或多或少都會被迫選邊站，至於我站哪一邊，本書想必已經表達得夠清楚了。當然，我免不了一定會誤解某些事實，而且不僅限於這樁事件，本書其他部分也都有可能。由於不具宣傳意圖的文件資料少之又少，要想詳確描述西班牙戰爭著實困難，故請各位讀者務必處處懷疑，質疑我是否帶有個人偏見或犯錯。我自始至終都盡力保持誠實公正的態度，但儘管如此，各位一定會發現我筆下的故事和外國媒體（尤其是共黨媒體）陳述完全不同。我認為有必要詳細檢視共產黨的版本，因為共黨媒體遍布全球，而且他們每隔一段時間就會補充加料，所以共產黨說法也可能是最廣為接受的版本。

關於這次衝突，多個共黨或親共媒體都將矛頭指向馬統工黨。在他們筆下，這並非一時衝動所引發的衝突，而是精心策畫意在對抗共和政府的暴力事件；並且，整起事件由馬統工黨獨力策畫，再和一些遭到誤導且「不受控制」的破壞份子齊力完成。不僅如此，他們一口咬定這是法西斯的陰謀，在法西斯指揮下於後方引發內鬥，藉此癱瘓共和政府。他們指稱馬統工黨是「法西斯第五縱隊」，是與法西斯結盟的「托派組織」。以下是《工人日報》五月十一日的報導：

德國與義大利特務湧入巴塞隆納，表面上是為了「籌備」惡名昭彰的「第四國際代表大會」（Congress of The Fourth International），實則另有重任。請見以下報導：

他們和當地托派人士合作，意圖擾亂社會秩序、造成流血事件，好讓德國與義大利藉機宣稱「巴塞隆納持續處於失序狀態，導致他們無法有效執行加泰隆尼亞海岸巡防任務」，因此「在不得已之下，只能派出武力進駐巴塞隆納」。

換言之，他們其實是想製造某種情勢，讓德國與義大利政府有藉口公開派出地面或海軍部隊，染指加泰隆尼亞海岸，宣稱此舉只是為了「維持秩序」云云……

負責執行這套計畫、隨時準備接應德國和義大利的打手即為化身托派組織的馬克思主義統一工人黨。

馬統工黨與知名犯罪組織共同行動，再和幾位受矇騙的無政府主義組織成員統籌策畫、帶頭攻擊後衛部隊。他們時程拿捏精準，與前線畢爾包遭受攻擊的時間點幾乎完全一致……

這篇報導末尾直接將巴塞隆納衝突寫成「馬統工黨攻擊事件」，另一篇相同主題的報導亦寫道：「馬統工黨等著擔起加泰隆尼亞流血衝突的責任吧。」五月二十九日《國際通訊》陳述，在巴塞隆納街頭豎起路障的「都是馬統工黨成員，他們為了這個目的集結在一起」。

我還可以引述更多報導內容，但光看這些，意思就已經夠明白了：馬統工黨必須負起全責，馬統工黨依法西斯指示行動。稍後我會再補充一些摘自共黨媒體的報導內文，各位可以看見這些陳述有多麼自相矛盾，根本不值一讀。然而在此之前，我認為有必要指出幾項**事前**就存在的條件，分析「巴塞隆納五月衝突乃是馬統工黨策畫的法西斯暴亂事件」之論點何以近乎天方夜譚。

第一，馬統工黨的黨員數或影響力皆不足以挑起這種程度的混亂，更遑論有能力號召大規模罷工。這個政黨與工會的關係不十分明確，比起有能力在格拉斯哥策動全面罷工的英國共產黨，馬統工黨在巴塞隆納發起罷工的能力備受質疑。誠如我稍早所言，馬統工黨領袖的態度確實可能使衝突對峙的時間略微延長，但就算他們有意為之，他們也未籌畫這次事件。

第二，媒體根據勉強且武斷的主張即懷疑這是法西斯陰謀，唯所有證據都指向另一方；他們說這項計畫是為了讓德國與義大利政府藉機出兵加泰隆尼亞，不過當時卻沒有任何一艘德籍或義籍船艦接近加省沿海。至於「第四國際代表大會」和「德義特務」的說法更是荒謬，就我所知，根本沒有人說過、討論過「第四國際代表大會」，不過倒是有幾個關於馬統工黨及其友黨（英國獨立工黨、德國社會主義工黨等）聯合代表大會的含糊計畫。這場會議原本暫定七月即兩個月後舉行，故此刻還沒有任何委員或代表抵達。這些「德義特務」只存在於《工人日報》紙頁上，而且曾經在最近這段時間通過西班牙邊境的人都曉得，此際要「湧入」西班牙或離開西班牙，絕非易事。

第三，萊里達（馬統工黨主要據點）或前線皆不見半點風吹草動。如果馬統工黨領袖意圖協助法西斯，照理說應該會下令民兵團棄守陣線以讓法西斯通過；可是這種事既未發生，也無人提議。此外，事發前也沒有民兵大量調離前線之情事；畢竟要假借各種名目偷偷摸摸調個一兩千人返回巴塞隆納，倒也不是難事。不僅如此，就我事後詢問得知，前線既不見有人搞間接破壞，食物、軍火等等物資亦照常運送。說到底，要策動這麼一場「有計畫的暴亂」，不僅需要數月準備時間，還得在民兵團內進行顛覆宣傳等等活動，結果卻沒有任何徵兆或流言傳出；因此，我們應該可以得到「前線民兵並未參與本次暴亂事件」的結論。如果馬統工黨當真策畫政變，卻不動用手上數萬民兵或武裝人員——這是他們僅有的軍事力量——實在匪夷所思。

據此，共產黨提出「馬統工黨受法西斯指使製造暴亂」的論點顯然毫無證據。接下來我會提出更多共黨媒體的報導摘要，證明他們描述事件爆發、占領電信交換所等方面的內容全是杜撰：除了將責任一概推給對方，這些報導互相矛盾，沒一處說得通。譬如英國共黨媒體先是把矛頭指向無政府主義者，後來又改稱馬統工黨為罪魁禍首；他們之所以這麼做，理由十分明顯。是說，英國人不見得都聽過「托洛斯基主義」，但是在英語世界只要一提到「無政府主義者」，聽者無不揚眉聳肩不屑一顧。如果讓民眾曉得無政府主義者有所牽連，就能營造產生偏見的正確氛圍；經此過渡，罪名就能安全轉移至「托派人士」了。《工人日報》在五月六日劈頭寫道：

一小幫非主流無政府主義者於週一、週二企圖攻占電信交換所大樓，並朝街上開火。

這種開場方式根本是角色錯亂。原本是本地突擊衛隊攻擊全國勞工聯盟掌控的大樓，結果卻變成全國勞工聯盟遭指稱攻擊他們自己的建築物——換句話說就是「自己打自己」。另一方面，《工人日報》又在五月十一日表示：

左翼的加泰隆尼亞公共安全部部長艾夸德與統一社會主義黨的公共秩序總委員薩拉茲連袂派遣共和國武裝警察進入電信交換所，解除職員武裝，該所職員多為全國勞工聯盟成員。

這一段和前一段陳述似乎彼此衝突，唯《工人日報》仍不承認五月六日報導有誤。該報於十一日指稱，杜魯堤之友傳單——全國勞工聯盟否認該文宣與聯盟有關——出現的時間點為五月四日及五月五日槍戰**期間**；唯五月二十二日《國際通訊》報導的時間是五月三日、槍戰發生**前**，甚至還補上一段因應城內出現各種傳單而發生的後續行動：

警察廳親自領軍，於五月三日下午占領中央電信交換所，並於解除該所職務時遭到武裝攻擊。此一行動可視為煽動份子向同謀示意，於全城發動槍戰暴亂的信號。

《國際通訊》於五月二十九日改口如下：

下午三點，公共秩序總委員薩拉茲同志前往電信交換所。該所前晚遭五十名馬統工黨成員及多名失控份子占領。

這些報導實在是太奇怪了。電信交換所遭五十名馬統工黨黨員占領——這算是相當特殊的景象，照理說當下就應當有人注意到才是，然而這事卻拖了三四個星期才遭人揭發；在另一篇《國際通訊》報導中，五十名馬統工黨黨員又變成五十名馬統工黨民兵。短短幾段文字就包含大量矛盾，說實話還真不簡單。先是指責全國勞工聯盟攻擊電信交換所，隔天又說他們被攻擊；一方面說占領交換所前出現的一份傳單引發暴力衝突，另一方面又指稱傳單是事後結果；占領電信交換所的人一下子是全國勞工聯盟成員，一下子又變成馬統工黨黨員……，如此謬論多不勝數。甚至到了六月三日，坎貝爾還繼續透過《工人日報》告訴大家：共和政府是因為街頭已出現路障才下令占領電信交換所！

礙於篇幅關係，我只能擷取跟本次事件有關的報導內容，但共黨媒體報導無處不見這類矛盾偏差。除此之外，還有一些陳述顯然完全是憑空捏造。以下是摘自五月七日《工人日報》的報導內容，該報宣稱消息來源是巴黎的西班牙大使館：

這起事件有一處明顯特徵，那就是巴塞隆納多棟屋樓陽台出現舊王國旗幟，無疑使人相信最初策動這場暴亂的人已逐漸取得控制。

《工人日報》對自家報導或許問心無愧，唯「消息源自西班牙大使館」這部分極可能是刻意扯謊。任何一名西班牙人可能都比該報更了解巴城實際狀況：陽台出現舊王國旗幟！這的確是在短期內號召好戰派出征的一種做法。但依我看，就算是衝突發生時人在城內的共產黨員，讀到這篇報導也不得不苦笑吧。關於馬統工黨於「暴亂」期間所使用的武器，各家共黨媒體也有類似報導；但唯有在對真實狀況一無所知的前提下，這些報導才具有可信度。《工人日報》於五月十七日刊登皮克恩的文章：

> 事實上，在這場暴亂中，他們用盡各種武器：有數月前偷來藏匿的軍火，也有在暴亂之初、從兵營盜走的坦克。顯然他們手上還有許多機關槍和數千步槍。

五月二十九日的《國際通訊》也寫道：

> 五月三日，馬統工黨著手分配數十挺機關槍和數千步槍……，托派份子在西

班牙廣場架起七五毫米排槍陣。這些槍原本要送往亞拉岡前線，卻被民兵偷偷藏匿。

皮克恩並未告訴我們，他是如何，以及在何時明確得知「馬統工黨握有大量機關槍和數千步槍」這個事實。我曾估算過馬統工黨三棟主要建築內的武器數量，分別是八十枝步槍、一些炸彈，但沒有機關槍（當時每個政黨都會在黨部內部署武裝警衛，這些武器剛好夠用）。奇怪的是，後來馬統工黨被掃蕩、所屬建築紛紛遭到充公占領時，這數千武器竟全數不翼而飛；尤其是坦克和野戰砲，這兩種都不是能藏進煙囪的裝備呀。前面兩段文章只是凸顯撰述者對當地現況的徹底無知。皮克恩指稱馬統工黨偷了兵營的坦克，但他沒說是從哪個兵營偷出來的。巴塞隆納的馬統工黨民兵駐紮在列寧兵營，同時還有不少人民共和軍部隊進駐此地（唯主動加入民兵團的人愈來愈少，故目前人數相對較少）；然而皮克恩卻要我們相信，人民軍竟縱容馬統工黨盜走兵營坦克。藏匿七五毫米步槍也是一絕，他完全沒提到藏匿地點。不少報紙都報導過這個「西班牙廣場排槍陣」，但我想我們可以非常肯定地說，這個排槍陣自始至終不曾存在。我之前也提過，儘管西班牙廣場約莫就在一點六公里外，但我在衝突期間不曾聽過火砲聲。衝突結束後數日，我來到廣場檢視周遭建物，沒有一棟顯示曾遭砲火攻擊；衝突期間都在鄰近街區出沒的一位目擊者表示，他不曾在廣場上見過任何槍枝（順帶一提。「偷槍」謠言可能來自俄國總領事安東諾夫．奧夫謝延科。他不知透過什麼方法聯絡上某知名英國記者，後者信以為真，就在某週刊報導這條消息。但安東諾夫．奧夫謝延科後來因故遭到**肅清**，這件事是否影響他在黨內的信用則不得而知）。不用說，事實真相是這些坦克、野戰砲等等傳聞都是刻意杜撰的；鑑於馬統工黨勢單力薄，若不這麼做，就無法合理化巴塞隆納的槍戰規模。他們必須讓馬統工黨擔起所有責任，同時又必須宣稱這是一個沒有人支持、「黨員僅數千名」、無足輕重的政黨（《國際通訊》如是說）。要讓這兩項條件彼此說得通只有一個辦法，那就是編派馬統工黨擁有現代化機械部隊才擁有的多種武器。

若將共黨媒體報導全部翻閱一遍，任誰都看得出來，他們有意利用「大眾無知於事實真相」達到「挑起偏見」這個唯一目的。因此，譬如皮克恩就在五月十一日《工人日報》寫道：「該**暴亂**遭人民共和軍鎮壓。」他之所以這麼寫，就是想給外人一個「全加泰隆尼亞堅定對抗托派人士」的印象；可是每一位巴塞隆納居民都曉得，人民軍在整段衝突期間始終保持中立，我們實在很難相信皮克恩竟然不知道。又或者，共黨媒體再一次在傷亡數字上耍花樣，目的同樣是放大動亂程度。譬如共黨媒體經常引述的對象，即西班牙共產黨總書記狄亞茲，他就給出「傷者兩千五、死者九百」這種數字，唯加泰隆尼亞宣傳部長（照理說他不大可能低估傷亡人數）表示這場衝突造成四百人死亡、一千人受傷。共產黨直接乘以二，另外還多加幾百以防萬一。

外國的資本主義報紙普遍將衝突責任歸咎於無政府主義者，不過仍有不少媒體跟進共產黨路線——其中之一是英國《新聞記事報》，該報特派記者蘭登－戴維斯當時就在巴塞隆納。在此引用他的部分報導如下：

托派造反

……這不是無政府主義者起義，而是一場由「托派」馬統工黨透過旗下組織

「杜魯堤之友」和「自由青年聯合會」（Libertarian Youth）運作的可悲**暴動**事件……。這場悲劇始於週一下午：共和政府指派武裝警察進駐電信交換所大樓，要求大都是全國勞工聯盟成員的在場員工繳出武器。該單位傳出重大違規等相關醜聞已有好一段時間。當時有大批群眾集結在加泰隆尼亞廣場外，大樓內的全國勞工聯盟成員則持續抵抗，一層樓一層樓逐步退至樓頂……。事件起因眾說紛紜，但傳言指出共和政府計畫反制無政府主義者。街頭擠滿手持武器的平民……。到了傍晚，城裡的每一棟勞工中心和政府辦公大樓皆豎起路障，並且在十點爆出第一輪槍響。救護車鳴笛穿越街巷。翌日凌晨，整個巴塞隆納已淪為戰場……。不到一天，死亡人數即超過一百，各位不難想像現場的真實情況。基本上，無政府主義全國勞工聯盟或社會主義勞動者總聯盟都不算真正「上街對戰」，充其量只是待在路障後持續觀望，不過他們隨時都可能朝大街上任何持有武器的人開槍……。那些單獨行動、躲在屋頂朝非特定目標開槍的**畜生**，他們大都是法西斯份子，無所不用其極想製造群眾恐慌，無疑使得衝突更形劇烈、全面惡化……。到了週三晚間，策畫這場暴動的藏鏡人身分逐漸明朗——城裡的每一面牆都貼了聳動海報，呼籲大家即刻響應革命，處決共和派人士與社會主義組織領袖，傳單署名「杜魯堤之友」。週四上午，無政府主義日報否認知情、亦不贊同，唯馬統工黨黨報《戰鬥報》高度讚揚這份文宣。**破壞份子**正透過此一顛覆團體，將西班牙第一大城巴塞隆納一步步推入流血動亂之中。

雖然這篇報導的立場和我前面引述的共產黨版本不見得完全一致，不過，依其所述，仍舊不難看出自相矛盾之處。首先，這樁事件被定名為「托派造反」，內文卻指出這是電信交換所遭占領，以及共和政府意圖「反制」無政府主義者所致。城內處處築起防禦工事，全國勞工聯盟和勞動者總聯盟雙雙派人戍守；兩天後，聳動海報出現（其實是傳單）並遭指涉是整樁事件的起因，完全是本末倒置。這篇報導還有一條陳述嚴重錯誤：蘭登－戴維斯指稱「杜魯堤之友」和「自由青年聯合會」為馬統工黨旗下組織，但這兩個單位都屬於無政府主義組織，與馬統工黨無實質關聯。「自由青年聯合會」算是無政府主義者青年團，類似社會主義青年聯盟之於加統社黨；至於「杜魯堤之友」則是非正式無政府主義聯盟內的一個小次團，大多時候都對馬統工黨不甚友善。就我目前能找到的資料來看，沒有人同時具有這兩個團體的成員身分；所以照蘭登－戴維斯的邏輯延伸，「社會主義者聯盟」應該算是英國自由黨的「旗下組織」囉？不知蘭登－戴維斯是否察覺這點矛盾。如果他發現了，那麼在報導這個極度複雜的主題時，下筆就該更謹慎才是。

我的本意並非攻擊蘭登－戴維斯誠信不足，但由於他在槍戰結束後即離開巴塞隆納——這時理當是展開嚴謹查證的最佳時機——因此從報導內容研判，顯然他還未徹底釐清就採信了「托派造反」的官方版本。這點可以從我節錄的段落清楚看出來：「到了傍晚」街頭已豎起路障，在「十點」爆出首輪槍響。這不是目擊者的陳述方式。我們從這段描述得到的印象是：衝突雙方似乎等到彼此架好路障，然後才開槍射擊；也就是說，從架好路障到雙方開第一槍之前，大概還有幾小時空檔。然而，不用說，實際情況並非如此，我和其他許多人都在下午聽見第一輪槍響。在此不得不提到那些單獨行動、躲在屋頂開槍並且「通常是法西斯份子」的人。蘭登－戴維斯並未說明他如何得知這些人是法西斯份子，就我推測，他應該不曾直接爬上屋頂、請教對方吧？他只是重述他聽到的消息，再加上這些消息完全符合官方說法，因此他並未質疑其可信度。事實上，他在報導開頭即表明消息極可能大都來自宣傳部，此舉實屬輕率。儘管「宣傳部」三字理應令人警覺，但是西班牙的外媒記者幾乎任由該部門擺布。宣傳部想當然耳會提供一份關於巴塞隆納衝突的「客觀版本」，一如前年過世的卡森爵士對一九一六年都柏林起義的客觀陳述*。

關於共產黨版本的巴塞隆納衝突事件，我已提出何以不能輕信的理由。另外，媒體普遍指控馬統工黨為收了佛朗哥和希特勒好處的法西斯祕密組織，我也必須對此說幾句話。

共黨媒體一而再、再而三重複這項指控，尤其自一九三七年起更是變本加厲。部分理由是全世界的共黨主流勢力皆傾向反對托洛斯基主義，而馬統工黨恰巧是托派在西班牙的代表。根據瓦倫西亞共產黨報紙《紅色前線》所言：「『托洛斯基主義』算不上政治學說，而是公認的資本主義組織、法西斯恐怖幫派，主要從事對抗人民的犯罪與顛覆活動。」故馬統工黨是與法西斯結盟的「托派組織」，也是「佛朗哥第五縱隊」一員。值得注意的是，衝突爆發至今，沒有人提出任何證據以支持這項指控，都是直接以權威口吻武斷地扣帽子。如此攻擊完全是極盡誹謗之能事，並且完全不顧對佛朗哥作戰可能造成的負面影響；許多共黨寫手甚至把汙衊馬統工黨看得比洩漏軍機更重要。譬如二月時，《工人日報》竟准許社內記者薇妮佛瑞德·貝茲寫出「馬統工黨在前線部署的民兵僅達其宣稱的一半人數」此等消息；這當然不是事實，但該名記者似乎信以為真。她和《工人日報》相當樂意將極重要的資訊透過報紙專欄交給敵方。《新共和》週刊的拉夫·貝提茲表示：「馬統工黨民兵和法西斯在無人地帶踢足球。」事實上，在他指稱的那個時間點，馬統工黨部隊正遭遇嚴重傷亡，我個人也有幾位好友身亡或受傷。接下來，帶著惡意的諷刺漫畫再度廣為流傳，首見於馬德里、後傳至巴塞

＊譯注：即「復活節起義」，為愛爾蘭脫離英國、建立愛爾蘭共和國之前的重要里程碑。卡森爵士時任英國下議院反對黨領袖，他出身愛爾蘭，立場傾向不支持愛爾蘭獨立。

隆納，描繪馬統工黨摘掉槌子、鐮刀面具，露出刺有「卐」記號的臉龐。若非共和政府實際上已受共產黨控制，否則政府絕不可能允許在戰時出現這種刊物：此舉不僅是刻意打擊馬統工黨民兵士氣，周圍其他部隊亦肯定連帶受影響——得知戍守同一陣線的部隊竟然是叛國賊，著實教人洩氣。說真的，這些來自後方的汙衊羞辱是否真能打擊前線馬統工黨民兵士氣，我倒是十分懷疑。顯然這一切都是經過算計的，而必須為此負責的人無疑鐵了心要將政治仇恨置於合力對抗法西斯之上。

以下是共黨媒體對馬統工黨的指控：這個由上萬黨員——絕大多數是勞動階級（另外還有不少外國的義助者和同路人，大都是來自法西斯國度的亡命之士）——還有數千民兵組成的團體，充其量不過是受僱於法西斯的大型間諜單位。但這項指控與常理不符，馬統工黨過去的歷史亦足證該指控並不可信：馬統工黨的每一位領袖都有革命背景，有些曾涉入一九三四年武裝衝突*，且大多數都在君主立憲或勒羅克斯政府時期因參與社會主義事件而被捕下獄。一九三六年，該黨領袖華金．墨林還曾經向議會示警，表示佛朗哥隨時可能叛變；內戰爆發後不久，他在佛朗哥後方試圖組織反抗力量，結果因此成為法西斯的階下囚。佛朗哥叛變後，馬統工黨的角色亦相當突出；尤其在馬德里，更有許多黨員在巷戰中犧牲。馬統工黨還是在加泰隆尼亞和馬德里地區最先成立民兵團的組織之一。若要把這些都解釋為法西斯黨羽的間諜活動，實在牽強。一個受法西斯金援的團體會直接投靠對方陣線，無須如此拐彎抹角。

此外，馬統工黨於內戰期間也沒有任何親法西斯的活動傾向。儘管有人認為，馬統工黨強力訴求革命路線可能分化共和政府勢力而挹注法西斯，但這個說法仍有爭議，我個人亦不苟同。我想，任何一個走改革路線的政府都會將馬統工黨這類團體視為麻煩人物，這點十分合理；但惹麻煩和搞叛變相去甚遠。假如馬統工黨當真是法西斯團體，那又該如何解釋黨民兵何以繼續效忠共和政府？在一九三六至一九三七年這個艱困難熬的冬季期間，總計有八千至一萬名馬統工黨民兵堅守前線各重要據點；許多人一進戰壕就是四五個月，我實在不明白他們為什

＊譯注：一九三四年十月，西班牙爆發工人武裝起義。

麼不直接走出陣線，或者乾脆投奔敵營。為與不為，決定權都在他們手上，有時甚至可能產生決定性的影響，但他們仍堅持奮戰；而且就在馬統工黨遭圍剿後不久，眾人記憶猶新之際，尚未重新編入人民共和軍的馬統工黨民兵卻在前線負起東韋斯卡的慘烈攻擊任務，一兩日之內竟有數千民兵陣亡。再不然就是民兵團最起碼也會頻頻發生零星的逃兵事件，或與敵軍友好，但就如同我早先指出來的，民兵逃跑的人數實在少之又少；也許有人質疑民兵團內曾出現親法西斯、失敗主義等等一類的宣傳，不過仍舊是半點跡象也無。馬統工黨內部少不了會有法西斯間諜及**破壞份子**存在，但顯然所有左翼政黨皆不乏此類人物攪和；即使如此，依然沒有證據證明馬統工黨內的敵方人數高出其他政黨。

某些共黨媒體攻擊的理由頗為牽強，指稱馬統工黨內僅有領導階層能取得法西斯金援，一般成員分不到。雖然這項指控的目的是想分化領導階層與一般成員，唯本質卻是暗指全黨上下一般黑，內部各級成員及民兵等等全是一夥的。他們的論點是，如果戈爾金、寧恩等人真拿了法西斯的錢，那麼比起遠在倫敦、巴黎、紐約的報社記者，與黨內領導人頻繁接觸的追隨者肯定更清楚內情才是。總而言之，在馬統工黨遭掃蕩之際，受共產黨控制的祕密警察不分青紅皂白按「人人有罪」的假設採取行動，逮捕任何他們抓得到且認定與馬統工黨有關的人：傷兵、醫院護士、馬統工黨成員妻子等等一律逮捕——有時就連孩子也不放過。

最後，共和政府終於宣布馬統工黨為違法組織，並且在六月十五至十六日正式展開掃蕩。這是聶格林政府五月上台以來的首波行動之一。待馬統工黨執行委員全被扔進大牢，國內共黨媒體立刻捏造新聞，表示此舉象徵揭穿法西斯的巨大陰謀，一時之間，全球共黨媒體也加入瘋狂報導的行列。譬如《工人日報》就在六月二十一日摘錄多家西班牙共黨報紙報導：

西班牙托派份子與佛朗哥聯手密謀

繼於巴塞隆納等地逮捕大批重要托派份子之後……，這宗戰爭爆發以來最大、最駭人聽聞的間諜行動，同時也是托派份子至今最醜惡的叛國行為，其脈絡已逐漸明朗……，透過警方握有的重要文件及超過兩百人被捕後的完整自白、證據，等等。

報導「揭發」的內情「證實」馬統工黨領袖利用廣播傳遞軍事機密給佛朗哥將軍，也和柏林方面有所接觸，並與馬德里的法西斯祕密組織暗中合作。此外，報上還提到「利用隱形墨水傳送祕密訊息」、「一份有『N』簽署的祕密文件」（N為「寧恩」字首）等等一類聳動細節。

但他們還有最後一擊。衝突結束後六個月，也就是我寫書記述的當下，馬統工黨領袖個個身陷囹圄，卻從未受審；他們透過廣播勾結佛朗哥等等罪名亦不曾正式宣判。假如他們當真通敵叛國，照理說不出一週就會受審、槍決，過去許多法西斯間諜皆是如此下場。然而除了共黨媒體那些站不住腳的報導以外，政府拿不出一丁點證據；至於那兩百份「完整自白」——若當真存在，肯定足以將他們任何一人定罪——後來也沒再聽人提過。這些「自白」不過是某人想像出來的結果。

不僅如此，西班牙政府內多數成員都不相信這些針對馬統工黨的指控。近日，內閣也以五票對兩票的結果贊成釋放反法西斯政治犯；那兩票無疑是共產黨閣員投下的。到了八月，英國國會議員詹姆斯．馬克斯頓率領國際調查團來抵西班牙，調查針對馬統工黨提出的各項指控，以及安德烈斯・寧恩失蹤事件。國防部長普里耶托、司法部長伊魯霍、內政部長祖格札戈蒂、檢察總長奧特嘉・伊加塞特、議員普拉特・加西亞等人皆否決馬統工黨領袖通敵叛國的罪名。伊魯霍進一步表示，他把案件卷宗從頭到尾讀過一遍，沒看到任何足堪檢驗、可作為「證據」的東西；此外，推測祕密文件簽署人是寧恩亦「毫無意義」，因為簽名是偽造的。普里耶托認為馬統工黨領袖必須為巴塞隆納街頭衝突負責，但駁斥其為法西斯間諜的意見。「最重要的是，」他補充，「逮捕馬統工黨領袖並非共和政府的決定，而是警察單位一意孤行。不過該負起責任的不是警察高層，而是他們身邊的隨員部屬；共產黨用他們的一貫伎倆滲透了這群人。」普里耶托還引證多起警方非法逮捕的案件。伊魯霍同樣表示，警察單位儼然成為「幾近獨立」的機關，實際上已遭國外共黨組織控制把持。普里耶托向代表團明白暗示，共和政府擔不起違逆共產黨的風險，因為他們需要蘇聯提供武器。同年十二月，另一支同樣由英國國會議員約翰・麥葛文率領的調查團抵達西班牙，得到的答案跟八月差不多；內政部長祖格札戈蒂不僅重複普里耶托的意見、甚至講得更白：「我們接受蘇俄援助，所以必須允許某些我們不喜歡的活動。」譬如以下這樁可視為「警方獨立運作」的有趣例證：即使拿著司法部長暨獄政總監親自簽署的命令，約翰・麥葛文一行人仍無法進入設於巴塞隆納某處由共產黨掌管的「祕密監獄」＊。

我想，以上這些資料已足以清楚呈現事實真相。相關單位僅依祕密警察行動（受共產黨控制）和共黨媒體報導，即指控馬統工黨通敵叛國。馬統工黨領袖及數百上千名黨員此刻仍身陷囹圄，但共黨媒體這六個月來仍持續叫囂指控他們是「賣國賊」。儘管如此，聶格林等人仍竭力保持冷靜，拒絕上演「托派大屠殺」劇碼；考量他們承受的壓力，能有此堅持實屬不易。從我引用的各種資料來看，實在很難相信馬統工黨是法西斯間諜組織——除非讀者認為馬克斯頓、麥葛文、普里耶托、伊魯霍、祖格札戈蒂也都是拿法西斯錢辦事的走狗。

最後是關於指控馬統工黨為「托派份子」一事。現在，這個名稱似乎用得愈來愈不嚴謹，經常導致誤解，或用於刻意誤導，因此值得在此提出來並賦予明確定義。托派份子或「托洛斯基份子」僅用於以下三種明確狀況：

第一，任何跟托洛斯基本人一樣，提倡並支持透過「世界革命」對抗「單一國家社會主義」。較鬆散的定義就是極端革命份子。

第二，該員實際加入由托洛斯基領導的實質組織。

第三，偽裝成革命人士的法西斯份子，尤指在蘇聯境內從事分化、破壞左翼力量的顛覆活動者。

若從第一點定義來看，馬統工黨確實有可能被稱為托派份子。同理，英國獨立工黨、德國社會主義工黨、法國的左派社會主義者等等也都可以。但馬統工黨和托洛斯基本人既無關聯也和托洛斯基主義組織（布爾什維克—列寧主義黨）毫無瓜葛。內戰爆發時，約十五或二十名來自國外的托派份子確實曾經和馬統工黨一起行動，因為該黨是最接近其理念的團體，但這些人並未成為該黨黨員；後來，托洛斯基下令要求他的追隨者攻擊馬統工黨路線方針，這些托派份子旋即撤出馬統工黨事務，僅少數人留在民兵團內。繼墨林之後擔任馬統工黨主席、後來

＊兩組調查團的相關報導可參閱九月七日《人民日報》與九月十八日《箭報》。馬克斯頓調查團報告由巴黎《獨立新聞》出版，麥葛文報告請見《西班牙恐怖事件》。

遭法西斯綁架的寧恩亦曾任托洛斯基祕書，數年後去職；他促成多個反共產黨團體與該黨前身「工農集團」合併，成立馬統工黨。寧恩和托洛斯基的短暫關係遭共黨媒體利用，藉此編派馬統工黨是貨真價實的托派組織。循此論點，英國共產黨也是貨真價實的法西斯組織，理由是約翰．史崔奇曾是奧斯瓦爾德．莫斯利的門徒*。

再論第二點。這是三者之中唯一定義精確的條件，故馬統工黨顯然也不屬於托派份子。明確區別第二點與第三點非常重要，因為共黨人士一面倒地認為符合第二項者必然也是第三項指稱的托派份子；也就是說，共產黨認為整個托派組織純粹是法西斯的間諜機器。一般大眾是在蘇聯顛覆份子受審時，才開始注意到「托洛斯基主義」這個詞彙，故指稱某人是「托派份子」實際上就等於說他是殺人犯、**破壞份子**。然而，此時任何一個站在左派立場批評共產黨政策的人，幾乎都會被打為托派份子——難道所有表明支持革命極端主義的人都是法西斯同路人？

就實際而言，答案是「是，也不是」，情況依各國媒體權宜而定。譬如我先前提到，馬克斯頓率團抵達西班牙時，《真相》、《紅色前線》及其他西班牙共黨報紙立刻給他扣上「托洛斯基－法西斯」、蓋世太保特務等等一類的帽子，不過英國共產黨倒是謹慎避開這項指控。英國的共黨媒體僅以「勞動階級的反動敵人」稱呼馬克斯頓，這個說法既方便又模糊；理由是英國共黨媒體有過幾次慘痛教訓，對誹謗法戒慎恐懼。不過，這項指控在「需要證據佐證的國家」並未登上報章媒體的事實，即足以證明共黨媒體說謊。

我花了相當長的篇幅討論共黨媒體對馬統工黨的指控，乍看之下似乎不甚必要；這種政黨之間的攻訐互鬥與必然伴隨的不公不義、汙衊指控，跟內戰造成的巨大痛苦相比簡直不值一提。其實並非如此。我認為，誹謗、媒體宣傳這類事件，還有他們因此顯現的慣性思維，皆有可能對反法西斯陣營做出最嚴重的傷害。

任何一位稍微讀過這個主題的人都知道，共產黨對付政敵的伎倆就是羅織罪名，這已經不是什麼新鮮事了。他們昨天使用的關鍵詞是「社會主義－法西

＊譯注：前者於一九四〇與英國共產黨決裂，加入工黨。後者為不列顛法西斯聯盟的創始人和領導者。

斯」，今天就換成「托洛斯基－法西斯」。蘇聯的國家審判「證實」第二國際領袖——包括萊昂．布魯姆等多位英國工黨要員——密謀軍事入侵蘇聯，不過只是六七年前的事；但今天，法國共產黨開開心心接受布魯姆領導，英國共產黨亦想方設法全力滲入英國工黨。我懷疑這種做法意義何在，即使從黨內派系的角度視之亦然；但「托洛斯基－法西斯」這頂帽子肯定能挑起人民之間的衝突與仇恨。西班牙各地的共產黨員正被帶往一條通往愚蠢無知的道路，盲目參與抓捕「托派份子」的獵巫行動；至於像馬統工黨這類政黨就只因為反對共產黨，被迫落入萎縮凋零的悲慘處境。遍布全球的勞工運動已顯現分裂危機，只要再多一些誹謗、多一些誣陷造謠——譬如他們對畢生從事社會運動的人或馬統工黨的不實指控——勞團將走上無法化解歧異的不歸路，把這些政治矛盾與衝突置於一個能詳盡、徹底討論的平台上，是我們目前唯一的希望。共產黨和那些立場更為偏左或宣稱其立場更為偏左的人，兩者極為不同：共產黨主張，只要聯合部分資產階級（譬如人民陣線）就能打倒法西斯主義；但反對者認為，此舉只會白白送給法西斯更多培育溫床。反法西斯陣營必須解決這個問題。若是做錯決定，極可能陷眾人於長達數百年的半奴隸狀態中；但是，除了瘋狂指控他人為「托洛斯基－法西斯」卻拿不出半點有意義的辯證論據，陣營內部就不可能展開實質討論。舉例來說，我本人就不大可能跟共產黨員辯論巴塞隆納街頭衝突的是非對錯，理由是沒有一名共產黨員——或者該說「好」共產黨員——願意承認我所言所述乃是事實真相；如果他選擇忠貞跟隨黨的路線，他勢必得宣稱我撒謊，或至少說我無可救藥地遭人誤導，表示即使身在事發現場的數千公里之外，只消瞄一眼《工人日報》頭條報導，任誰都比我清楚巴塞隆納究竟發生了什麼事。在這種情況下，就連辯論的最起碼要求——說理論證的空間——也達不到。指謫馬克斯頓那群人為法西斯走狗，用意何在？無非是想破壞嚴肅討論的所有可能性，如此而已。這就好比在西洋棋巡迴賽中，對弈的一方突然大喊大叫指稱對方是縱火犯或犯下重婚罪，卻未觸及真正重要的關鍵事實。中傷無益，誹謗無法解決問題。

第十二章

我們應該是在巴塞隆納街頭衝突結束後第三天返回前線。衝突過後——特別是經過這場報章媒體謾罵攻訐的洗禮後——我很難再用過去那種天真、理想的態度看待及思索這場戰事。我認為，這段時間在西班牙停留超過一兩個星期的人，沒有一個不感到某種程度的幻滅。我想起初抵巴塞隆納時遇見的那位報社特派員，他曾對我說：「這場內戰跟其他戰爭沒什麼兩樣。都是騙局。」這句批評令我大感吃驚，唯當時（去年十二月）我並不相信這是真的；雖然現在（五月）我仍不相信，但看起來愈來愈像是真的了。事實上，每一場戰爭都會隨著戰事延長而消磨、墮落，因為像是個人自由或真實報導這一類的事，最後總敵不過軍事效能。

我們現在可以來猜猜看，接下來大概會發生什麼事。目前不難看出卡巴傑羅政府大概再過不久就會垮台，換上更右傾、受共產黨影響更深的人物籌組政府（這事一兩週之後成真了）；新政府將卯足全力打擊工會勢力，畢其功於一役。待擊敗佛朗哥之後，撇開重組政府將引發的大問題不談，西班牙的前景仍不樂觀。媒體說這是一場「捍衛民主之役」，壓根胡說八道。即使我們只有英國或法國的經驗可供參考，但任何一位明理人都看得出來，待內戰結束，像西班牙這樣一個徹底分裂、嚴重消耗的國度根本沒有半點民主希望。這個國家勢必走向獨裁，工人階級領政的機會顯然一去不復返；換言之，整個社會將或多或少朝法西斯主義的方向傾斜，但此地——別忘了這兒可是西班牙——肯定會用更含蓄、比德、義兩國更有人性、更不那麼功利的名義稱之。除此之外，唯一的選擇是比前者糟糕無數倍的佛朗哥獨裁專政，又或者西班牙分裂（國土分裂或拆成多個經濟區），這種事誰也說不準。

不管從哪個選擇來看，結果都令人沮喪，不過這不代表共和政府不值得我們為其奮鬥，因為眾人必須對抗風險更大、發展更成熟的佛朗哥或希特勒法西斯主義。不論戰後重組的政府有多麼不堪、瑕疵處處，再怎麼樣都好過交給佛朗哥統治。或許對工人、城市裡的無產階級而言，最後誰贏誰輸，差別不大；但西班牙基本上是個農業國家，因此政府獲勝對農民來說肯定是比較好的結果。部分原本就擁有土地的富農應該能繼續保有土地，而先前受佛朗哥掌控的土地也會重新分配，故某些地區存在已久的佃農制度將徹底廢絕。無論如何，在戰爭結束時得以掌權的政府應該會是個反封建、反教權的政府，也會約束教會權限（至少暫時如此），帶領國家現代化（譬如造橋鋪路、提升教育、促進公共衛生等）。其實在內戰期間，西班牙已逐漸朝這個方向發展，但佛朗哥呢，他不僅僅是德義傀儡，亦是封建大地主的生命共同體，完全奉行封建和軍事主義。人民陣線或許是騙子、冒牌貨，但佛朗哥才是真正不合時代潮流的人物，唯有富翁或浪漫主義者才會希望他獲勝。

再來是這一兩年來，法西斯主義的國際聲勢看漲，這點猶如噩夢令我擔憂。自一九三〇年起，法西斯沒輸過一場戰爭；眼下應該讓他們吞一場敗仗，不論誰勝出都好。若能逼退佛朗哥和他的外國傭兵，將之逐出西班牙，就算西班牙竄出個令人窒息的獨裁政府，把國內最棒的人才都關進牢裡，依舊能大幅改善國際情勢。單單為了這一點，這場戰爭就有打贏的價值。

這是我當時看事情的角度。現在，比起聶格林政府剛上台時的表現，我願意給他們更高的評價。聶格林政府展現無比的勇氣，在這場艱難的戰爭中苦撐堅持，而他們在政治方面的寬容度亦超出所有人預期，但即使如此，除非西班牙分裂（結果不可預料），我依然認為戰後的西班牙政府將必然走上法西斯的道路。但我也必須再次保持觀望，豪賭一把，像其他預言家一樣等待答案揭曉。

我們才剛抵達前線，就聽聞鮑勃．史邁利在返回英國途中於邊境被捕。他被帶到瓦倫西亞，關進牢裡。史邁利自去年十月起就一直待在西班牙，在馬統工黨黨部工作了幾個月；後來，英國獨立工黨的夥伴陸續抵達，他便和他們一起加入民兵團。據我所知，他原本打算在前線待三個月就回英國，參與政治宣傳。史邁利被捕的消息並未馬上傳開。他遭到單獨監禁，就連律師也見不到他——事實上，此刻的西班牙並沒有「人身保護令」這種東西，任誰都可能連個罪名都沒有、就在牢裡待上個把月，更遑論受審。後來我們才從一位幸運釋放的犯人口中得知，史邁利是因為「持有武器」被捕，而我剛好知道這個「武器」是什麼：兩顆手榴彈，而且是內戰初期使用、設計最原始的那種。他打算在巡迴演講時，將這兩顆手榴彈——連同幾枚砲彈碎片和其他紀念品——秀給大家看；兩顆手榴彈的引信和火藥都拿掉了，說穿了只是兩枚完全無害的鋼筒。顯然這只是逮捕他的藉口，實情是他們知道他和馬統工黨有關係。當時巴塞隆納衝突才剛結束，當局極度焦慮地想控制言論，不想讓與官方立場衝突的人離境；因為如此，相關人士多半都在邊界被捕，而且被捕的理由大都十分荒唐。起初他們極可能只是想扣留史邁利幾天，但問題是，在西班牙，一旦進了監獄就很難出來，不論有無受審都一樣。

我們再度回到韋斯卡，不過上頭把我們往前線右方送，位置在數週前差一點就攻下的法西斯據點對面。我現在是中尉——相當於英國陸軍少尉——約有三十人聽我指揮，英人、西人都有。民兵團已經把我的名字呈出去申請正式軍階，但不確定會不會批准；先前曾有民兵團軍官拒絕接受正式軍階（正式軍銜有薪餉加給，有違民兵的「平等觀念」），但現在明令不得拒絕。班雅明已正式授銜上尉，柯普即將晉升少校，正在走程序。共和政府雖無權免除民兵軍銜，不過他們也不一定會授予民兵高於少校的軍階；料想是為了讓人民軍和軍校畢業的軍官保有更高指揮權。因此，我們二十九師目前呈現師長、旅長、營長都是少校的奇妙狀況，但我想其他師部也一樣。

前線依舊沒什麼事。哈卡通道周圍戰事已歇，直到六月中才重燃戰火。我們這個據點最主要的麻煩是對方的狙擊手。雖然法西斯戰壕在一百五十碼外，但他們位於高地，並且從兩側包夾我方，意即我們的陣線在此形成直角突出部。哨所的位置最危險，常有大量傷亡。法西斯陣營不時朝我方發射槍榴彈等一類的砲彈，爆炸聲震撼刺耳，令人身心俱疲——因為你聽不見槍榴彈射過來的聲音，常常來不及掩護；幸好這類砲彈不算太危險，頂多在地上轟出一個洗手檯大小的坑洞。此際夜間氣溫舒適宜人，白晝熾熱難熬，蚊子也愈來愈惱人；即使我們從巴塞隆納帶來不少乾淨衣物，沒多久又變成一個個邋遢鬼。無人地帶的荒廢果園有不少櫻桃樹，此時已結實纍纍。有一回一連下了兩天傾盆大雨，防空壕大淹水，護牆整整下沉三十公分；大雨過後，我們花了好幾天清除泥濘，用的還是沒有把手、彎得像湯匙的西班牙破鏟鍬。

上頭允諾會給我們迫擊砲協防，我萬分期待。晚間我們照常巡邏，唯巡邏任務比過去危險許多，因為法西斯的人數更占優勢、人員亦更加警覺；他們在鐵絲網外撒了不少錫罐，一聽見聲音就以機關槍伺候。白天，我們常躲在無人地帶邊緣狙擊敵人：從這裡向外爬一百碼即可抵達一條灌溉渠，四周有高草掩蔽，正好可以控制法西斯護牆的一處缺口。我們在那兒架了一座步槍台，若你等得夠久，通常都會看見淺卡其色的身影匆匆跨過缺口。我開過幾槍，但不知道是否打中任何人（幾乎不大可能）；我很不會操作步槍，準頭不佳。不過狙擊這事挺妙的，由於法西斯始終不曉得子彈會從哪兒飛來，我很確定我終究會逮到一個——結果被逮著的卻是我。法西斯狙擊手先發現我了，那是我重返前線十天以後的事。我覺得被子彈擊中的經驗頗有意思，值得花點篇幅描述。

地點在護牆的一處角落，時間是早上五點。這種時刻通常比較危險，因為太陽從我方背後升起，所以如果把頭探出護牆，襯著天空一下子就可能被發現。事發當時，我正在跟哨兵講話，準備交接，說著說著，我突然感覺到一種極難以形容的感覺——雖然很難描述，可是我卻記得非常清楚，畫面栩栩如生。

簡單來說，那是一種置身**爆炸中心**的感覺。當時我似乎被一聲巨響和刺眼的閃光包圍，整個人感受到極大的震撼——我一點都不痛，但衝擊猛烈，有點像被電到一樣；接著是一股詭異的虛弱感，好像被人揍了一拳後癱軟倒下。前方的沙包瞬間退得好遠好遠，我幻想這大概就是被閃電擊中的感覺吧。我當下就知道自己中彈，但因為爆炸和閃光的感覺不大真實，我以為是旁邊誰的步槍走火擊中我。這一切都在瞬間發生，時間不到一秒。接下來，我膝蓋重重落地，人跟著倒下，腦袋狠狠敲在地上（幸好不怎麼痛）。我茫然麻木，意識到自己受重傷卻反常地不覺得痛。

正在跟我對話的美國哨兵衝上前大喊：「老天！你被打到了？」同袍立刻圍上來。接著是必然發生的驚慌失措——「扶他起來！」「他打到哪兒？」「衣服解開！」等等。美國哨兵問旁人要小刀、想割開我的上衣，我知道我口袋裡就有一把，想掏出來給他，這時卻發現右手完全動不了。我感覺不到痛楚，隱約覺得心滿意足——我想妻子應該會很高興，因為她總是希望我受傷；萬一接下來爆發大戰，她就不用擔心我會陣亡了。直到這時候，我才開始好奇我到底是哪裡中彈，以及傷得有多重；雖然此刻什麼都感覺不到，但我意識到子彈卡在身體正面某處。我試著開口說話，卻發現自己發不出聲音，只能微弱地吱吱幾聲；我又試了一次，想問他們我哪裡中彈。喉嚨，有人告訴我。我們的擔架兵哈利．韋伯帶著野戰包紮用的繃帶和一小瓶酒精回來。他們才剛把我架起來，我嘴裡立刻冒出大量鮮血；我身後的西班牙人說子彈射穿脖子，乾淨俐落。我感覺酒精潑在傷口上——通常你會痛得要死——此刻卻感覺一陣愉悅的沁涼。

終於有人找到擔架，他們再一次讓我躺下。一聽他們說子彈穿過脖子，我理所當然以為自己死定了：我從沒聽說有誰，或有什麼動物被子彈射穿頸子還能活命。鮮血不斷溢出嘴角，「應該是動脈斷了。」我心想。不知人在頸動脈截斷後還有多少時間可活？大概不出幾分鐘吧。一切瞬間變得好模糊。我想前後大概有兩分鐘的時間吧，我竟以為自己死了——這事也很妙。我是說，在這種時刻意識到自己正在想什麼，這種感覺非常奇妙：我第一個想到的是我太太（夠傳統吧），第二是強烈的憤慨——竟然就這樣離開這個我在各方面都適應得滿好的世界。這股憤怒極為鮮明，我被自己的壞運氣搞得怒不可遏。這樣死掉實在太沒有意義了！我竟然不是上戰場被炸死，而是在滯悶的壕溝一隅被打死，我怎會這麼粗心！我也想到那個開槍打我的人——不知他長什麼模樣？西班牙人還是外國人？他知不知道他打中我了……，但我倒是一點也不氣他。我仔細琢磨：因為他是法西斯，我若逮到機會肯定也會殺他；但如果他被抓起來，並於此刻押送至我面前，我想我大概會恭賀並稱讚他槍法夠準。或許，人在將死之際，思考方式會變得非常不同吧。

他們才剛把我送上擔架，原本癱瘓的右手突然恢復感覺，痛得要命。我想應該是在倒下來的時候摔斷了。不過這股劇痛反倒使我安心，因為我知道，將死之人的痛覺不會像現在這樣愈來愈急遽敏銳。我的心情漸漸恢復正常，也對這四位扛擔架的可憐弟兄感到抱歉；擔架在他們肩上滑動，他們一個個汗流浹背。從這裡走到救護車旁大概要兩三公里，而且路況很差，不是高高低低就是路面溼滑。我自己一兩天前也幫忙扛過一名傷者，所以我知道那汗是怎麼個流法。銀白楊的樹葉像流蘇一樣懸在戰壕邊，輕輕刷過我的臉；我覺得自己真幸福，活在一個有銀白楊的世界。只可惜手臂劇痛始終不減，害我頻頻咒罵又努力憋著不罵，因為每次只要我用力呼吸，鮮血就會汨汨流出嘴角。

醫生重新包紮我的傷口，打了一針嗎啡，然後就打發我去席塔莫了。席塔莫野戰醫院是倉卒建成的木造營房，傷患通常只在這裡停留幾小時，之後再轉去巴巴斯特羅或萊里達。嗎啡使我昏沉，但仍舊痛得不得了；我痛得沒辦法動，所以只能不斷把血往肚裡吞。像我這種狀態的傷員，通常會有護士來餵你吃東西；但這些未受訓練的護理人員常常把醫院調配的餐點——有湯有蛋，還有油膩膩的燉菜等等，分量十足——直接往你嘴裡送，並且很驚訝我竟然吞不下去。西班牙醫院似乎都是這麼搞的。我向他們討菸，但此時正好鬧菸草荒，全醫院上下找不到一根菸。沒多久，兩位獲准離開前線數小時的同志出現在我的病榻旁。

「呦呵！你還活著呀！很好。我們要跟你拿手錶、手槍，還有你的手電筒。如果你有小刀的話也交出來吧。」

我手邊所有可攜式裝備都被他們帶走了。這種情況很常見，傷兵的裝備會在短時間內迅速重新分發，十分合理。因為錶啊、手槍啊這些東西在前線都非常珍貴，若是跟著傷兵一起離開前線，難保不會在路上被人偷走了。

到了傍晚，陸續送來的傷患病號已累積至好幾車的數量，院方決定送我們去巴巴斯特羅。這一路實在折騰！大家都說，在這場戰爭中，你若是四肢受傷一般都會痊癒，若腹部受傷通常必死無疑。現在我終於明白為什麼了：內戰爆發以來，一條條馬路被這些沉重的軍車貨卡輾成碎石子路，我想沒有一個內出血的傷患能熬過這幾公里顛簸。車子一路又彈又跳，使我想起童年時代「倫敦白城博覽會」那個叫「搖擺碰碰車」的恐怖玩意兒。醫護忘了要把擔架上的我們綁緊固定，幸好我的左臂尚有氣力扣緊支撐，但旁邊那位可憐傢伙直接甩到地上，天曉得他有多痛。還有一個自己能走、坐在救護車角落的傢伙則吐得整車都是。巴巴斯特羅軍醫院人滿為患，病床擠到病人幾乎貼在一起。隔天早上，院方又把我們好些人架上醫療火車，送往萊里達。

我在萊里達待了大概五六天。這是間大醫院，前線的病人傷者和一般居民幾乎全混在一起。跟我同病房的人，有幾位傷得極為嚴重。我隔壁床是一名黑髮年輕人，生了某種病，結果因為吃藥的關係，尿液綠得像祖母綠；他的尿壺可是本病房名勝之一。有位講英語的荷蘭共產黨員一聽說院裡來了英國人，立刻跟我交上朋友，還拿英文報紙給我看。他在十月那場戰事受了重傷（現在有一條腿萎縮得比我胳膊還細），好不容易在萊里達傷癒康復，也和這裡的一名護士結了婚。我在這裡遇見兩位休假民兵——我上前線的第一週曾經跟他們打過照面——他倆來醫院探望受傷友人，意外認出我。這兩位都是十八歲的年輕人，他們尷尬地站在我床邊，絞盡腦汁想擠出幾句話來說；後來，他們彷彿想表達非常遺憾見到我受傷的心情似的，竟一古腦兒地將口袋裡的菸全掏出來塞給我，並且趁我還來不及還給他們便一溜煙跑走了。真是典型的西班牙人！後來我才知道，城裡到處都買不到菸草，而他們送我的是整整一星期的配給量。

過了幾天，我終於能下床、吊著手臂四處走走。不知為何，這隻手臂吊起來比較不痛。此外，我在倒下時也撞傷好幾處地方，身體經常隱隱作痛，同時幾乎完全發不出聲音；好在子彈射穿的傷口倒是一點也不痛。這種情況似乎很正常。槍傷造成的劇烈驚嚇掩蓋局部痛覺，但子彈或砲彈的碎片——多呈鋸齒狀，一般不會造成嚴重傷害——卻可能令你痛不欲生。醫院外頭有一座賞心悅目的花園，園裡有池塘，裡頭養了不少金魚和一種暗灰色小魚（我猜是銀鯉）。我常坐在池邊看魚，一看就是好幾個鐘頭。萊里達的運作方式讓我對亞拉岡前線的醫院系統有了粗略概念，但我不確定其他地區的前線醫院情況是否相同：就某種程度來說，這些醫院都是好醫院——醫生有能力，不缺藥也不缺醫材，但有兩點致命傷，而這兩點無疑是導致數百上千傷患原本能活下來卻仍救不活的原因。

首先是，亞拉岡前線附近的醫院幾乎都只做基本的救傷包紮。其結果是，除非傷得太重、無法移動，否則一般傷患完全得不到治療。理論上，大部分的傷患都會直接送往巴塞隆納或塔拉戈納，但因為缺乏運輸工具，一般得拖上一週或十天才能後送。這段期間，傷患就只能在席塔莫、巴巴斯特羅、蒙松、萊里達等地乾熬，除了偶爾更換乾淨繃帶（有時甚至沒換），這些人得不到任何治療。他們有的嚴重炸傷，有的粉碎性骨折，還有其他各式各樣的戰傷，但傷口就只能用石膏包起來，再用鉛筆在石膏上注明傷口狀況，而這層石膏一般要到十天後，待他們抵達巴塞隆納或塔拉戈納才會拆掉。因為如此，等待運送期間幾乎不可能檢查傷口，僅有的幾位醫生也無法負擔如此巨量的工作，他們只會匆匆走過病床，告訴你「對，沒錯，你到巴塞隆納就有人處理了」，然後永遠都有人會跟你說明天就有醫療火車開去巴塞隆納。另一個致命傷是缺乏適任、稱職的護理人員。西班牙國內顯然沒有這類訓練單位，或許是因為以往主要都是修女負責這項工作。我本人對西班牙護士沒有半句怨言。他們待我極好、極親切，唯專業能力明顯不足：他們都知道怎麼量體溫，少部分也懂包紮，但僅此而已。於是，那些虛弱得無法自理的傷患常被忽略，無人照料，這點實在說不過去。護士可能放著讓病患便祕整整一週，也鮮少幫那些沒力氣洗澡的人擦拭身體。記得有個手臂被炸爛的可憐傢伙告訴我，他來了三星期，卻沒洗過一次臉。病床也是，有時一連好幾天沒人整理。醫院的伙食照例非常豐盛，說實話是太豐盛了。雖然許多地方都有虛弱補身的傳統，但西班牙人尤其重視。萊里達伙食極好：早餐約六點供應，餐點有湯、炒蛋、燉菜、麵包、白酒和咖啡；午餐甚至比早餐更豐盛。在一般老百姓大都吃不飽的這種時刻，醫院竟如此供餐。西班牙人似乎不曉得「清淡飲食」為何物，他們不分病弱、健康，一律供應相同食物——同樣油膩、散發橄欖油光澤的豐盛餐點。

有天早上，院方宣布要把我這個病房的人後送至巴塞隆納，當日出發。我設法發了一封電報給妻子，告訴她我就要回去了，目前正在等醫院把我們推上巴士、送去火車站。結果一直要到火車開了，隨行的醫院衛生員才不經意透露目的地不是巴塞隆納，而是塔拉戈納。我想大概是司機員在最後一刻改變心意了吧，實在非常西班牙！同樣也非常西班牙的是，他們竟願意停車讓我再發一封電報；不過最最西班牙的還是電報始終不曾送達。

我們被送上僅設木製座椅的三等車廂。許多重傷者其實是當天早上才首度下床，所以沒過多久，他們就有一半因為悶熱擁擠而癱軟虛脫，好些人直接吐在地上。醫院衛生員拿著羊皮水壺勉強在處處癱倒、猶如屍體的傷患之間走動，東一口、西一口地忙著給他們灌水。那水的味道真恐怖，至今難忘。抵達塔拉戈納時，太陽快下山了。鐵軌臨海蜿蜒，近得能把石頭直接拋進海裡。我們這列火車緩緩進站，另一列載滿國際旅士兵的軍用火車反向開出；一小群人站在天橋上揮手送別。這列火車相當長，車廂幾乎塞爆；野戰砲頻頻敲打手推車體，推車四周同樣擠滿了人。印象中，有一幕特別鮮明：列車緩緩駛過向晚暈黃，一張張黝黑微笑的臉、一桶桶斜擺的長槍和無數飄揚的猩紅領巾填滿一方方車窗；列車襯著藍綠色大海，緩緩通過我們面前，滑向遠方。

「外國人。」某人說，「義大利人。」

顯然如此。沒有哪國人像義大利人那樣，就連擠在一起都像幅畫；也沒有人能像他們這般優雅回禮——儘管車上有一半的人手裡都拿著紅酒瓶仰頭暢飲，動作依然優雅。後來，我們聽說這群人是三月在墨西哥瓜達拉哈拉打了大勝仗的部隊之一，他們先來休假，然後再調往亞拉岡前線（但我想他們大都在僅隔數週後的韋斯卡戰役陣亡了吧）。我們這廂還能走動的人，設法來到窗邊向不斷經過的國際旅士兵打氣致意；拐杖伸出車窗，纏著繃帶的雙臂擺作紅十字，此情此景猶如寓言式的戰爭風情畫——滿車子精神抖擻的士兵驕傲奔赴前線，負傷病殘之人緩緩退出戰場，手推車上滿載的長槍總是令人心臟怦怦跳。儘管揮之不去的不祥陰霾再度襲來，戰爭**依舊**輝煌。

塔拉戈納的軍醫院非常大，滿滿都是來自各地前線的傷患——這裡真的是什麼傷都有！他們會用一些新方法處理傷口，雖然我相信這應該是根據最新醫療研究所做的處置，但實在恐怖得難以直視：傷口不包紮，完全開放，只蓋了一層以鐵絲支撐的細棉布，防止蠅蟲騷擾。隔著那層細棉布，你可以看見宛如紅色果凍的半癒合傷口。有個臉和喉部受傷的傢伙，他的腦袋就罩在某種以細棉布做成的球形頭盔裡；他的嘴被縫起來，透過固定於雙唇間的一根管子來呼吸。可憐的傢伙，他四處走來走去，隔著細棉布頭盔瞅著你卻不能開口說話，神情好生落寞。我在塔拉戈納待了三四天，體力逐漸恢復，然後有一天，我終於能慢慢走下沙灘了。看見幾近正常的海邊日常，感覺好奇怪：步道兩旁的時髦咖啡屋照常營業，當地的中產階級人士成群躺在帆布椅上晒太陽，做日光浴，彷彿千里之外的戰爭既未發生，亦不存在。然而，即使海面如此平靜、水域也不深，照理說不大可能溺水，那天還是有一位沙灘客出事了。

離開前線八九天後，醫生再度檢查我的傷口。剛送來的傷患全部集中在傷檢室接受檢查：醫生拿著巨鉗，小心剪開肋骨、鎖骨等各種骨折傷患在前線救傷站緊急包紮的胸部石膏架，而這些笨重宛如胸鎧的石膏頂端冒出一張張焦急、骯髒、一星期沒刮鬍子的臉。眼前這位舉止輕快、長相帥氣、年約三十出頭的年輕醫生請我坐上診療椅，用一片粗紗布抓住我的舌頭盡可能往外拉，再把牙醫診鏡探進我喉頭，叫我說「啊」。我乖乖照辦，直到舌頭開始滲血、眼眶也逐漸泛淚，醫生這才告訴我，我的聲帶有一側癱瘓了。

「我的聲音何時才能恢復正常？」我問。

「恢復正常？噢，你的聲音永遠不可能恢復正常了。」他輕快回答。

結果醫生錯了。雖然我大概有兩個月的時間只能以悄悄話的音量說話，後來還是恢復正常了，滿突然的，大概是另一側聲帶發揮代償作用吧。至於手臂的疼痛乃是子彈貫穿時撕裂後頸的一束神經所致。那是一種類似神經痛的突發性劇痛，持續了一個月左右，晚上尤其明顯，所以這段時間我沒怎麼睡。我的右手手指仍處於半癱狀態，即使是五個月後的現在，右食指依舊麻木——這竟然是頸部受傷的後遺症，真奇妙。

我的傷算是希奇，好幾位醫生在拉扯我舌頭檢查傷處時，總是喃喃說著：「您真幸運！太幸運了！」其中一位醫生以頗具權威的口吻告訴我，子彈只差「一公釐」左右就打中動脈了。我不曉得他是怎麼知道的。我在這段時間遇到的每一個人——醫生、護士、醫檢助理或甚至病友無不向我保證，被子彈打中脖子卻活下來的人，毫無疑問是世界上最幸運的傢伙。但我仍情不自禁地想：沒被子彈打中才叫幸運吧。

第十三章

過去幾個星期，在我停留巴塞隆納的那段期間，城裡瀰漫著一股異常不祥的氣氛，夾雜懷疑、恐懼、不確定並隱約帶著仇恨。五月衝突已留下無法抹滅的後續效應。隨著卡巴傑羅政府下台，共產黨自此權力一把抓，國內秩序全權交由共產黨籍首長負責，任誰都不懷疑他們只要一逮到機會定會全力擊垮政敵。儘管什麼事都還沒發生，我自己對於接下來的情勢發展也還沒有明確概念，可是我卻經常隱約感覺到某種威脅，意識到我身邊即將發生危險邪惡的事件。大家似乎無事無刻都躲在咖啡館角落竊竊私語，猜測鄰桌那人是不是警方臥底的間諜。

拜媒體審查制度之賜，各種陰險不祥的謠言傳得滿城飛。其中之一是聶格林－普里耶托政府計畫和談，結束內戰。當時我傾向相信這個傳言。因為法西斯已兵臨畢爾包，共和政府似乎無力守城；儘管巴塞隆納處處飄揚巴斯克旗幟，女孩兒們捧著募款箱在咖啡館裡叨叨勸募，廣播節目亦不斷提到「英勇的巴斯克戰士們」，巴斯克地區卻始終得不到任何實質援助。這種情況使人不免相信政府在玩兩面手法，但後來陸續發生一些事件證實我猜測錯誤；不過，共和政府若能再強硬、積極一點，應該不致失陷畢爾包。只要加強亞拉岡戰線的攻擊力道，就算最後不成功，多少也能迫使佛朗哥分散部分兵力；然而共和政府遲遲不肯主動出擊，直到一切為時已晚才大夢初醒——確實如此，他們一直到畢爾包失陷之際才展開行動。全國勞工聯盟散發大量傳單，呼籲大家「堅守崗位」，並且暗示「某黨」（也就是共產黨）密謀政變。此外，大家也紛紛耳語流傳、害怕法西斯即將入侵加泰隆尼亞。之前重返前線時，我曾親眼看見前線後方已築起強大的防禦工事，綿延數公里；巴塞隆納各處亦動工開挖新防空洞。空襲與海攻的恐懼與日俱增，每當警報響起——雖然大都是虛驚一場——城裡總是立刻熄燈宵禁、居民也紛紛躲進地窖，數小時之後才解除。警方密探在城裡大肆活動，牢裡仍舊擠滿五月衝突後抓進來的犯人；而其他人——不用說，幾乎都是無政府主義者和馬統工黨支持者——則一個個從街上消失，進了監獄。就我能蒐集到的消息顯示，這些人沒有一個受過審判，就連起訴也無——甚至沒有一個被安上「托派份子」的罪名。他們就這樣被扔進牢裡，多半單獨監禁，譬如鮑勃·史邁利就還關在瓦倫西亞的監獄裡。我們只知道，不論是英國工黨駐地代表或委任律師都不准見他，除此之外一無所知。國際旅和民兵團裡的外國人也開始以逃兵的罪名遭到逮捕，大批大批關進牢裡。目前的普遍情況是，無人能確定民兵究竟屬於志願兵或正規軍。好幾個月以前，任何加入民兵團的人都算志願兵，不僅隨時都能離開，兵團也會同時發給退役證明；現在，共和政府顯然改變心意了：他們視民兵為正規軍，若自行返家就算逃兵。但即使是這一點也不完全確定。因為某些前線地區仍繼續簽發退役證明，而境管單位有時認可這份文件，有時則否；一旦文件不被承認，持有者將立刻被關進牢裡。沒多久，牢裡的「外籍逃兵」人數遽增至數百人，後因好些國家強烈抗議，絕大多數皆遞解出境，遣送回國。

瓦倫西亞突擊衛隊隊員手持武器並分成許多小隊在街上巡邏，而巴塞隆納本地的突擊衛隊則繼續戍守位於重要據點的咖啡館和多棟建築物，許多隸屬加統社黨的大樓甚至還堆著沙包、架設路障。城裡新設多處哨亭，由本地突擊衛隊或邊防警察派員執勤，他們會攔下路人並要求出示證件。大家紛紛叮囑我千萬別秀出民兵證，只要給他們看護照和住院證明就行了；就算我只是加入馬統工黨民兵團，萬一被他們知道了，依然可能有危險。目前，受傷或離營休假的馬統工黨民兵已遭到各種程度的處罰或刁難，譬如有些人遲遲領不到薪餉。《戰鬥報》並未停刊，但因審查制度之故，該報幾乎算是不存在了；《工人團結報》等其他無政府主義組織報紙也遭到嚴格的內容審查。審查委員會祭出的新規矩是：遭刪除的報導內容不得留白，必須以其他內容填補；因為如此，一般大眾根本無從得知哪些部分被刪掉了。

至於在內戰期間始終起起伏伏、時好時壞的糧食短缺問題，此時也來到最糟糕的階段：麵包極難取得，價格較低廉的種類則摻了米；城內守軍分配到的麵包甚至恐怖得跟油灰差不多。牛奶和糖同樣稀有，菸草幾乎不存在（僅剩昂貴的走私菸）。西班牙人經常使用且用途多變的橄欖油也突然減量供應，婦女排起長長的人龍，等待購買。負責控管隊伍的是突擊衛隊騎兵。他們偶爾會逗弄這些女士，讓馬兒退入隊伍中趁機踩踏女士們的腳趾。這段時期還有一件煩人小事：零錢短缺。由於銀幣已全面回收，新的硬幣又還未發行，所以面額小於二點五比塞塔紙鈔的貨幣僅剩十生丁銅幣，而面額小於十比塞塔的紙鈔少之又少。對於最窮困的人民來說，這種情況使食物短缺的問題更加嚴重：手上只有一張十比塞塔紙鈔的婦女可能在店門外排隊等待好幾個小時，最後卻什麼也買不到，理由是店家沒有足夠的零錢找給她、而她也不能一口氣把十比塞塔全部花掉。

那段時期的氣氛宛如噩夢，筆墨難以描述——流言一日多變，再加上報紙審查與街頭巷尾總有武裝人員出沒，居民人心惶惶。這種感覺之所以難以傳達，是因為目前英國不存在能造成這種氛圍的根本要件：在英國，「不容異己」的政治氣氛並未達到明目張膽的程度，頂多只是搞一些政治壓迫的小手段。譬如我若是礦工，坦白說我並不在乎讓老闆知道我是共產黨，而歐陸常見、協助黨內監控的「忠黨之士」在英國仍屬罕見，「清算」、「消滅異己」的觀念也還不成熟；但這一切在巴塞隆納似乎是家常便飯。鑑於目前是史達林派掌權，「托派份子」想必人人自危；雖然還沒出事，但此刻大家最害怕的是再度爆發街頭衝突，並且又像前次一樣怪罪馬統工黨和無政府主義者。有好幾次，我猛然意識到自己正豎起耳朵傾聽有沒有人開第一槍，彷彿處處有密探、某種巨大邪惡的陰謀正悄悄上演。每個人都注意到這種狀況，議論紛紛，而且妙的是大家都講同一句話：「這地方的氣氛可真恐怖，好像在瘋人院一樣。」或許我不該說**每個人**。有些英國訪客短暫過境西班牙，僅在旅店和旅店之間移動，這類人士似乎並未察覺任何異常氣氛。我在一九三七年十月十七日《週日快報》就讀到阿瑟爾公爵夫人曾如此寫道：

我待過瓦倫西亞、馬德里和巴塞隆納……，秩序良好，不見任何暴力衝突。我下榻的每一處旅店不僅「正常」、「體面」，還非常舒適，頂多奶油和咖啡不大充足而已。

這就是英國旅人的特殊脾性，他們不大相信自己身處的時髦旅店外頭當真發生了什麼事。希望旅館後來替公爵夫人覓得奶油了。

此時我人在馬統工黨經營的「墨林療養院」，地點在蒂比達博山近郊。這座山突兀立於巴塞隆納西北方，自古以來被認為是撒旦向耶穌展示全世界的地方，故得其名*。這幢屋宅原本屬於某位富有的中產階級，後於革命時充公。療養院裡的人大都因傷暫離前線，或是重傷導致終身殘廢（譬如截肢等等）。這裡還有幾名英國人：威廉斯（腿傷）、史塔福．寇特曼（十八歲，疑似感染肺結核而從前線送過來）以及亞瑟．克林敦（左臂重傷，手臂還吊在那個鐵絲做成的新玩意兒裡——西班牙醫院給這玩意兒取名「飛機」）。妻子繼續留在巴塞隆納洲際飯店，而我一般都在白天進城。早上我通常會先去綜合醫院做電療。電療很奇妙，一連串刺刺麻麻的電擊竟然可以讓好幾處肌肉收縮再放鬆，不過似乎挺有效的；至少我的手指愈來愈靈活，痛感也慢慢減輕。妻子和我認為，目前最好的做法就是盡快返回英國。我體力虛弱，聲音也還未恢復（當時以為永遠不可能恢復了），醫生也認為我大概還得再休養數月才能返回前線作戰。但我遲早得開始賺

＊譯注：語出拉丁文“tibi-dabo”，意思是「我會賜給你」。

錢，繼續留在西班牙似乎已無太大意義，而且還會消耗其他人更需要的食物。不過促使我決定離開的最主要動機還是自私：我實在太渴望逃離這一切了——逃離政治猜忌與仇恨的恐怖氣氛，逃離武裝人士群集的街頭，逃離空襲、壕溝、機關槍、尖嘯的電車、沒有牛奶的茶、油膩的食物和永遠買不到的香菸——我只想逃離所有會使我聯想到西班牙的事物。

綜合醫院的醫生開給我體檢不合格證明。不過，要想拿到退役證明，我還是得跑一趟前線附近的醫院醫委會、再到席塔莫領取馬統工黨民兵總部蓋章簽發的文件。柯普才剛結束一場行動，滿心歡喜地從前線歸來；他說我們終於有機會拿下韋斯卡了。共和政府已從馬德里前線集結三萬精兵，另外還調派大量飛機支援。日前，我在塔拉戈納遇到的義大利援兵再次對哈卡通道發動攻擊，唯傷亡慘重，還損失兩輛坦克；不過柯普說，韋斯卡注定守不住了（唉！結果天不從人願，那次攻擊徹頭徹尾搞砸了。只見報章媒體漫天扯謊、歌功頌德，實際上全部落空）。柯普正準備前往瓦倫西亞會晤戰爭部長。他手裡有一封共和國東軍指揮官波薩斯將軍的親筆信——只是一般信件，表明柯普是他「全心信任的人」，並且推薦工程師出身的柯普負責工兵部特殊任務。柯普南下瓦倫西亞當日，我亦啟程前往席塔莫。那天是六月十五日。

後來我整整過了五天才重回巴塞隆納。那天凌晨，滿載民兵的卡車抵達席塔莫；一來到馬統工黨總部，那裡的人立刻叫我們排隊，還沒問姓名就開始分發步槍彈匣。看來是攻擊行動正在進行，前方隨時可能呼叫援兵。儘管我口袋裡還揣著住院證明，但我實在不忍心拒絕和其他人一同上陣。我把彈藥包當枕頭，帶著極度沮喪的心情席地而眠。受傷使我神經緊繃（我想這種情況很普遍），一想到即將置身戰火，我嚇壞了；不過，援兵一事一如往常、再次拖到明天，因此我們並未受召上陣，我也再度拿出住院證明，並繼續找人索取退役證明。這真是一場由困惑、疲憊堆積而成的旅程：各區醫院照例互踢皮球——席塔莫、巴巴斯特羅、蒙松，再踢回席塔莫，最後我的退伍證明終於蓋好章，接下來就剩再次取道巴巴斯特羅和萊里達，離開前線。可是，韋斯卡的部隊集結占去所有交通工具，也讓一切都亂了套。我還記得自己睡過一些奇怪地方：有一次是醫院病床，壕溝也擠過；我睡過一張超窄的板凳（睡到半夜掉下來），還有一次睡在巴巴斯特羅的市立寄宿公寓。一旦出了火車站，除了碰運氣搭上貨卡或軍車，你沒有其他選擇。你得和一群鬱鬱寡歡、各自帶著好幾籃鴨子或兔子的農民，一起在路邊等上好幾個鐘頭——有時得等上三四個小時——不斷不斷地朝駛過的卡車揮手。最後，你好不容易攔到一輛人不多也沒塞滿麵包或彈藥箱的車子，但路況奇差，沿途顛簸亦足以將你甩成肉泥。以前就算是騎馬，我也不曾像這次一樣被拋得這麼高；故唯一的保命方式就是所有人都擠在一起，緊緊扣住彼此。丟臉的是，我發現自己仍十分虛弱，若是沒人拉我一把，我根本上不了卡車。

我在蒙松的醫院和醫委會會面，順便過夜。隔壁床是一名突擊衛隊隊員，左眼受傷；他人不錯，分我菸抽。我說：「要是在巴塞隆納，我們大概會對彼此開槍吧。」兩人哈哈大笑。這感覺很妙，只要一來到前線附近，大夥兒的共識、想法似乎都變了，不同政黨之間那種恨人入骨的心情幾乎全部消失。印象中，在我於前線服役期間，沒有一個加統社黨相關人員會因為我是馬統工黨民兵而仇視我。這股惡意只存在於巴塞隆納，或其他離戰爭更遙遠的地方。席塔莫有許多突擊衛隊隊員。他們從巴塞隆納調過來，準備協助進攻韋斯卡。突擊衛隊原本並不屬於前線部隊，其中許多人也不曾實際體驗過戰火。在巴塞隆納，他們是街頭霸王；來到這裡，他們就只是菜鳥，和其他已在前線待上數月的少年民兵稱兄道弟。

蒙松的醫生照例猛扯我舌頭，再拿檢鏡戳我喉嚨，最後以同樣輕快的語氣宣布我的聲音大概永遠不會恢復正常，簽下退役證明。稍早我在等待檢查的時候，外科室裡似乎在進行某種未使用麻醉的可怕手術；為何不用麻醉我不得而知，但那人不斷嘶吼尖叫。後來換我進診間，只見椅子東倒西歪，地上還有好幾灘血和尿液。

最後這趟旅程的細節清楚烙印在我腦中，歷歷在目。比起事發當時，數個月後的我反而能以不一樣的心情、更傾向觀察的角度看待這件事。蓋上二十九師官印的退役證明已然到手，醫生簽發的證書亦指明我「宣告無用」，我隨時都可以啟程返回英國；也因為如此，我覺得——幾乎是頭一次有這種感覺——我終於可以好好瞧一瞧西班牙了。我得在巴巴斯特羅多待一天，因為那裡一天只有一班火車；之前我只匆匆掃過一眼巴巴斯特羅，只當這座城鎮是戰爭的一部分，灰濛濛、泥濘溼冷，轟隆隆的卡車和破敗襤褸的部隊鎮日進出。奇妙的是，此刻的巴巴斯特羅看起來完全不同。我漫步其間，深刻感受古牆石橋、曲徑通幽，看著酒鋪裡與人一般高、微微滲出酒液的木桶，饒富興味地望著工匠在半地下商號裡製作木車輪、匕首、木湯匙和羊皮水壺。我看著一位師傅製作羊皮水壺，意外發現一件我從來都不知道的事：原來師傅只是把帶毛的那一面往內翻而並未刮除——原來我們喝的都是「洗毛水」，而我竟毫不知情連喝數月。小鎮後方有一條淺淺的石綠色小河。一塊高聳的巨岩突入河道，峭壁頂端還有幾棟房子；屋裡的人從自家窗戶就能直直俯瞰數百公尺下的河景。無數野鴿以壁面上的洞穴為家。在萊里達，許多頹圮屋舍的飛簷上也有成千上萬隻燕子築巢；從遠處看，燕巢紋理猶如洛可可時期的華麗造型。過去近六個月來，我竟然對如此風景視而不見，實在不可思議。有了口袋裡那張退役證明，我覺得自己又像個人了，甚至有點像觀光客。我甚至頭一回覺得，此刻我才**真正**到了西班牙——這個我嚮往了一輩子的國度。在萊里達與巴巴斯特羅的胡同小巷裡，我似乎捕捉到那驚鴻一瞥，那個深藏在每個人記憶中、某種源遠流傳的西班牙印象：覆雪連峰，牧羊人，宗教裁判所地牢，摩爾人宮殿，黑黝黝如列車蜿蜒的騾群，灰色橄欖樹和檸檬樹林，裹著黑色披風的女孩兒，馬拉加和亞利坎堤紅酒，大教堂，樞機主教，鬥牛，吉普賽人，夜曲情歌——簡單一句話：西班牙。在所有歐洲國家中，西班牙是最教我魂牽夢縈的一塊土地。我好不容易來到這裡，卻只能在這場混亂戰爭中僅僅看見東北這一隅風景（而且幾乎都是冬季），著實可惜。

待我回到巴塞隆納，時間已經很晚了，路上看不到計程車。此時再回城外的墨林療養院似乎沒必要，於是我朝洲際飯店的方向走，中途找了地方用餐。印象中，我和一位非常慈祥的老侍者聊起他們盛酒的銅圈橡木壺，說我想買一組帶回英國。老侍者人很好。他說，「可不是嗎，這玩意兒多漂亮。只可惜現在買不到了——沒人做，什麼東西都不生產了。這場戰爭哪！太可悲了。」我們都同意這的確是一場可悲的戰爭。我再度覺得自己像觀光客。老侍者溫和地詢問我是否喜歡西班牙，問我會不會再訪西班牙。噢，喜歡，我一定會再回來。這段平靜溫和的對話扎扎實實嵌入記憶，因為接下來，故事急轉直下。

來到飯店時，妻子正好在休息室。她站起來——令我訝異的是，她竟然相當**淡定**地走向我。她一手勾住我的頸子、漾起甜甜的笑容，感覺是做給別人看的。

她在我耳邊嘶聲低語：

「**快走！**」

「什麼？」

「**現在馬上**出去！」

「什麼意思？」

「別站在這裡！你得快點出去！」

「什麼？為什麼？你在說什麼？」

她挽住我的手臂，直接領著我往樓梯走。下樓途中，我們遇上一位法國人——在此就不提他名字了。雖然他和馬統工黨毫無關係，不過在接下來一連串麻煩中，他始終盡力協助我們。總之，他憂慮地看了我一眼。

「聽好，你絕不能再到這裡來。你現在趕快離開，趁他們報警之前找個地方躲起來。」

不僅如此，我們才剛到一樓，一名飯店員工（他是馬統工黨黨員，但他應該只是個小人物）氣急敗壞地從電梯裡出來，用他的破英語叫我快點離開。但我當時還是搞不清楚究竟發生了什麼事。

「見鬼的出了什麼事呀？」一來到外頭的人行道，我立刻問妻子。

「你沒**聽說**嗎？」

「沒有。聽說什麼？我什麼消息都沒聽到。」

「馬統工黨被禁，辦公室也被封了，幾乎所有人都被關進牢裡。有人說他們已經開始處決黨員了。」

原來如此。但我們得找個地方說話。蘭布拉大道上的大型咖啡館都有警察戍守，幸好我們在小巷子裡找到一間安靜的咖啡屋。妻子把我不在的這幾天發生的事，一一解釋給我聽。

六月十五號那天，警方突然衝進寧恩的辦公室、將他逮捕，並於當晚突襲獵鷹旅店，全員逮捕，其中絕大多數是休假中的民兵。旅店當場轉為監獄，並且在短時間內關進大量不同身分的犯人。翌日，當局宣布馬統工黨為非法組織，所屬各級辦公室、書攤、療養院、紅色濟難會中心等等即刻充公。在此同時，警方也開始抓人，凡是和馬統工黨有關聯的人一概不放過。不出一兩天，該黨執委會的四十名成員幾乎全數進了牢房；或許原先有幾個人順利逃脫藏匿，但警方使計扣住他們的妻子做人質，逼當事人現身（內戰期間，雙方皆廣泛使用這種伎倆）。外人無從得知究竟有多少人遭到逮捕。妻子聽說，光是巴塞隆納就有四百多人被捕下獄；不過我在當時就認為絕對不止這個數字。當局掃蕩的程度超乎想像，警方甚至衝進醫院，把受傷的民兵給拖出來。

這一切令我大感錯愕：怎會發生這種事？我能理解他們何以壓制馬統工黨，但他們抓人做什麼？就我所知，不為什麼。而且，掃蕩馬統工黨這事顯然具有回溯性——既然馬統工黨現在成了非法組織，那麼過去曾經和它有關的人事物全部違法。照例，所有被捕的人皆未受審起訴。然而，在此同時，瓦倫西亞的共黨報紙卻搧風點火，大幅報導「法西斯重大陰謀」、「利用廣播通敵」、「使用隱形墨水簽署文件」等等一類的天方夜譚。我已在第十一章提出這方面的細節資料。這類報導僅現於瓦倫西亞的報紙——這點別具意義。我想我可以大膽地說，在巴塞隆納，不管是共產黨、無政府主義組織或共和派報紙，沒有一份提到大規模逮捕或鎮壓馬統工黨的事。沒提半個字。我們最初並非從巴塞隆納當地的報紙得知當局將以何種罪名起訴馬統工黨領袖。事發一兩天後，英國來的報紙刊出這則消息。當時我們並不曉得，下令以通敵叛國罪名起訴馬統工黨的並非共和政府（政府閣員後來亦出面駁斥這項消息）；我們只能模糊得知，馬統工黨領袖——說不定包括全黨上下——遭控被法西斯收買。外頭也陸續有流言傳出，表示監獄內部已開始祕密處決犯人。這些謠言有些誇大不實，有些卻是真的——其中肯定包括寧恩。寧恩被捕後，先是轉往瓦倫西亞，再移送馬德里，然後早在六月二十一日就有流言傳進巴塞隆納，指出他已遭槍決。後來，傳聞內容又添了具體細節：寧恩在獄中遭祕密警察處決，屍體被扔上大街。這道傳聞有多個不同消息來源，甚至包括前共和政府閣員菲德莉卡．蒙塞尼；總而言之，自此再也無人聽聞寧恩尚在人世的消息。後來，共和政府遭多個國際調查團質問寧恩下落，他們支吾其詞，僅提及寧恩失蹤而當局亦未掌握行蹤。有些報紙指稱他潛逃至法西斯領土，但無證據支持這個說法；司法部長伊魯霍亦宣稱西班牙通訊社竄改官方公報。總而言之，當局應該不大可能放過像寧恩這麼重要的政治犯。除非將來又有人指稱他還活著，否則，我認為我們必須接受他已於牢中遭到殺害的事實。

政府逮捕異議人士的傳言時有所聞，持續數月，撇除法西斯份子不計，政治犯人數暴增至數千人。值得注意的是，低階警力開始自主作為，公然違法執行多數逮捕行動，不少警察總長下令釋放的人犯又被他們抓回牢裡並送進「祕密監獄」。柯特・藍道*和他妻子就是典型案例。他們在六月十七日前後被捕，藍道旋即「人間蒸發」；五個月後，他的妻子還在牢裡，不僅未受審，也沒有任何關於夫婿的消息。她揚言絕食，這時司法部長才差人傳話給她，確認她丈夫的死訊。藍道夫人獲釋後，幾乎立刻再次被捕並送進牢房。顯然，逮捕她的警察起初完全不在意此舉是否可能挑起戰端。他們的下一步是逮捕重要據點的駐地軍官，同樣也是未經上級許可之擅自行動。六月底，巴塞隆納派出一隊警察，在前線附近逮捕二十九師指揮官荷西・羅維拉；他的部屬立刻派人向戰爭部長抗議，這才發現不論是戰爭部長或警察總長奧特加都不曉得羅維拉被捕一事。整起事件最教我耿耿於懷的是——儘管或許不大重要——前線部隊自始至終都被蒙在鼓裡。各位之前就已經看到，不論是我，或者在前線的任何人都未曾聽說馬統工黨遭到掃蕩，故馬統工黨民兵總部、紅色濟難會中心等組織皆如常運作。遲至六月二十日，就連遠離前線、距巴塞隆納僅一百六十公里的萊里達亦無人聽聞此事。巴塞隆納在地報紙全面噤聲，而唯一報導「間諜故事」的瓦倫西亞報紙則未送至亞拉岡前線；難怪在巴塞隆納休假的馬統工黨民兵全員被捕，理由之一可能是阻止他們回前線通風報信。我在六月十五日憑之以進入前線地區的通行許可，說不定是當局發出的最後幾份之一。目前我還搞不清楚整件事何以能如此保密到家，因為補給貨車等人員單位依舊定期往返兩地；唯事實證明這件事**確實**防得滴水不漏，而且我還從其他人口中得知，前線那邊一直到事發數日之後仍一無所聞。整起事件的目的與意圖再清楚不過：韋斯卡行動在即，而馬統工黨民兵仍屬獨立單位，或許，當局擔心民兵一旦知曉後方消息會拒絕作戰。事實上，即使後來消息傳至前線，仍未出現這種情形。這段期間，我相信一定有許多人直到戰死都還不曉得後方媒體說他們是法西斯。我不大能原諒這種事。我知道不讓前線知道壞消息算是某種常規，或甚至有其正當理由，可是，這跟把人送上戰場卻不告訴他們在背

＊譯注：奧地利共產黨員，托派份子。

後支持他們的政黨正面臨掃蕩——領袖被控叛國、家人親友被扔進牢裡——完全是兩碼子事。

妻子轉而說起多位朋友的遭遇。幾名英國籍和其他國籍的朋友已順利越過邊境。墨林療養院遭襲時，威廉斯和史塔福．寇特曼順利脫逃，但不知躲藏何處，約翰．麥克納也是。麥克納原本在法國，但他在馬統工黨遭禁後再度入境西班牙；此舉確實莽撞，但他不喜歡看著同志身處危難而自己卻偏安一方。其他人的故事就像編年史一樣陸續交代，誰怎麼樣、誰被怎麼樣。當局似乎把能抓的人都抓走了，然而當我聽見就連喬治．柯普也淪為階下囚，我嚇呆了。

「什麼！柯普？他不是在瓦倫西亞？」

顯然柯普已回到巴塞隆納，並且還帶著戰爭部長寫給東部前線工兵部上校指揮官的信函。他應該知道馬統工黨遭掃蕩一事，但他可能沒料到警方會蠢到在他急赴前線、執行軍務的路上逮捕他。當時他繞回洲際飯店拿裝備袋，飯店的人扯謊拖住他並通知其他人去報警（我太太碰巧外出）。聽聞柯普被捕，我承認我非常生氣。我倆私交甚篤，而我也在他麾下服役了幾個月，一起出生入死，我深知他的為人。他是個為了來到西班牙對抗法西斯，甘願犧牲家庭、國籍、工作生計，犧牲一切的人。由於他離開比利時後加入外國軍隊時仍在比利時陸軍服役，並未獲准離營，再加上後來又非法協助西班牙政府製造軍火，因此若返回自己的國家，肯定得吃上好幾年牢飯。柯普自一九三六年十月起就在前線作戰，從一介民兵幹到少校；他身先士卒參與無數次行動，甚至還因此負傷。五月衝突期間，我亦親眼看見他阻止一場衝突，說不定因此救下十幾二十條人命。而他們對他的回報竟然是把他扔進牢裡。為這事生氣根本是浪費時間，但這種愚蠢又惡劣的行徑徹頭徹尾挑戰我的耐性。

另一方面，此刻他們還沒「動到」我的妻子。她仍住在洲際飯店，警方也還沒有打算逮捕她的跡象。看來她是被他們當作誘餌了。不過，就在好幾天前，天快亮的時候，突然有六個便衣警察闖進我們住的飯店套房，大肆搜索。他們扣下屋裡所有文件（幸好他們沒拿走護照和支票簿），包括我的日記、我們的書、過去幾個月我蒐集的剪報（我總是納悶這些剪報對他們到底有何用處）、我的每一件戰爭紀念品，還有我們全部的信件（他們還順道帶走一些讀者來信，其中有些我還沒回覆；不用說，我也沒留下地址。因此您若是為了我的上一本書寫信給我，卻遲遲未收到回信，又碰巧讀到這段文字，盼您接受這個理由及我的歉意）。我後來才知道，警方也拿走不少我留在墨林療養院的私人物品，甚至還把我用過的床單打包帶走；或許他們認為我會用隱形墨水在床單上留訊息吧。

就目前而言，讓妻子繼續留在飯店顯然是比較安全的做法；若她試圖離開，他們反而會立刻追捕她。至於我，我應該直接找地方躲起來。一想到這裡我就反感。儘管看過或已經聽到這麼多人被捕，我仍不敢相信自己竟有可能身處險境。這整件事實在毫無意義。對於勞師動眾逮捕柯普的那場愚蠢突襲，我也同樣不願認真當一回事。我不斷自問：為什麼有人想抓我？我做了什麼？我甚至不是馬統工黨黨員。我在五月衝突期間確實持有武器，但據我猜測，其他四五萬人也一樣呀。撇開這些不談，此刻我真的非常需要好好睡一覺。我想冒險溜回旅館，妻子斷然拒絕。她耐心解釋當前的情況給我聽。眼下跟我做了或沒做什麼無關，這不是大規模逮捕罪犯，純粹只是當權者的恐怖威嚇。我做的每一件事都沒有罪，唯一有罪的是我被歸類為托派份子。事實上，我曾在馬統工黨民兵團服役就足以令我入獄。在這種時候，守著英國人的老規矩「只要守規矩就不會有事」根本沒用；事實上，這些「規矩」都是警察選擇性制定出來的。此刻我唯一能做的就是保持低調，否認我和馬統工黨有任何瓜葛。我們把我口袋裡的文件拿出來檢查：妻子逼我撕掉民兵證（上頭有「馬統工黨」四個大字），民兵團合照也一併撕毀（背景是馬統工黨黨旗）；現在這些都是會害我被捕的麻煩東西。不過我仍得留著退役證明。儘管保留這份文件有其風險，因為文件上有二十九師官印，盤查的警員也可能知道二十九師隸屬馬統工黨；但若是沒了這份文件，我隨時都可能被冠上逃兵的罪名，遭到逮捕。

接下來我們必須思考如何離開西班牙。繼續留在這裡毫無意義，因為我們遲早都會被關進牢裡。妻子和我其實極想留下來，看看接下來會發生什麼事，但我已預見西班牙的監獄環境應該很糟糕（事實上比我想像的還糟），更何況一旦入獄，何時能再出來誰也不曉得，而我本人不只手臂疼痛，健康狀況亦不佳。於是我們約好隔天在英國領事館碰頭，寇特曼、麥克納也會一起來。我們大概得花個幾天打點護照。離開西班牙以前，你得拿著護照去三個不同地點蓋好警察總長、法國領事和加泰隆尼亞移民局這三個章；不用說，警察總長那個章最危險，不過英國領事說不定能幫我們搞定這些，無須讓對方得知我們和馬統工黨的關係。當局手上照說會有一份托派份子名單，上頭極有可能列著我們幾人的名字；但運氣好的話，我們說不定能在名單送達前早一步越過邊境。這一路上肯定還會遇到不少混亂和明天再說，但幸好這裡是西班牙，不是德國；雖然西班牙祕密警察也具備蓋世太保的辦事精神，但能力終究差了一截。

於是我們分頭行動。妻子返回飯店，我步入幽暗街頭，看看能不能找地方睡一宿。我記得當時心裡很悶，無聊又心煩。我真的好想躺在床上睡一覺！我沒地方去，找不到能棲身的屋舍。馬統工黨所有地下會所已全數關閉，該黨領袖無疑隨時都在為政治取締做準備，只是他們沒料到會是如此全面、獵巫式的行動。正因為他們沒料到情況會一發不可收拾，所以還持續進行大樓改造工程——譬如在原是銀行的黨部大樓蓋電影院——直到馬統工黨被鎮壓掃蕩的那一天為止。結果每一處聚會所、藏匿處、所有革命政黨必備的祕密基地皆遭當局一網打盡，天知道那晚有多少人露宿街頭，因為他們的家都被警察突襲占據了。我已經過了五天的疲憊旅程，在一些意想不到的地方落腳過夜；我的手臂痛得不得了，現在還得被那些蠢蛋追得跑來跑去，再次睡在硬梆梆的地板上。眼前我只想到這麼多。我的政治反應始終不夠正確，或說我在事發當時永遠想得不夠遠。每次只要捲入戰爭或政治事件，我總是這樣——滿腦子只想著身體有多不舒服，以及全心全意盼望這些狗屁倒灶的鳥事趕快結束。折騰過後，我的確能看出事件本身的意義，然而在事發當時，我只想逃開，擺脫麻煩。或許是某種卑鄙的本能吧。

我走了好長一段路，最後來到綜合醫院附近。我想找個能躺下來而且不會有警察騷擾、盤查證件的隱密角落。我探了探防空洞，但這裡才挖好不久，內部潮溼滲水。我又晃至一處廢墟，一座於革命期間遭掠奪焚毀的教堂，僅剩空殼般的四面牆，沒有屋頂，牆角堆滿瓦礫。我在幽暗中探頭摸索，好不容易找到一處可以躺倒的凹室。成堆的破石磚躺起來並不舒服，好在那晚還算溫暖，我設法睡了幾個鐘頭。

第十四章

在一個像巴塞隆納這樣的城市裡遭警察通緝，最慘的境遇莫過於店家很晚才開門做生意。露宿街頭的人一向天亮即醒，但巴塞隆納的咖啡館幾乎不到九點不開門；於是你得等上好幾個鐘頭才能喝到咖啡，或進理髮店刮鬍修面。理髮店牆上還貼著無政府主義布告，言明「禁止給小費」。感覺真奇怪。布告上說：「革命已擊碎我們的枷鎖。」我好想跟師傅說，他們最好小心一點，否則這些枷鎖很快會再出現。

我慢慢晃回市中心。幾棟馬統工黨建築外的紅旗已被撤下，換上共和旗，大門口也有小群武裝突擊衛隊隊員守著。加泰隆尼亞廣場一隅是紅色濟難會中心，據守的警察找樂子似地把多數窗戶都敲碎了。馬統工黨的多座書攤書架已然清空，位於蘭布拉大道盡頭的告示板也被貼上反馬統工黨的卡通海報（就是摘下面具、露出法西斯真面目的那一張）。我在蘭布拉大道底的碼頭附近，看見一幅詭異景象：一整排剛從前線歸來、穿著沾滿泥巴的破爛制服的民兵，累癱在擦鞋匠小椅上休息。我知道他們是誰——我甚至認得其中一個。他們是馬統工黨民兵，昨天才從前線退下來，卻發現馬統工黨已遭掃蕩，自己的家門也被抄查，最後只得在街上過夜。任何一個在這種時候返回巴塞隆納的馬統工黨民兵，眼前只剩兩種選擇：躲起來，或者直接進監獄。在前線苦熬了三四個月，回來卻得受如此待遇，心裡肯定不是滋味。

我們全都處在某種詭異的窘境裡。晚上，我們是當局追捕的逃犯；天一亮，我們幾乎都能恢復正常作息。家家戶戶都知道，警方會暗中觀察是否有人收留或藏匿馬統工黨支持者；但我們也不可能入住旅店或寄宿公寓，因為當局已經下令，若有陌生人投宿，業者必須立刻通知警方，於是我們只剩露宿一途。然而一到白天，置身巴塞隆納這等規模的城市幾乎可說是安全的。雖然路上到處都是當地或瓦倫西亞派來的突擊衛隊隊員，還有邊防警察和普通警察（天曉得還有多少便衣密探），但他們不能任意攔下路人盤查；所以，如果你行為舉止正常，應該不會令人起疑。我們唯一要注意的是不能在馬統工黨相關建築附近逗留，也不可以去那些侍者一眼就能認出你的咖啡館或餐館。那天——以及隔天——我都在公共澡堂度過大部分的白晝時光，赫然發現這真是個打發時間兼避人耳目的好辦法。不幸的是，有這種想法的不止我一個，因此數日之後——那時我已離開巴塞隆納——警方抄了某間公共澡堂，逮捕一堆全身光溜溜的托派份子。

我在折回蘭布拉大道途中，巧遇一位因傷同住墨林療養院的男子。我們心照不宣地眨眨眼（當時大家都這麼做），設法不讓旁人察覺地約在前面巷子的咖啡館碰面。他在療養院抄查時逃了出來，接下來就像其他人一樣，被迫流浪街頭。他只穿了襯衫，連外套都來不及拿，並且身無分文。他描述那天突擊衛隊是怎麼把牆上的巨幅墨林彩色肖像扯下來，踹個稀爛。墨林是馬統工黨創黨元老之一，後來落入法西斯之手，據信已在獄中槍決。

十點，我和妻子在英國領事館碰面。麥克納和寇特曼不久之後也現身。他們開口的第一句話就是鮑勃·史邁利死了，死在瓦倫西亞監獄；至於死因為何，無人確知。他死後立刻被草草埋了，就連英國獨立工黨駐地代表大衛・莫瑞想看一眼遺體也不成。

不用說，我當下就認為史邁利應該是遭到槍決。當時大家都這麼認為，但我漸漸覺得可能不是這麼回事。後來傳出的官方說法是他死於盲腸炎，再後來，我們聽另一個幸運獲釋的囚犯說，史邁利在牢裡病得很重。所以也許「盲腸炎」的說法是真的，不准莫瑞探視遺體也可能只是單純的惡意使然。不過我還是要說，鮑勃・史邁利年僅二十二歲，也是我見過身體最強健的人之一；就我所知，不論是英國人或西班牙人，他是唯一一個在戰壕連續待上三個月卻沒掛過一天病號的傢伙。除非極度缺乏醫療照顧，否則如此強壯之人通常不會因為盲腸炎這種小病死亡。可是，一旦見識過西班牙監獄——尤其是關押政治犯的臨時監獄——各位想也知道，那裡的病人有多大機會受到良好照顧？那種牢房頂多只能說是地窖。在英國，你大概得回溯至十八世紀才能找到足堪比擬的地方。囚犯擠在小小牢房裡，幾乎沒有空間讓他們躺下來；而且他們通常就只能在牢房和其他昏暗處活動。這並非暫時的權宜措施，有些人一關就關上四五個月，不見天日。他們一天只有兩餐，餐餐都是一碗湯、兩片麵包，不新鮮也吃不飽（幾個月後，聽說伙食好多了）。我句句屬實，絕無誇大，只消問問任何一位曾經在西班牙蹲過牢房的政治犯就知道了。我分別聽好幾個人說過在西班牙坐牢的故事，細節一致的程度教人難以置信；不僅如此，我自己也曾短暫看過幾次西班牙監獄。有位從牢裡出來的英國朋友寫下那段經歷，使我更能理解史邁利的遭遇。我無法輕易釋懷史邁利的死。這麼一個才華洋溢又勇敢的男孩，毅然決然放下格拉斯哥大學學業，只為來到這裡對抗法西斯；我在前線亦親眼見他總是克盡職責，無懼無畏，無比熱情。對於這樣一人，他們竟然只是把他扔進牢裡，讓他像一頭無人理睬的動物般死去。我明白，在這樣一場大規模且血腥的戰爭中，過度關注一條逝去的生命顯然無濟於事。隨便一顆投在鬧街上的空襲炸彈，就能造成數倍於受政治迫害而亡的死亡人數；可是，我之所以為這條生命逝去感到如此憤怒，是因為這實在毫無意義。戰死沙場猶在預期之中，然而在並未發生任何想像得到的攻擊行為之下，只因為愚蠢盲目的憎恨就把人關進牢裡，任其孤伶伶死去，這完全是兩碼子事。史邁利之死究竟與內戰輸贏何干，我實在看不出來，更遑論他的死還不是特例。

那天下午，我和妻子一同去探視柯普。雖然外人可獲准探視未遭單獨監禁的囚犯，不過這種事做個一兩次就好，再多會有危險。任何人進出監獄都會受到警方監視，因此若頻繁探監，等於在自己身上蓋了「托派人士」之友的烙印，說不準哪天也把自己給弄進牢裡。這種事已經發生過好幾次了。

由於柯普未遭單獨監禁，我們很順利就獲准會面了。獄卒領我們穿過鐵門後進入牢房，這時，碰巧有兩名突擊衛隊隊員押著我在前線認識的一位西班牙民兵和我們擦身而過。他對上我的視線，然後又是一次心照不宣的眨眼。我們在監獄裡見到的第一位囚犯是一名美國籍民兵。他於數日前啟程返家，儘管相關文件一應俱全，當局仍舊在邊境扣下他，推測可能是他還穿著燈芯褲、被錯認為現役民兵。後來我們又看見另一名熟人，也再度裝作不認識彼此，感覺實在糟透了。我認識這人好幾個月了，我受傷時，還是他扛著我下前線的；但此刻我卻什麼也做不了。那些穿藍色制服的警衛無所不在，若一下子認出太多人，我可能因此面臨殺身之禍。

這座「監獄」實際上只是一家商店的一樓。裡頭隔成兩間房，每間約六公尺見方，總共關了近一百個人。這地方土味悶臭，人體蜷縮擁擠，沒桌沒椅（僅有一面長凳和石板地上的幾張破毯）且光線朦朧（窗外又罩了一層波浪鐵柵），頗有十八世紀《紐蓋特記事》*的況味。髒兮兮的牆上依稀可見「馬統工黨萬歲！」、「革命萬歲！」等口號塗鴉。過去幾個月來，這裡儼然成為囚禁政治犯的庫房。此際正值探視時間，屋裡噪聲震天，處處擠滿了人，連移動都很困難。這兒關的絕大部分是最窮、最底層的工人，故婦女打開窮酸布包拿食物給她們關押中的男人們吃。另外還有好些從墨林療養院架來的傷兵，其中兩個截了腿，還有一人甚至沒拄拐杖，只能單腳跳來跳去；我還看見一個年紀不超過十二歲的男孩，顯然他們連孩子都不放過。這屋子瀰漫著一股惡臭，那種一群人擠在一塊兒、偏偏又沒有良好衛生設備的刺鼻氣味。

柯普擠過人群走上前來。他差不多還是老樣子：臉龐厚實，氣色紅潤，即使

---

*譯注：十八、十九世紀，英國紐蓋特監獄的死刑犯簡報，後經出版商發行成為流行讀物。

在如此髒亂的環境裡，他的制服整潔依舊，甚至還設法刮了鬍子。我看見牢房裡還有一位著人民軍軍官制服的人。兩人鑽過人群擦肩而過，彼此行禮；不知怎麼著，這個動作使我悵然感傷。柯普看起來精神極好。「嗯，我想我們應該全都會被槍斃吧。」他欣快地說。聽見「槍斃」二字，我的心揪了一下。不久前，我自己的身體才遭子彈穿過，記憶猶新；想到這種事會發生在我熟識的任何一人身上，感覺好差。那時我理所當然地以為，包含柯普在內的所有馬統工黨重要人物最後**都會**被處決。寧恩身亡的謠言才剛傳出來，我們也都曉得馬統工黨被控通敵叛國；一切都指向一場規模龐大的構陷審判，接著就是對「主要托派份子」大開殺戒。看著朋友身陷囹圄，自己卻無能為力，這種心情實在難受。眼下我什麼都做不了，就連向比利時當局告發也沒用，因為柯普來到這裡就已違反該國法律了。會面時，幾乎都是妻子在說話，我沙啞的聲音在如此吵鬧的環境下根本細如蚊蚋。柯普說，他在牢裡交了不少朋友，也提到獄警——有些是好人，有些會虐待和毆打較怯懦的囚犯——還說這裡的食物跟「豬吃的」沒兩樣。好在我們事先想到要帶點食物過來，當然少不了香菸。這時，柯普說起他遭逮捕時被警方拿走的幾份文件，其中有一封戰爭部長的親筆信，必須交給東軍工兵部指揮官，但警方扣下這封信，拒絕交還。聽說這封信現在還躺在警察總長辦公桌上，若能找出這封信，整件事說不定仍有極大轉機。

我立刻明白這封信有多重要。像這種軍方書信，更別說信上還有戰爭部長及波薩斯將軍的大力推薦，肯定能讓柯普獲得當局信賴，但問題是我們得證明這封信確實存在。如果警察總長辦公室的人拆了這封信，難保信件不會被哪個密探或混蛋毀掉。眼前只有一個人有機會討回這封信，就是信上署名的收件人——工兵部上校。柯普早已想到這一步，也寫好一封信，要我偷偷帶出監獄，寄給上校。不過就目前來看，親自跑一趟顯然更快，也更有保障。我讓妻子留下來陪柯普，立刻衝上大街，費了一番工夫才找到計程車。時間緊迫。現在差不多五點半，上校辦公室大概六點關門；若再等到明天，誰知道這封信會跑哪兒去——不是被毀就是扔進角落，埋在那疊隨著嫌犯被捕而愈積愈高的文件堆裡。上校辦公室在碼頭旁的戰爭部。我衝上階梯，在門口執勤的突擊衛隊隊員舉起軍刀攔下我，要我出示證件。我揚揚手中的退役證明，但此人顯然目不識丁，遂接受了這份神祕文件，放我通行。戰爭部是一座環繞中庭迴廊的大雜院，每一層樓皆有上百間辦公室；再加上這兒可是西班牙，所以沒人知道我要找的辦公室到底在哪裡。我嘴裡不斷重複「上校！東軍工兵部！」但人們就只是微微笑、溫和地聳聳肩膀。雖然也有人願意為我指路，但他們指點的方向都不一樣：這邊上樓，那邊下樓，穿過沒完沒了的長廊之後卻走進死胡同。時間一分一秒溜走，我彷彿陷入某種詭異夢境，在一層又一層的階梯上來回奔走，和數不清的謎樣面孔擦肩而過；一扇又一扇敞開的門扉內只見散落一地的文件和手指飛舞的打字員，但時間仍不斷溜走，一條性命緊繫生死關頭。

幸好我及時趕到上校辦公室。稍感意外的是，那裡竟然有人願意聽我說話。我沒見到上校本人，但他的副官或祕書——一名穿著漂亮制服、眼睛大而慧黠的小個頭男子走上前來，領我至前廳說話。我滔滔不絕盡情傾吐：我代表我的長官柯普少校前來，他有一封必須即刻送交前線工兵部上校的緊急書信，唯他本人卻誤遭當局逮捕。這封信甚為機密，必須立刻找出來，不得延誤。我服役於柯普麾下已屆數月，他是一位秉性高尚的好軍官，當局逮捕他顯然是個錯誤；他們可能將他誤認成別人……。我不斷強調柯普身負前線重任的急迫性，深知這是最強而有力的理由；不過，就憑著我一口破西文，情急之下還夾雜幾句法文，這件急事聽在對方耳裡大概像一則奇譚吧。更慘的是，我才剛開口就啞了嗓子，接下來只能硬擠出一連串粗暗嘶吼。我深怕就連這微微的啞音也棄我而去，唯恐眼前這位軍官失去耐性、不願再專注聽我說話。後來我常常在想，不知他對我奇怪的聲音有揣測——究竟是喝醉了，還是深感內疚？

但他仍耐心聽我說話並頻頻點頭，謹慎地同意我的意見。是的，這麼聽來顯然是哪裡誤會了。必須有人立刻處理這件事。明天——我馬上抗議，不能等到明天！事態緊急，照理說柯普現在就該抵達前線報到了。軍官似乎再一次同意我的說詞，但他接下來問的恰恰是我最害怕的那個問題：

「這位柯普少校——他在哪個單位服務？」

我不得不吐出那幾個可怕的字：「馬統工黨民兵團。」

「馬統工黨！」

真希望我能貼切描述他聲音裡的驚惶。各位可別忘了，「馬統工黨」這四字在當下那個時刻有多麼敏感，隔牆有耳的恐懼已升至最高點，要不了一兩天，大概所有忠誠的共和派都會相信馬統工黨是龐大的間諜組織，專拿德國人的錢辦事。此刻要向這位人民共和軍軍官說出這幾個字，就跟在「紅字恐慌」*發生後走進騎兵俱樂部、大剌剌宣布自己是共產黨員的情形差不多。他的黑眼珠頻頻打量我的臉。過了好一陣子，他終於幽幽開口：

「你說你在前線和他是同袍？所以你本人也在馬統工黨民兵團服役？」

「是的。」

他轉身默默走進上校辦公室。我聽見一陣急促交談。「完了。」我心想，柯普的信永遠拿不回來了。不僅如此，我還承認自己是馬統工黨民兵，他們肯定會立刻報警抓我——再多抓一名托派份子。沒多久，軍官出現了；他戴上軍帽，嚴肅地示意我跟他走——我們要去警察局長辦公室。這段路程頗長，約莫要走二十分鐘，這位小個子軍官姿勢僵硬、跨著軍人的步子走在前頭。我們從頭到尾沒說半句話。來到警察總長辦公室——門外站著一群長相無比凶惡的傢伙，顯然都是警察、密探、偵查員等等一類的傢伙——小軍官獨自進門交涉好一段時間。雙方攻防激烈：有人怒氣沖沖拔高音量，有人猛力揮手甩肩，有人拍桌。顯然警方拒絕交出信函。最後軍官再度現身，滿臉通紅，手裡拿著一只大型公文封——柯普的信。我們雖贏得這場小小勝利，結局卻幾乎沒有任何改變——信件會及時送交前線，但柯普的長官們依舊沒能把他弄出牢房。

小軍官向我保證，這封信會依約送出。「那柯普呢？」我問。我們不能把他弄出來嗎？他聳了聳肩。這又是另一回事了。他們不曉得柯普因何事被捕，他只能告訴我，他們會進行一切必要追究與詢問。小軍官言盡於此，我們也只能分道揚鑣。我倆微微躬身致意。這時突然發生一件奇怪但感人的事：小軍官猶豫片刻，突然向前跨了一步握住我的手。

我實在不知道，我有沒有辦法讓各位深刻體會那個動作有多麼令我感動。這個舉動看似微不足道，實際上卻意義重大。各位可別忘了當時的社會氛圍——懷

＊譯注：一九二四年發生的偽造書信事件，指稱工黨恢復與蘇聯的外交關係，意圖擾亂英國大選。

疑、仇恨的恐怖感揮之不去，謊言、謠言處處流傳，布告欄上的海報大肆指控我這一類的傢伙全是法西斯間諜，更別提我們此刻就站在警察總長辦公室外頭——站在一幫存心散播謠言搞破壞的齷齪傢伙面前，而他們其中任何一個都有可能知道我目前正遭警方「通緝」。這就好比在一次大戰期間公然和德國人握手。我猜他某種程度認定我並非法西斯間諜，無論如何，他願意主動握手依然教我感動。

雖然這只是件細瑣小事，但我之所以刻意寫下來，實在是因為這就是典型的西班牙——即使時局再怎麼糟糕，西班牙人仍不時表現這種高尚寬宏的器量。儘管西班牙留給我許多極醜惡的記憶，但西班牙人鮮少在我心底留下壞印象。我記得自己只有兩次對西班牙人認真發過脾氣，現在回頭想想，兩次應該都是我的錯。西班牙人無疑擁有高貴慷慨的胸襟，一種不屬於二十世紀的氣度；正因為如此，我由衷希望：就算法西斯主義最後還是進了西班牙，或許仍舊能以相對鬆散、較能忍受的形式存在吧。西班牙少見現代極權主義國家提倡的效率與堅持，前幾天晚上發生的一段奇妙插曲，剛好可印證這個事實。那天晚上，警方搜索我妻子下榻的飯店套房，唯整段過程實在太有意思，聽得我好生希望自己能親眼目睹（但我極可能控制不住脾氣，所以我不在場也好）。

　警方以格別烏或蓋世太保一貫的方式執行搜索。他們在清晨時分砰砰敲門，六名警員大步進房、開燈、迅速就定位（顯然事先演練過），接下來即以不可思議的細膩程度徹底搜索臥室與相鄰的浴室。他們敲牆探聲，掀開蓆毯檢查地面，試探窗簾，就連浴缸和暖氣管底下也不放過；抽屜、行李箱全被清空，衣櫥裡的衣服全被摸過一遍，甚至高舉襯著燈光檢查。房裡的文件全部沒收帶走（包括字紙簍裡的廢紙），我們擁有的每一本書也逐一審查歸類；當他們發現我們竟然還有法文版《我的奮鬥》，頓時興奮又不敢相信——若是他們只找到這本書，我們肯定能立刻洗清嫌疑，因為會讀希特勒《我的奮鬥》的人肯定是法西斯份子；接下來，他們又找到史達林《對付托洛斯基主義者和雙面間諜的清算方法》那本小冊子，某種程度再令他們放心不少。他們拆開每一個包裹，檢查每一份紙張文件，以免漏掉任何祕密訊息。他們整整搜了近兩個鐘頭，但從頭到尾**不曾靠近床鋪一步**。搜索期間，我妻子一直待在床上，顯然床墊底下可能藏了半打衝鋒槍，更別提枕頭底下說不定還有大量托派言論文件；然而，這群探員自始至終不曾碰過這張床，就連床底下也未曾瞧過一眼。我不相信這會是格別烏的標準搜查程序。各位別忘了，目前西班牙警務單位全受共產黨控制，而這些人本身說不定就是共產黨員——但他們同時也是西班牙人，翻動女士的寢床對他們來說太過分了些。因此這個部分就這樣默默跳過，也讓整個搜查行動失去意義。

那天晚上，麥克納、寇特曼和我睡在一處荒廢建築工地旁的長草叢裡。以時節來說，這天晚上異常寒冷，我們幾個都沒睡好；印象中，三人鬱悶閒晃了好幾個鐘頭，終於熬到天亮，喝到咖啡。來到巴塞隆納這麼久，我頭一次去看了主教堂——一座時髦的龐然大物，也是世界上最難看的建築物之一。它有四座鋸齒形尖塔，活像四支霍克瓶*。巴塞隆納主教堂的命運跟其他教堂不同，並未於革命期間遭人破壞；而它之所以毫髮無傷，據說是顧及其「藝術價值」。我認為無政府主義者品味不佳，雖然他們在尖塔之間掛起紅黑標旗，卻沒趁此機會毀掉它。那天下午，我和妻子最後一次探望柯普。除了道別、再留點錢給西班牙朋友，請他們定期給他送菸、補點吃食，我們已無法再為他多做什麼了（我們離開巴塞隆納後不久，柯普被單獨監禁，就連食物也送不到他手上了）。那晚，我和妻子沿著蘭布拉大道散步，途經摩卡咖啡館；只見突擊衛隊仍守在那裡。我突然冒出一股衝動，遂跨進咖啡館，向兩名靠著吧台、肩掛步槍的隊員搭話。我問他們知不知道，有沒有哪位同志於五月衝突期間曾在此執勤；他們不知道，並且以西班牙人一貫的含糊態度表示，他們也不清楚要怎麼查。我說，我的朋友喬治・柯普少校目前人在牢裡，極可能因為五月衝突的關係被送上法庭；說不定當時在這裡執勤的人會知道他曾經阻止衝突，救了大家一命。他們得站出來為這件事情作證。我交涉的對象之一頻頻搖頭。外頭人聲鼎沸，這位表情嚴肅、長相憨直的傢伙聽不見我說什麼；不過另一個人就不同了，他說，他聽同志提過柯普的事，說柯普是好人。但即使在那個當下，我也知道此刻再做什麼都是枉然。假如柯普當真站上法庭，他的審判怎麼可能跟其他審判不一樣，不會出現捏造的證據？如果最後他不幸被槍決（恐怕沒有轉圜餘地），他的墓誌銘大概會是這樣吧：卑鄙組織的一份子，突擊衛隊口中的好人，在目睹衝突事件時仍表現人類高尚情操的傢伙。

＊編注：一種高瘦的德國葡萄酒瓶，瓶身有棕色與綠色等顏色。

這實在是一段驚奇又瘋狂的日子。我們夜晚是罪犯，白天則是出手闊綽的英國觀光客（至少是個偽裝）。即使在戶外熬了一夜，只要刮個鬍子、泡個澡再刷亮鞋子，就能收得煥然一新的驚奇效果。目前最安全的做法是盡可能讓自己像個中產階級。我們頻繁出沒時髦住宅區，因為那裡沒人認得我們；我們在高級餐館用餐，以最英國人的方式對待侍者。另外，我也開始在牆上塗鴉——我這輩子頭一次這麼做——我在幾家高檔餐廳的穿堂潦草寫下「馬統工黨萬歲！」能寫多大就寫多大。這段期間我雖四處躲藏，卻不覺危險。這一切實在太扭曲荒唐：我懷抱根深柢固的英式信念，認定「除非我違法，否則當局不能逮捕我」——在政治迫害大行其道之時，這種想法最是危險。當局已發出麥克納的逮捕令，我們其他幾個也可能早就上了黑名單。抓人、抄查、搜索天天輪番上演。事實上，撇除在前線的朋友不算，我們認識的每一個人此時差不多都在監獄裡了。西班牙警方甚至登上法國接回難民或庇護者的定期渡輪，逮捕托派嫌犯。

感謝英國總領事的善心仁義——這星期他肯定十分辛苦——我們的護照終於準備就緒。眼前愈快離開愈好。那晚七點半有一班開往波爾沃的列車，不過照以往情況看來，應該會在八點半才出發，於是我們安排妻子先叫好計程車，然後打包行李，盡可能拖到最後一刻再結清住宿費用離開飯店；如果讓飯店人員太早察覺異狀，他們極可能通知警方。我大概七點整到車站，卻發現那班車已經離站——十分鐘前開走，司機員大概像往常一樣又改變心意了。幸好我們及時聯繫上我妻子，預先示警。下一班車預計翌日早晨出發，因此麥克納、寇特曼和我先在火車站附近的小餐館用餐，並且在謹慎探詢後得知餐館老闆是全國勞工聯盟成員，為人友善。他騰出一間房給我們三人，還**忘了**報警。這是我五天來頭一次能脫下外衣好好睡覺。

隔天早上，妻子順利溜出飯店。列車晚一個小時出發，我決定寫一封長信打發時間——我要寫給戰爭部長，把柯普的狀況告訴他們。我說他們肯定是抓錯人了，因為前線亟需他效力協助，並且還有無數的人可以作證柯普與本次衝突無關……云云。我不知道這封信有沒有人看得懂——紙是我隨手從筆記本撕下來的，撇開字跡潦草不說（我仍有幾根手指不聽使喚），我還是用我的破西文寫的。總而言之，不管是這封信或其他任何行動最後皆派不上用場：就在我寫書的此時此刻，也就是事發六個月後，柯普——如果還沒被槍決的話——還在牢裡。未經審判，沒有罪名。剛開始我們還能收到兩三封他的來信，而且都是獲釋獄友偷帶出來在法國投遞的；信件內容都差不多，不是單獨關在骯髒暗室、伙食極差也吃不夠，就是囚禁環境太差導致健康欠佳、要求醫療照顧卻屢次遭拒等等。我透過英、法等多個消息來源確認這些都是真的。前陣子，他被轉送某處祕密監獄，似乎沒有任何辦法能取得聯繫。柯普的遭遇只是數十或數百個外籍案例之一，誰知道還有數千名西班牙人受此迫害。

我們一路平安，順利越過邊境。這列火車設有頭等艙和餐車，我也是首次在西班牙見到這種高級列車；直到不久以前，加泰隆尼亞的火車仍只有一個艙等。兩位警探上車盤查外籍旅客，見到我們一行人坐在餐車用餐，他們似乎很高興我們都是體面有教養的外國人。人世滄桑，世事多變，這種感覺實在奇妙。不過才六個月前，無政府主義當道，你得打扮得像個無產階級才受人敬重。在佩皮尼昂到塞貝爾的路上，有位法國旅人一臉嚴肅對我說：「你不可以這樣入境西班牙，最好把領帶、領圈都摘掉。在巴塞隆納，他們會直接伸手替你扯下來。」他這話是誇大了，但也能看出加泰隆尼亞在外人心中的形象；後來在抵達邊境時，無政府主義警衛要求一對衣著入時的法國夫妻折返，我個人認為純粹是因為他倆看起來太中產階級了。結果此刻完全相反：看起來像中產階級反倒能救你一命。來到護照查驗處，官員逐一核對嫌犯名單；拜西班牙警方效率不彰之賜，我們幾個——包括麥克納——都不在名單上。我們從頭到腳被徹底搜過一遍，沒人攜帶違禁品，我身上也只有那份退役證明；看來，搜我的那位邊防警察並不曉得二十九師屬於馬統工黨。我們安全溜過邊界。時隔六個月，我又再一次踏上法國土地。我從西班牙帶出來的紀念品只有一個羊皮水壺、一只亞拉岡農民用的橄欖油小鐵燈；這個小燈是我在一處廢棄營房順手撿的，跟兩百年前羅馬人用的陶燈幾乎一模一樣，不知怎麼竟跑進我的行李箱裡了。

說到底，我們也算是及時離境。出境之後，我們讀到的第一份報紙就刊出麥克納通敵被捕的消息；看來西班牙當局似乎有些操之過急，人還沒抓就先昭告世人。幸好「托派份子」並不在引渡名單內。

不知剛離開戰爭國度後再一次踏上和平之境的人，第一件事要做什麼才算恰當。我本人是衝進菸草鋪大肆採購雪茄和香菸，盡可能塞滿所有口袋；接下來，我們去自助餐廳喝茶——這是我好幾個月來頭一次喝到加鮮奶的茶。回國數日後，我終於習慣了只要想買菸就能買到菸的日子，只是我總會半期待地猜想，等等是否會看見菸草鋪大門封起來、窗戶貼著「今日無菸」的告示。

麥克納和寇特曼打算繼續前往巴黎，妻子和我則在進入法國的第一站「班努斯」下車，想好好休息一下。當地人發現我們來自巴塞隆納，態度不甚友善；有好幾次，我發現自己總是難逃以下對話：「你從西班牙過來？你幫哪邊？政府啊！哦。」旋即冷漠以待。這個小鎮似乎堅定支持佛朗哥。不過這也難怪，因為三不五時就有西班牙法西斯亡命份子來此避禍。我常去一家咖啡館，那兒的侍者是親法西斯的西班牙人，上餐前酒時總是輕蔑地斜眼看我。不過這種情況到了佩皮尼昂就不同了。這裡的人全是狂熱共和派，不過派系內鬥的情形跟巴塞隆納一樣嚴重。有家咖啡館的侍者只要一聽到「馬統工黨」就衝著你笑，你也會馬上交到法國朋友。

印象中，我們在班努斯待了三天，然而這三天卻異常心神不寧。雖然這是個靜謐小漁村，炸彈、機關槍、排隊買食物、宣傳戰和種種陰謀詭計全部遠在天邊，照理說我們應該要覺得大大鬆了口氣、心懷感謝才是，但妻子和我完全沒有這種感覺。我們已經離開西班牙，但是在西班牙的所見所聞並未因此消退、徒留痕跡；相反地，那些畫面猛烈襲來，感受益發鮮明深刻。我們不斷想起西班牙，聊它，夢見它。過去幾個月來，我和妻子總說：**等我們離開西班牙**，我們要去地中海某處靜靜待一陣子，說不定打打魚什麼的；現在願望實現了，卻只覺得無聊失望。這裡又溼又冷，海風從早吹到晚，海水混濁，海流紊亂，動物屍骸、軟木浮子聚集圍繞碼頭邊緣，卡在石縫裡的魚內臟腐爛冒泡。說來瘋狂，但我和妻子此刻滿心只想回到西班牙；儘管這麼做對任何人都沒有好處，說不定還會造成嚴重傷害，但我倆都希望當初沒走而留下來和其他人在牢裡作伴。這段在西班牙的日子對我來說意義重大，但我能傳達的卻不及分毫；我僅記錄看得到的事件，卻無法描述事件留在心裡的感受。這些感受夾雜景象、氣味與聲音，無法透過筆尖詳實描述：戰壕的氣味，山中晨曦朝無盡遠方延伸，子彈飛掠的冰冷尖銳，炸彈爆炸的震耳欲聾和閃光烈焰；巴塞隆納明淨冷冽的晨光，軍營操場上的鞋印；去年十二月大夥兒對革命的深信與企盼；採購食物的人龍、紅黑旗幟、西班牙民兵的臉——我在前線相遇的每一個人、每一張臉。此刻他們不知身在何處，有些可能戰死沙場，有些身陷囹圄，但我仍希望他們大都安然無恙。老天保佑西班牙。我希望他們打贏戰爭，把德國、俄國、義大利等等勢力全部趕出自己的國家。我只是這場戰爭微乎其微的一小部分，這場戰爭也留給我最恐怖邪惡的記憶；即使如此，我仍然不想錯過，仍然想念它。不論戰事如何劃下句點，西班牙內戰終將是一場迥異於大屠殺與肉體磨難的駭人災難；當你真正目睹過這樣一場災難，其結果不必然是幻滅，不一定要憤世嫉俗。我不僅未曾因為這段經歷而對人性失望，反而更加堅信人類的高貴正直，這點足堪玩味。希望這則記事不致引起太多誤解。我認為，針對這個主題，沒有人能做到百分之百真實，或說壓根做不到。除非親眼目睹，否則我們很難確知每一件事的所有面貌；況且，每個人亦有意無意、帶著自己的主觀意識記錄一切。如果我在前面章節忘了提及此事，請容我再叨述一遍：請各位務必當心我的偏頗，留意我只看見事件一角而犯下無可避免的錯誤或扭曲陳述。往後各位若再接觸其他任何關於這段時期、關於西班牙內戰的書籍報導，也請務必帶著同樣的心思謹慎閱讀。

由於我們始終放不下「必須做點什麼」、實際上卻什麼也做不了的心情和遺憾，妻子和我早早離開班努斯，比原本計畫的提前了幾天。我們朝北法前進，每一里路都比前一里路更綠、更柔和；列車逐漸遠離高山深谷，回到以榆樹為籬的廣袤原野。去年前往西班牙時，我途經巴黎，整座城市陰鬱凋零，和八年前的印象截然不同；彼時物資不缺不貴，也沒人聽過希特勒這號人物。現在巴黎有一半的咖啡館都因為沒有顧客而關門大吉，物價飛漲，懼怕戰爭也搞得人心惶惶；但走了一趟西班牙之後，就連這樣的巴黎也能令我感覺輕快舒適、熱鬧繁榮。此時正值巴黎博覽會，處處人山人海，我倆卻無興造訪。

然後是英國。英格蘭南部大概是全世界最柔潤的一塊土地。經過這一路折騰——特別是躺在郵輪火車聯運臥鋪、癱靠絨枕抵抗暈船不適的那一段航程——生活逐漸歸於平靜，你很難相信眼前所見的一切竟然都是真的。別擔心日本大地震、中國鬧饑荒、墨西哥搞革命，反正明天一早，門一開就能看見台階上的牛奶，《新政治家》也一定會在週五出刊。工業城鎮、骯髒黑煙與種種悲慘故事全藏在地表蒼穹之外。這兒依然是我自幼熟悉的英倫國度：野花叢裡隱約浮現的鐵軌，全身發亮的馬匹在遼闊原野上低頭吃草或靜靜佇立，垂柳依偎緩緩流過的小溪，榆樹綠葉簇簇，村舍花園裡奼紫嫣紅的飛燕草；還有倫敦郊外的寧靜曠野，泥河上的駁船，熟悉的街道，板球賽與皇室婚禮海報，頭戴硬禮帽的男士，特拉法加廣場的鴿子，紅色巴士和藍衣警察——一切靜靜沉睡，躺在英格蘭深邃的懷抱裡。有時候，我好怕自己再也無法從這個夢境醒來，卻在下一秒愕然驚醒。隆隆砲聲彷彿猶未遠去。

譯後記

要是世上所有戰爭，都像當年亞拉岡戰線那樣——交戰雙方拿著「大聲公」各自吹捧勸降——該有多好？

翻譯《向加泰隆尼亞致敬》的日子，心情大都是嚴肅的。雖然歐威爾筆下、民兵指揮官口中這場「偶有傷亡的喜劇」不時出現「奶油麵包心理戰」、「民兵槍法無敵差」、「手榴彈敵我不分、一視同仁」等等引人發噱的戰場即景，但戰爭終究是戰爭，而兩方敵對、多方盤算牽制的複雜政治角力，也和今日全球各地的軍事衝突頗為相似。是以我每每在譯完一小段報導陳述，或歐威爾立論清楚的分析之後，不得不暫離書中的加泰隆尼亞，借用歐威爾這副眼鏡來觀察我所在所處的現實世界。

人類總是不懂以古鑑今，人性總是貪婪，而失控的自然環境和分配不均的地球資源更使得二十一世紀加速成為極端主義盛行、製造真相的後科技時代。今日的科技就算以光速躍進也不意外，但科技進步卻使人產生錯覺，誤以為人類也跟著進化了，殊不知你我只是「選擇」變多，但「人」這個本體數十萬年來——或西班牙內戰至今這不到一百年來——幾乎沒有任何改變（頂多精子變少、大腦皮質的澱粉樣蛋白斑塊變多）：冬天依舊怕冷，想到好吃的食物會嘴饞肚子餓，對寄生蟲和微生物沒輒，為了求生會裝死扮窮，看到報導文宣（或「懶人包」）總是不假思索、照單全收。我自己就是個例證。

十多年前，英國《衛報》報導，歐威爾過世前曾經提供外交部祕密單位一份名單（Orwell's red-list），列出他認為不適合從事反共宣傳的文藝、政治甚至學界人士。我深刻記得自己當時的失望和不以為然，認為歐威爾此舉無異於美國麥卡錫主義，甚至有辱其名作《一九八四》。讀過《一九八四》或者對歐威爾稍有了解的人都知道，歐威爾極度厭惡當權者專制、監控的極權行為，但他似乎為了這個目的也不自覺成為老大哥的打手；於是，我賭氣地好些年沒再接觸他的作品。直到去年著手翻譯《向加泰隆尼亞致敬》。

歐威爾的好文筆讓我很難抗拒一頁接一頁翻讀的衝動。雖然文中不時冒出的字母縮寫活像散落一地的字母通心粉，複雜混亂的黨派立場也讓我吃足苦頭，不過，歐威爾樸質誠懇的描述和條理分明的舉證剖析，使我邊讀邊重新審視、理解他的胸懷和視角，並且再一次思索那份名單的相關報導和我當時的判斷與決定。

後來我才知道，「歐威爾名單」見報後，曾有史學家為其平反，認為這是歐威爾臨終前因為深受病痛折磨而做出的失常、失誤之舉；該史家認為，如果歐威爾明確意識到（當時他已病重）政府的真正目的，他應該不會提供名單，或者會公開斥責政府當局。無論真相為何，歐威爾本人已沒有機會為自己辯白，但是對於這份名單及背後動機——甚至是從今往後你我接觸到的每一則新聞、資訊或消息——身為閱聽者的我們都該銘記歐威爾於本書結尾的懇切提醒：

> 請各位務必當心我的偏頗，留意我**只看見事件一角**而犯下無可避免的錯誤或扭曲陳述。往後各位若再接觸其他任何關於這段時期、關於西班牙內戰的書籍報

導，也請務必以同樣的心思謹慎閱讀。

向歐威爾致敬。

黎湛平・二〇二三年一月二十三日

索引

文獻

人名

地名、建築

組織

其他

作家與作品 32

向加泰隆尼亞致敬：戰後英國文壇五十大作家喬治・歐威爾
反極權主義寫作起點，繁體中文譯本首度問市

作　　者　喬治・歐威爾
譯　　者　黎湛平
選書主編　張瑞芳
編輯協力　林昌榮
校　　對　李鳳珠
版面構成　張靜怡
封面設計　徐睿紳
行銷統籌　張瑞芳
行銷專員　段人涵
出版協力　劉衿妤
總 編 輯　謝宜英
出 版 者　貓頭鷹出版

發 行 人　涂玉雲
發　　行　英屬蓋曼群島商家庭傳媒股份有限公司城邦分公司
104 台北市中山區民生東路二段 141 號 11 樓
劃撥帳號：19863813；戶名：書虫股份有限公司
城邦讀書花園：www.cite.com.tw　購書服務信箱：service@readingclub.com.tw
購書服務專線：02-2500-7718~9（周一至周五上午 09:30-12:00；下午 13:30-17:00）
24 小時傳真專線：02-2500-1990~1
香港發行所　城邦（香港）出版集團／電話：852-2877-8606 ／傳真：852-2578-9337
馬新發行所　城邦（馬新）出版集團／電話：603-9056-3833 ／傳真：603-9057-6622
印 製 廠　中原造像股份有限公司
初　　版　2022 年 5 月
定　　價　新台幣 540 元／港幣 180 元（紙本平裝）
新台幣 378 元（電子書）
I S B N　978-986-262-542-2（紙本平裝）
978-986-262-546-0（電子書 EPUB）

讀者意見信箱　owl@cph.com.tw
投稿信箱　owl.book@gmail.com
貓頭鷹臉書　facebook.com/owlpublishing

【大量採購，請洽專線】(02) 2500-1919

城邦讀書花園
www.cite.com.tw

國家圖書館出版品預行編目資料

向加泰隆尼亞致敬：戰後英國文壇五十大作家喬治・歐威爾反極權主義寫作起點，繁體中文譯本首度問市／喬治・歐威爾著；黎湛平譯 . -- 初版 . -- 臺北市：貓頭鷹出版：英屬蓋曼群島商家庭傳媒股份有限公司城邦分公司發行 , 2022.05
面；　公分 . --（作家與作品；32）
譯自：Homage to Catalonia.
ISBN 978-986-262-542-2（平裝）

1. CST：歐威爾 (Orwell, George, 1903-1950)
2. CST：戰爭　3. CST：回憶錄　4. CST：西班牙史

746.177　　111003680

本書採用品質穩定的紙張與無毒環保油墨印刷，以利讀者閱讀與典藏。